俄罗斯有组织犯罪研究

崔熳／著

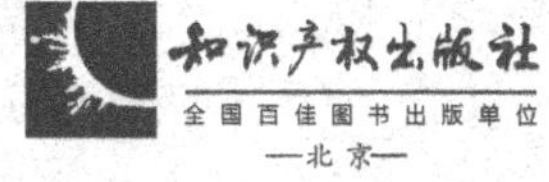

图书在版编目（CIP）数据

俄罗斯有组织犯罪研究 / 崔熳著 . —北京 : 知识产权出版社，2022.8
ISBN 978-7-5130-7905-1

Ⅰ. ①俄…　Ⅱ. ①崔…　Ⅲ. ①团伙犯罪—研究—俄罗斯　Ⅳ. ①D951.24

中国版本图书馆 CIP 数据核字（2021）第 241537 号

责任编辑：陈晶晶　　　　责任校对：潘凤越
封面设计：刘　伟　　　　责任印制：孙婷婷

俄罗斯有组织犯罪研究

崔　熳　著

出版发行：知识产权出版社有限责任公司　　网　　址：http://www.ipph.cn
社　　址：北京市海淀区气象路 50 号院　　邮　　编：100081
责编电话：010-82000860 转 8391　　责编邮箱：shiny-chjj@163.com
发行电话：010-82000860 转 8101/8102　　发行传真：010-82000893/82005070/82000270
印　　刷：北京虎彩文化传播有限公司　　经　　销：新华书店、各大网上书店及相关专业书店
开　　本：720mm × 1000mm　1/16　　印　　张：12.75
版　　次：2022 年 8 月第 1 版　　印　　次：2022 年 8 月第 1 次印刷
字　　数：190 千字　　定　　价：69.00 元
ISBN 978-7-5130-7905-1

出版权专有　侵权必究
如有印装质量问题，本社负责调换。

引 言

有组织犯罪因其对社会危害之巨被列为位于战争之后的第二大危胁。[1]联合国则将有组织犯罪、贩毒、恐怖主义宣布为世界三大灾难性犯罪。联合国第九届预防犯罪与罪犯待遇大会讨论稿亦指出，有组织犯罪对国家和国际安全与稳定构成直接威胁，是对行政和立法当局的正面攻击，也威胁着国家制度。它破坏社会制度和经济制度的正常运行，并败坏国家名誉，导致人们对民主进程丧失信心。它颠覆经济发展，把业已取得的成就葬送殆尽。它利用人性的弱点，从中渔利，把整个国家的居民置于受害者地位。它支配、控制甚至奴役社会的所有阶层，特别是妇女和儿童[2]。美国国家情报委员会提出的《2015 年全球趋势：围绕未来与非政府专家对话》报告指出："有组织犯罪活动每年的收益是：贩毒 1 000 亿～ 3 000 亿美元；倾倒有毒和其他危险废物 100 亿～ 120 亿美元；在美国和欧洲盗窃汽车 90 亿美元；偷渡 70 亿美

[1] ХОХРЯКОВ Г Ф. Организованная преступность в России:60-е-первая половина 90-х годов[J].Общественные науки и современность, 2000(6): 62.

[2] ООН.Руководство для дискуссии на Девятом конгрессе ООН по предупреждению преступности и обращению с правонарушителями[R]. Гавана: 8-й Конгресс ООН по предупреждению преступности и обращению с правонарушителями,1990:39.

元；非法复制录像、软件和其他商品侵犯知识产权约10亿美元。”❶

有组织犯罪被称为行政权、立法权、司法权和媒体之后的第五权力。❷俄罗斯有组织犯罪在苏联解体后，发展、壮大得十分迅速。❸这一状况引起了各国的普遍注意。美国于2008年4月通过的《打击跨国有组织犯罪执法活动战略》甚至将俄罗斯的有组织犯罪集团列为“头号敌人”。作为中国最大的邻国，俄罗斯的有组织犯罪状况也引起了中国学者的关注。❹20世纪90年代以来，随着我国打击黑社会性质犯罪的力度不断加大，法学界开始关注苏联和俄罗斯的有组织犯罪问题，并取得了一定的研究成果，但尚有不足，这主要表现在以下四个方面。

第一，研究的方向和角度单一，内容不够深入。国内现有著作对俄罗斯有组织犯罪的研究多集中在现状、立法状况、“反黑”机构等方面，对其他较为重要的问题，如俄罗斯有组织犯罪的成因、俄罗斯学者对有组织犯罪概念的界定、俄罗斯有组织犯罪的概念与其他概念的关联及分类、俄罗斯对有组织犯罪的法律防治手段和特殊防治手段

---

❶ НАЦИОНАЛЬНЫЙ РАЗВЕДЫВАТЕЛЬНЫЙ СОВЕТ США. Глобальные тенденции развития человечества до 2015 года: Диалог о будущем с неправительственными экспертами[EB/OL].(2000-12-01)[2009-03-10].https://b-ok.as/book/3076152/351a96?regionChanged.

❷ МАКСИМОВ А А. Российская преступность: кто есть кто[M/OL]. Москва:ЭКСМО, 1997[2009-01-07].http://www.lib.ru/POLITOLOG/r-prest.txt.

❸ ОВЧИНСКИЙ В С. Выступление на "круглом столе" Криминологической ассоциации[C]//ДОЛГОВА А И, ДЬЯКОВ С В. Организованная преступность-2. Москва:Криминологическая ассоциация, 1993: 132.

❹ 在中国期刊网上，自1991年至2020年发表的论文中，以“俄罗斯有组织犯罪”为篇名关键词检索到的论文有21篇，以“俄罗斯黑手党”为篇名关键词检索到的论文有16篇，以“俄罗斯黑社会”为篇名关键词检索到的论文有7篇，以“中俄有组织犯罪”为篇名关键词检索到的论文有2篇。

等则较少涉及。

第二，研究范式多为描述性介绍，缺乏理论分析和数据研究。这类研究受研究条件所限，对俄罗斯有组织犯罪问题只能做概况性描述，缺乏一定的严肃性和科学性，未能对这一问题做较为科学的理论分析和全局性把握。

第三，从研究时间上看，鲜有对俄罗斯有组织犯罪最新进展的研究，所引用的资料大多比较陈旧。

第四，受语言和资料所限，国内现有的研究俄罗斯有组织犯罪的文献存有一些错误，而相关研究人员未能去伪存真就相互引证，进而以讹传讹。

“有组织犯罪”是俄罗斯法学界研究的重要课题之一，刑法学家和犯罪学家们就此出版、发表了大量的专著和论文。截至 2022 年 7 月，在圣彼得堡大学图书馆的网站上，以“有组织犯罪”为主题词搜索到的专著类图书就有 133 部。遗憾的是，很多俄罗斯著名学者所撰写的关于俄罗斯有组织犯罪的权威之作，没有被介绍到我国。

基于中俄两国法律传统（封建专制传统、大陆法系传统、社会主义法系传统）与现实的相似性，以俄罗斯有组织犯罪为研究对象，有助于我国学者对有组织犯罪的深入研究，可给我国当下的“反黑”斗争带来一定的启示。同时，全面了解俄罗斯有组织犯罪的基本情况，有助于我国制定出有效的打击跨国有组织犯罪的刑事政策和国际司法合作政策。

本书的研究基于国内已出版或发表的关于有组织犯罪问题的著作和论文，以及俄罗斯出版的、国内尚未介绍的较为权威的关于有组织犯罪问题研究的著作和论文，还有俄罗斯官方和学者的统计数据资料，采用文献数据分析法、比较研究法、统计资料分析法等研究方法，分析了俄罗斯有组织犯罪的历史、现状、成因和对策等，勾勒出了俄罗斯有组织犯罪的大致轮廓，可使我国理论工作者和实践工作者对这一问题有较为清晰的认识，在一定程度上填补了我国有组织犯罪国别研究方面的空白。

崔 熳

2022 年 8 月

目录

第一章 俄罗斯有组织犯罪的概念、特征和分类

据时任俄罗斯犯罪学会会长的 А. И. 多尔戈娃（А. И. Долгова）考证，早在 20 世纪 80 年代初，就有全苏犯罪原因与犯罪预防措施研究所（俄罗斯检察院大学的前身）、苏联内务部全苏研究所（现名：俄罗斯内务部全俄研究所）和鄂木斯克高等警察学校（现名：俄罗斯内务部鄂木斯克学院）的研究人员，在各自独立研究的基础上，得出了“苏联存在有组织犯罪”的结论，但这些结论隐蔽在“象牙塔”内。时任国家杜马（即俄罗斯议会下院）安全委员会主席的 А. И. 古罗夫（А. И. Гуров）也证实，苏联内务部全苏研究所从 1982 年就开始研究“完善刑事侦查机关打击有组织犯罪团伙的活动”课题（研究成果于 1988 年公开）。1985 年，А. И. 古罗夫领导的三人小组在掌握大量实证材料和调查研究的基础上，完成了一份题为《关于乌兹别克苏维埃社会主义共和国被揭露的有组织团伙和被查明的有组织犯罪形式的研究结果》的分析材料，并报告给了苏联内务部部长和苏联共产党中央委员会。这是术语“有组织犯罪”首次在苏联官方文件中出现。之后，随着一些科学大会、“圆桌会议”、研讨会的举办，有组织犯罪问题慢慢走出了苏联内务部研究部门的围墙。这以后关于有组织犯罪的犯罪学理论才在俄罗斯出现。[1]

---

[1] 在 20 世纪 90 年代初以前，苏联《犯罪学教学大纲》中没有关于“有组织犯罪”的内容。

一、有组织犯罪的概念

有组织犯罪是一种极其严重的犯罪现象，不过遗憾的是，有组织犯罪这一概念迄今为止在世界范围内仍没有一个精确的、得到普遍接受与公认的定义。[1]正如时任联合国秘书长布特罗斯·布特罗斯－加利（Boutros Boutros-Ghali）于1993年4月向联合国预防犯罪刑事司法委员会第二届会议提交的报告《有组织犯罪对整个社会的影响》中指出的那样："为有组织犯罪确定一个明确而又普遍能够接受的定义的一切努力已经失败。实际上，有关的资料文件曾提出许多不同的定义，但是没有一项定义能够获得人们普遍的接受。"[2]

"有组织犯罪"这一概念在俄罗斯出现以前，俄罗斯犯罪学中根深蒂固的是关于"团伙犯罪"的定义。不过，即便有大量的犯罪团伙，且这些团伙实施了数量众多的敲诈勒索、盗窃、抢劫、控制卖淫业和赌博业等犯罪行为，也不能认为存在"有组织犯罪"。[3]

俄罗斯学者、立法者和实务部门对"有组织犯罪"概念所做的思考，对于帮助我们正确界定"有组织犯罪"的内涵，无疑具有十分重要的参考意义。那么，他们对这一问题是如何思考的呢？

（一）俄罗斯学者对"有组织犯罪"的定义

俄罗斯学者给出的"有组织犯罪"的定义有数十种，这些定义大大推动了对有组织犯罪问题研究的发展。揭示有组织犯罪定义的角度有多种：有突出有组织犯罪活动的，有强调有组织犯罪结构本身的，也有着眼于犯罪活动与组织结构的各种关系的。[4]具体表现为以下几种主要观点。

---

❶ 康树华．当代有组织犯罪与防治对策 [M]. 北京：中国方正出版社，1998：1.

❷ 转引自：赵秉志，赫兴旺．跨国跨地区有组织犯罪及其惩治与防范 [J]. 政法论坛，1997（4）：4.

❸ КУЗНЕЦОВА Н Ф, ЛУНЕЕВ В В. Криминология:Учебник[M].2-е изд.Москва: Волтерс Клувер, 2004: 392.

❹ ДОЛГОВА А И. Криминология:Учебник для вузов[M].3-е изд.Москва:Норма, 2005:503-504.

（1）“系统说”。“系统说”认为，有组织犯罪最本质的特点是有组织犯罪人的紧密联合及有组织犯罪组合的产生和运行。1989年，А. И. 多尔戈娃在回答“有组织犯罪的基础是什么？是有组织的犯罪还是犯罪的主体？”这一问题时，指出：“没有犯罪主体间一定程度的组织与相互联系、没有犯罪主体间为共同的犯罪计划而实行的联合，有组织的犯罪就不可能存在，这一共同计划是达到一定的犯罪目的或者用犯罪手段达到不禁止的目的。”由此，А. И. 多尔戈娃认为，有组织犯罪不是犯罪行为的总和，而是犯罪分子复杂的系统—结构总和。[1]在她主编的《犯罪学》一书中，将有组织犯罪的定义更加明确地表述为：“有组织犯罪是有组织犯罪集团及其关系和活动的复杂系统。”[2]除了 А. И. 多尔戈娃，持系统性观点的还有 Ю. Н. 阿达什克维奇（Ю. Н. Адашкевич）、С. В. 季亚科夫（С. В. Дьяков）、В. А. 诺莫科诺夫（В. А. Номоконов）、А. Г. 科尔恰金（А. Г. Корчагин）等许多学者。[3]他们认为，有组织犯罪的概念用于两个主要意义：一是只表示有组织犯罪和有组织犯罪集团的集合；二是表示整体的犯罪现象，表现为有组织犯罪集团及其广大范围的犯罪活动的复杂系统，在犯罪活动过程中，他们除了利用有组织犯罪集团内部具有管理、服务、对外协作及其他职能的部门，还利用国家机构、公民社会制度。“系统”概念不仅反映的是有组织团体的集合，而且还反映其有机整体性，反映在保障犯罪活动及其发展最有利的条件、犯罪收益的合法化和增殖基础上的有组织团体之间不同形式的稳定的相互关系。[4]

（2）“现象说”。“现象说”是把有组织犯罪理解为社会消极现象，特点是犯罪组织的结合。这种观点的支持者有 Я. И. 吉林斯基（Я. И. Гилинский）等。他把有组织犯罪看作一种复杂的社会现象，具有犯罪植入社会系统时

---

[1] ДОЛГОВА А И, ДЬЯКОВ С В.Организованная преступность[С].Москва: Юридическая литература, 1989: 8.

[2] ДОЛГОВА А И. Криминология: Учебник для вузов[М].3-е изд.Москва:Норма, 2005:506.

[3] 转引自：ДОЛГОВА А И. Криминология:Учебник для вузов[М].3-е изд.Москва:Норма, 2005: 503-504.

[4] 转引自：ДОЛГОВА А И. Организованная преступность-4[С]. Москва: Криминологическая ассоциация, 1998: 228.

其状态的全新特征，对社会系统的其他组成部分（因素）首先是对政治和经济产生根本影响。他认为，犯罪生意产生、存在和发展的条件是：①对非法货物（毒品、武器等）和服务（性服务等）的需求；②没有满足的对合法货物和服务的需求；③劳动市场不发育、失业、青少年不就业；④阻碍合法经济正常发展的税收、海关、国家整个经济政策的缺陷，以及腐败。❶A. H. 沃洛布耶夫（A. H. Волобуев）也持同样观点。他认为，有组织犯罪是“消极的社会现象，其特点是地区、国家范围内犯罪分子的结合，有等级划分，领导者具有组织、管理、思想职能，为了成员的安全和保障，腐蚀拉拢国家机关（包括护法机关）工作人员参与犯罪，垄断和扩大违法活动领域，目的是在最大限度保护最高层逃避刑事责任的同时获取最大物质收益”。❷在具备合适的犯罪条件时，在有经济、社会、意识形态和政治保证的条件下，这种犯罪组织系统能够成功运行。❸再如，O. B. 别洛库罗夫（O. B. Белокуров）将“有组织犯罪”定义为：“有组织犯罪是在一定的——首先是不良的——社会经济和军事政治条件下产生的一种社会现象；用所有结构要件之间不同层次和性质的联系和关系的严格等级体系对抗占统治地位的社会关系（社会经济、政治思想和道德精神关系），包括在有保障的安全条件下有组织犯罪单元（团伙、团体、联合组织等）实施的所有犯罪的总和，在地区（国家、各大洲）范围内具有长期性、稳定性、目的性。”❹

（3）“规模性说”。“规模性说”把“有组织犯罪”定义的重点放在有组织犯罪集团运行的规模上。例如，A. И. 古罗夫指出：“有组织犯罪是

❶ ГИЛИНСКИЙ Я И. Криминология: Курс лекций[M]. Санкт-Петербург: Питер, 2002: 207, 208.

❷ 转引自：ДОЛГОВА А И, ДЬЯКОВ С В. Организованная преступность[C]. Москва: Юридическая литература, 1989: 31.

❸ ДОЛГОВА А И. Преступность, её организованность и криминальное общество[M]. Москва: Российская криминологическая ассоциация, 2003: 369.

❹ БЕЛОКУРОВ О В. Организованная преступность: история развития и формы проявления[J]. Вестник Московского университета(Право), 1992(4): 53.

持续存在的、受控制的犯罪实体的相对大规模的运行，这些集团实施犯罪如同做生意，并通过贿赂、腐蚀等手段建立一个反对社会控制的保护系统。”[1]1991 年 10 月，这一定义被在俄罗斯苏兹达尔举行的有联合国秘书处等参加的有组织犯罪问题国际研讨会文件收录。这次会议对有组织犯罪的概念阐述如下：它是由持续存在和受控制的犯罪实体所组成的一个相当大的集团，这些实体为牟利而进行犯罪，并试图通过诸如暴力、恐吓、行贿和大规模偷窃等非法手段建立一个反对社会控制的保护系统。支持规模性说的还有 Э. Ф. 波别盖洛（Э. Ф. Побегайло），他认为：“有组织犯罪是具有高度社会危害性的社会病理现象，表现为稳定的犯罪联盟（犯罪组织）不断地和相对大规模地再生产和运行。”[2]

（4）“组织说”。“组织说”是把有组织犯罪的定义与持续存在的犯罪组织相连，或者指出有组织犯罪团伙的区别特征。它对有组织犯罪的理解以“有组织犯罪团伙”和“犯罪组织”基础概念为支撑，认为这两个概念是界定有组织犯罪的起始标志。时任俄罗斯科学院国家与法研究所刑法和犯罪学研究室主任的 В. В. 卢涅耶夫（В. В. Лунеев）把组织性看作有组织犯罪行为特有的主要和实际上唯一的分组标志。[3]他把有组织犯罪理解为虽是相对的却互相联系的特点的综合，在这些特点中组织性是主要特点。В. С. 乌斯季诺夫（В. С. Устинов）对有组织犯罪差不多也是如此界定的。[4]В. С. 奥夫钦斯基（В. С. Овчинский）也采用“组织说”，他认为，犯罪团伙

---

❶ ГУРОВ А И. Организованная преступность–не миф, а реальность[М].Москва: Знание, 1990: 19.

❷ ПОБЕГАЙЛО Э Ф.Тенденции современной преступности и совершенствование уголовно-правовой борьбы с нею[М].Москва:Издательство Академия МВД СССР, 1990:17.

❸ ЛУНЕЕВ В В. Преступность XX века: мировые, региональные и российские тенденции[М]. Москва: Норма, 1997: 287.

❹ 转引自：ДОЛГОВА А И, ДЬЯКОВ С В.Организованная преступность-2[С]. Москва: Криминологическая ассоциация, 1993: 20; УСТИНОВ В С. Понятие и криминологическая характеристика организованной преступности[М]. Нижний Новгород: Издательство Нижегородской высшей школы МВД России, 1993: 8.

具有水平和垂直联系、与国家机关官员有腐败关系、在犯罪分子或影子经济[1]中有角色地位等特征时，就是有组织犯罪。[2]

（5）"组织活动说"。"组织活动说"是通过稳定的犯罪组织的活动界定有组织犯罪。这种观点常见于犯罪侦查学家［例如，В．И．库利科夫（В. И. Куликов）就把有组织犯罪与有组织的犯罪活动联系在一起[3]］，但也有一些犯罪学家持这种观点。例如，И．Я．贡塔里（И. Я. Гонтарь）认为："有组织犯罪是社会成员具有一定数量的社会活动，其目标在于经常地获取收益、各种好处，但其使用的方法本身是犯罪的。"他在界定有组织犯罪时就把重点放在有组织的犯罪活动上，而不是犯罪组织上。[3]

（6）"组织＋活动说"。"组织＋活动说"认为有组织犯罪是有组织犯罪集团的成立、运行，以及有组织犯罪集团的活动。[3]

在以上对有组织犯罪的定义中，主张"组织＋活动说"和"系统说"

---

❶ "影子经济"是苏联提出的概念，意大利经济学家吉奥泽称之为"地下经济"，东欧称之为"第二经济"，英国称之为"隐形经济"等。影子经济是指因各种原因未向政府申报收入，政府无法实施控制和税收管理，其产值又未纳入政府公布的国民生产总值的那部分经济活动。从事影子经济的个人大部分属合法公民，但他们的活动和行为是未经法律批准或违背现行法律的；一些经济活动，由于没有专门的法律对其进行干预和调节，也属于影子经济的范畴。具体包括以下三个方面。

（1）非法经济。非法经济是把经济主体采取与现行的法律、法规相违背的方式，以牟取合法和侵占公私财物为目的进行的经济活动，如诈骗、制毒、贩毒、走私、组织卖淫、拐卖人口、赌博、伪造货币等活动。

（2）未申报经济。未申报经济是指经济主体不遵守国家的有关法律、法规，不向工商行政管理部门申报其所从事的经济活动，并逃避相应义务的经济形式，如第二职业、无证经营、借合法经营形式谋取非法收入的经济活动。

（3）未统计的经济。把无法统计的经济活动称为未统计的经济活动。如家庭自给自足的经济活动、私人制作产品相互交换等。这类经济活动绝大部分是国家现行统计体系尚未列项进行统计的，但其比重不能忽略。［参见：吕南，邓寿春．加强影子经济治理的宏微观对策研究 [J]. 中南民族大学学报（人文社会科学版），2004，S2.］

❷ ОВЧИНСКИЙ В С, ОВЧИНСКИЙ С С. Борьба с мафией в России: пособие в вопросах и ответах для сотрудников органов внутренних дел[M]. Москва: Издательство МВД России, 1993: 8.

❸ 转引自：ДОЛГОВА А И. Криминология: учебник для вузов[M]. 3-е изд.Москва: Норма, 2005: 504.

的学者较多。这两种观点也多被俄罗斯立法者和实务部门采用，详见下文。

除以上观点外，俄罗斯还存在着另一种极端看法，即对有组织犯罪概念进行了扩大解释，把有组织犯罪看作“国中之国”，看作另类国家，看作与社会系统平行的组织。这些界定反映了有组织犯罪的一些特征，但是，即便俄罗斯犯罪现象似乎十分猖獗，即便俄罗斯社会生活的很多方面都貌似已犯罪化，但也不能说其是“黑手党国家”。[1]

（二）俄罗斯立法者和实务部门对“有组织犯罪”的定义

为了便于阐述俄罗斯立法者对有组织犯罪下的定义，有必要在此将俄罗斯规制有组织犯罪的专门法律（法律草案）做一个简要说明。

在打击有组织犯罪的专门法律（法律草案）中，俄罗斯一共有3部法律草案和一部“法律”受到广泛关注和研究。第一部法律草案由俄罗斯国家杜马安全委员会委员 В. И. 伊柳欣（В. И. Илюхин）、В. А. 科尔马科夫（В. А. Колмаков）和 В. И. 科瑟赫（В. И. Косых）于1994年6月24日提出（法律草案代号：№ 94800648-1，以下简称“1994年草案”），经过讨论和修改后，国家杜马1995年11月22日通过了该草案，联邦委员会（即俄罗斯议会上院）12月9日将其批准为联邦法律，但最终被叶利钦总统以侵犯人权为由于当年12月22日否决，因而并未得以颁布和实施（这部“法律”以下简称“1995年‘法律’”）。上述1994年草案被否决后，В. И. 伊柳欣1996年2月15日和另一位国家杜马安全委员会委员 В. Д. 罗日科夫（В. Д. Рожков）再次向国家杜马提交了《“反有组织犯罪法”草案》（法律草案代号：№ 96700359-2，以下简称“1996年草案”）。В. И. 伊柳欣和 В. Д. 罗日科夫两位议员认为被否决的1995年“法律”提出的不少措施是合理和必要的，因此在1996年草案中尽可能地保留和完善了这些措施，但遗憾的是，这个1996年草案最终被无限期搁置了。2007年，俄罗斯犯罪学会会长、俄罗斯联邦总检察院学院研究所打击有组织犯罪、恐怖主义和极

[1] КУЗНЕЦОВА Н Ф, ЛУНЕЕВ В В. Криминология:Учебник[M].2-е изд.Москва: Волтерс Клувер, 2004: 395.

端主义研究室主任 А. И. 多尔戈娃和研究室首席研究员 С. Д. 别洛采尔科夫斯基（С. Д. Белоцерковский）提出了一份《“反有组织犯罪法”工作草案》（以下简称“2007 年工作草案”），该工作草案未提交俄罗斯国家杜马审议，但在理论界和实务界具有广泛影响。本书介绍和讨论最多的是 1995 年“法律”和 2007 年工作草案。

1994 年草案第 2 条指出：“有组织犯罪是有组织犯罪集团——团伙、组织和集团——的成立和犯罪活动。”而所谓“犯罪活动”是指：“以事先筹划的故意预备、未遂和实施《苏俄刑法典》[1]分则或本联邦法律条款规定的一个或一个以上犯罪、犯罪收益的合法化和增殖、为犯罪创造其他有利条件的行为系统。”

1995 年“法律”第 2 条指出，所谓“有组织犯罪”，是指“有组织犯罪集团——有组织团伙、匪帮、犯罪组织和犯罪集团——的成立和运行；它们的犯罪活动”。而“犯罪活动”则基本采纳了 1994 年草案的定义：“以事先筹划的故意预备、未遂、实施 1960 年《俄罗斯苏维埃联邦社会主义共和国法典》（以下简称《苏俄刑法典》）分则条款规定的一个或一个以上犯罪以及犯罪收益的合法化和增殖的行为系统”。同时该“法律”对有组织犯罪集团的概念分别进行了如下阐释。

有组织团伙是为实施一个或几个犯罪事先联合起来的稳定的团伙。

匪帮是武装的有组织团伙。

犯罪组织是为实施共同犯罪活动的人或有组织团伙或匪帮的联合组织，其参加者之间的职能划分为：

（1）成立或领导犯罪组织；

（2）直接实施《苏俄刑法典》分则条款规定的犯罪；

（3）其他保障犯罪组织成立和运行的形式。

---

[1] 本书中的《苏俄刑法典》，除有特别说明外，均指 1960 年《俄罗斯苏维埃联邦社会主义共和国刑法典》，学界简称为 1960 年《苏俄刑法典》。这部法典一直适用至 1997 年 1 月 1 日《俄罗斯联邦刑法典》生效时。

犯罪联盟是犯罪组织、有组织团伙、匪帮的组织者、领导者、其他参加者或其他人的联合组织，其目的是共同制定或实施以下方面的措施：协调、维持、发展相关犯罪组织或者人的犯罪活动；或为从事犯罪活动的人、有组织团伙、匪帮、犯罪组织的犯罪活动创造有利条件；以及为以上目的组织实施严重犯罪。[1]

比较上述两份文件对有组织犯罪的定义，我们发现，它们均采纳了上文提到的“组织 + 活动说”。1995 年“法律”对“匪帮”这种有组织犯罪的形式进行了规定，同时将有组织犯罪集团的运行也定义为犯罪行为，此外，将有组织犯罪集团所实施的犯罪范围仅限定于刑法分则条款，因此该“法律”比 1994 年草案更加严密、更加科学。

2007 年工作草案支持“系统说”，将“有组织犯罪”理解为“有组织犯罪集团及其犯罪活动以及巩固黑社会（преступная среда）关系的系统”，而“有组织犯罪集团”是“有组织团伙、匪帮、各种犯罪组织、犯罪联盟的总称”，“犯罪活动”则是“以事先筹划的故意，实施下列行为的系统：

（1）有组织犯罪集团的成立、组织运作、参与，其物质、技术、财务、信息和其他保障，及其犯罪所得的合法化；

（2）招募、武装、训练和以其他方式培训有组织犯罪分子进行犯罪活动；

（3）作为有组织犯罪集团的一部分，教唆、帮助、预备、未遂、实施《俄罗斯联邦刑法典》分则条款规定的犯罪；

（4）对打击有组织犯罪提供非法反击；

（5）隐瞒犯罪痕迹、伪造证据、对刑事诉讼参加者和其他人施加非法影响，以及对包括罪犯在内的有组织犯罪集团的参加者提供其他非法支持；

（6）不同的有组织犯罪集团、犯罪活动和犯罪主体的协作；

（7）传播黑社会的行为、规范、习俗、标志并确保其起效，公开为犯

---

[1] ИЛЮХИН В. Проект Федерального закона «О борьбе с организованной преступностью» [EB/OL].(2007-12-19)[2008-12-20]. https://vuzdoc.org/90232/pravo/proekt_federalnogo_zakona_borbe_organizovannoy_prestupnostyu_izvlecheniya.

罪活动及其主体辩护"[1]。

苏联内务部没有直接给"有组织犯罪"下定义，而是通过界定"犯罪组织"来界定"有组织犯罪"，即只有符合一定条件的犯罪组织所实施的犯罪才是有组织犯罪。苏联内务部给"犯罪组织"所下的定义是："犯罪组织是稳定的、具有等级制度的组织，它有两个人以上，至少有两层组织管理机构，其创立的目的在于有计划地实施牟利性犯罪并通过贿赂腐蚀手段拥有或试图拥有一个自我保护系统。"[2]这是采用了"组织说"。

俄罗斯护法机关协调会议于 2006 年 9 月 4 日颁布的《关于俄罗斯联邦有组织犯罪的状况及其加强打击力度的补充措施的决议》(第 1 号)中，从犯罪现实情况出发，将"有组织犯罪"界定为"有组织犯罪团伙和犯罪联盟(犯罪组织)体系的活动"[3]，这是采用了"组织活动说"。

(三)"有组织犯罪"相关概念诠释[4]

黑手党(мафия)这一术语在国际上和俄罗斯都被广泛使用。该术语有三个主要意义。一是组织的专有名词。关于此，一种解释是：起源于 13 世纪中叶意大利西西里岛反法武装起义的一个自卫组织。1282 年该组织宣告的口号是 Morte alla Francia，Italia anela。这一句话中每个词的第一个字母合在一起就构成了 Mafia，即黑手党。稍后该组织蜕变为犯罪组织。另一种解释是：1860 年加里波第率领"千人军"远征，解放南意大利，他提出的口号是 Mazzini autorizza furti incendi avvelenamenti(马志尼准许偷窃、纵火及投毒)。这句话每个词的第一个字母也组成了 Mafia，即黑手党。二是历史上形成的具

---

[1] ДОЛГОВА А И, БЕЛОЦЕРКОВСКИЙ С Д. Проект Федерального закона «О борьбе с организованной преступностью»[EB/OL]. (2012-03-28)[2021-12-18]. http://crimas.ru/?p=1555.

[2] 康树华. 当代有组织犯罪与防治对策 [M]. 北京：中国方正出版社，1998：8.

[3] БЕЛОЦЕРКОВСКИЙ С Д. Роль органов прокуратуры в борьбе с организованной преступностью в России[C]//ДОЛГОВА А И, ЧУГАНОВ Е Г, БЕЛОЦЕРКОВСКИЙ С Д, и др. Экстремизм и другие криминальные явления. Москва: Российская криминологическая ассоциация, 2008: 68.

[4] 本部分主要参考了 А. И. 多尔戈娃的研究成果，具体参见：ДОЛГОВА А И. Организованная преступность-4[C].Москва:Криминологическая ассоциация, 1998: 227-231.

体的犯罪组织类型。《意大利刑法典》1982年新加入的第416–2条规定："参加由3人或3人以上组成的黑手党型集团的，处3年至6年有期徒刑。发起、领导或者组织上述集团的，仅因此行为，处以4年至9年有期徒刑。当参加集团的人利用集团关系的恐吓力量以及从属和互隐条件，以便实施犯罪，直接或间接实现对经济活动、许可、批准、承包和公共服务的经营或控制，为自己或其他人取得不正当利益或好处，意图阻止或妨碍自由行使表决权，或者意图在选举中为自己或其他人争取选票时，该集团为黑手党型集团。"这里指的就是犯罪集团自身的类型。三是普通名词。表示有组织犯罪或者仅指在法律之外活动的秘密社团。А. И. 古罗夫、А. А. 阿斯拉汉诺夫（А. А. Аслаханов）等许多学者都是在第三个意义上使用这一术语的。[1]

犯罪活动（преступная деятельность）这一概念反映的不仅是在一定条件下实施犯罪，而且还反映个体事先有目的地寻找社会位置、条件，以便实现犯罪意图，在自我教育过程中发展从事犯罪活动所必需的重要技能。在犯罪学中，对犯罪活动的研究是以实施犯罪的人的所有活动为背景的，考虑犯罪活动所涉及的社会关系以及犯罪人的特征，应该明确以下事项。

（1）犯罪行为是孤立的，还是一定行为链条中的一环。

（2）如果是其中一环，那么是在什么样的行为系统中：

①违反特定年龄和地位的正常要求（未成年人过早辍学，拒绝对儿童提供物质支持）；

②不道德但不违法的行为（酗酒、性滥交等）；

③非犯罪性质的非法行为（纪律、行政处罚、民事侵权行为）；

④犯罪。

（3）犯罪行为与其他犯罪的关系：是在不同情况下的不同行为，没有同一动机，还是构成被称为犯罪活动的系统。

（4）犯罪活动是个体、社会的哪个活动领域发生的。

有组织的犯罪活动（преступная деятельность организованная）是主

[1] ГУРОВ А И. Красная мафия[M].Москва: МИКО "Коммерческий вестник", 1995; АСЛАХАНОВ А А. О мафии в России без сенсаций[M]. Москва: Институт массовых коммуникаций, 1996.

体（一个人或团伙）互相关联的有组织的犯罪系统。希腊语中 systema 表示“由部分构成的整体”。即在犯罪活动中的单个犯罪是它的有机组成部分，并且其中的每个都不只是犯罪，而是有组织的犯罪。有组织犯罪活动的主体常常实施自生的犯罪行为，这些犯罪行为无法看作有组织犯罪活动的要素（例如，在狂饮时寻衅吵架，吵架中的被侮辱者给侮辱者——甚至可能给自己的有组织犯罪活动的共同参加者——造成身体伤害）。这里是犯罪的总和，但不是犯罪的系统。首先，在系统中，几个犯罪相互关联；其次，后续的犯罪既可能在动机的最初阶段产生，也可能在做决定时产生，还可能在执行决定之时或者之后产生。有组织犯罪活动发展的逻辑导致犯罪主体可以不是一个人，而是犯罪学术语中所谓的“集体主体”，例如，按照统一计划协调一致的、有组织的行动团伙。这时，其不同成员的力量互相补充。有组织犯罪的基础正是不同的有组织犯罪集团这种集体的犯罪活动。

有组织团伙（организованная группа）根据《俄罗斯联邦刑法典》第35条，是为实施一个或几个犯罪而事先联合起来的人组成的稳定的团伙。与成立犯罪联盟（犯罪组织）一样，成立或领导有组织团伙的人，在《俄罗斯联邦刑法典》分则相应的条款规定下，对组建和领导行为承担刑事责任。此外，如果有组织团伙或犯罪联盟（犯罪组织）所实施的犯罪在故意的范围内，则还应对全部犯罪承担刑事责任。有组织团伙或犯罪联盟（犯罪组织）的其他参加者，在《俄罗斯联邦刑法典》分则相应的条款规定下，应对参加团伙或集团的行为承担刑事责任，还应对参与预备或实施的犯罪承担刑事责任。在《俄罗斯联邦刑法典》分则条款未规定的情况下，组建有组织团伙的，应对该团伙为之而成立的犯罪预备承担刑事责任。对于团伙犯罪、事先通谋的团伙犯罪、有组织团伙犯罪或犯罪联盟（犯罪组织）犯罪，则在《俄罗斯联邦刑法典》规定的限度内从重处罚。

犯罪组织（преступная организация）是有组织犯罪集团的一种。犯罪组织是犯罪活动规模扩大和越来越多的不同主体被吸收并参与犯罪的结果。在实践中，这些主体可以是自然人，可以是已经运行的专门实施不同犯罪的有组织团伙，也可以是法人（例如，通过法人洗钱和增加犯罪收入）。要想将有组织犯罪集团作为统一整体进行管理，就要成立专门的机构。一个犯罪组织，除了具有执行职能、能直接实施《俄罗斯联邦刑法典》分则规定的具体犯罪的机构外，也有具备管理职能的组织者和领导者机构，还有为犯罪组织提供保障和满足犯罪组织特殊需求的机构，比如犯罪组织的分支机构、安全部门、洗钱机构等，从而保证不同主体协调一致地参与到大规模的有组织犯罪活动中去。这就是犯罪组织的成立基础。这种组织的社会危害性，不仅在于其会实施严重犯罪（从这一观点看来，犯罪组织的社会危害性可以与严重犯罪的社会危害性同等考量），而且在于这样的犯罪机构的存在和运行保障了管理主体在产生不同动机时和在不同的外部条件下进行广泛的犯罪活动。同时，其实施的是各种不同的犯罪，实施所有符合犯罪活动发展逻辑的犯罪（洗钱、扩大犯罪收益、维持犯罪单位）。

为保护直接的犯罪活动，犯罪组织力图建立与国家机构和公民社会制度的合作关系，使他们改变打击犯罪组织的方向，由此便产生了犯罪组织活动与国家机关体系、工会、创作集体、联合会中的腐败分子的有机联系。犯罪活动与合法经营活动、社会允许甚至鼓励的其他活动交织在一起，使这些组织的活动本身难以与犯罪活动分离。

犯罪组织具有如下特征：收集和传递信息，使护法机关保持中立，利用主要的社会经济部门，存在内部机构，行为的外表具有一定的“合法性”。

犯罪组织与有组织团伙的区别在于，犯罪组织的大规模犯罪活动（大规模犯罪活动是犯罪组织的定位目标）要求把一些独立的功能分离出来，例如，成立复杂的犯罪结构和确保其如同统一的机体一样存在。犯罪组织的组织程度高于有组织团伙，它为获取超高收入和控制一定的活动领域、目标客体（其中包括政治控制）而开展大规模的犯罪活动。在这种情况下，犯罪组织的组织者、领导者常常不是刑法意义上的具体犯罪行为（盗窃、杀人等）的组织者或其他共犯，因为这些犯罪行为大多是由犯罪组织的结构分支的领导者或犯罪组织的个别犯罪活动的领导者来组织。从另一方面来说，犯罪组织的运行与一些现行法律不认为是犯罪的行为有关，这些行为包括：为犯罪组织首领提供安全警卫、交通运输、情报分析，在国家决策时为犯罪组织的利益游说，开展“侦察”和“反侦察”，提供保密的医疗救护和法律援助以掩盖犯罪痕迹、逃避法律规定的责任等。所以，有必要引入诸如“犯罪活动”“有组织犯罪集团的活动”及其他概念。[1]

犯罪联盟（преступное сообщество）这一概念有两个意义：一是犯罪学意义，表示有组织犯罪联盟的特殊形式，与有组织团伙、匪帮、犯罪组织并行存在；二是刑法意义，与“犯罪组织”的概念相同。在犯罪学意义中，犯罪联盟是犯罪组织或有组织团伙或匪帮的组织者，或领导者，或其他参加者，或其他人的联合组织；目的是共同制定或实施如下措施：协调、支持、发展犯罪集团或人员的犯罪活动，或为从事犯罪活动的人、有组织团伙、匪帮、犯罪组织创造有利条件，以及为上述目的组织实施严重犯罪。犯罪学家把犯罪联盟看作有组织的犯罪集团的特殊形式。如果说犯罪学意义上的有组织团伙、匪帮、犯罪组织的成立是为共同实施犯罪，为共同的犯罪活动，那么犯罪联盟成立的基础则具有别的性质。犯罪联盟保障有组织团伙、匪帮、犯罪组织的合作，交换情报，联合起来压制和利用护法体系、国家机构和公民社会制度，为犯罪组织的“工作人员”提供帮助。在犯罪联盟中，合作的不是犯罪组织和有组织团伙整体（作为犯罪联盟的下层结构），而是犯罪组织和有组织团伙的代表人，甚至是独立“工作”的职业犯罪分子。犯罪联盟不是其他犯罪团体的上级，而是协调机构，具有职业罪犯“犯罪工会”的特点，当犯罪联盟开始影响国家的政治进程时，它又具有政党的特点。犯罪联盟可以完全转变为犯罪组织或者只具备犯罪组织的一些特点。在刑法中，“犯罪联盟”概念则拥有另外一种含义。根据《俄罗斯联邦刑法典》第 35 条和第 210 条，犯罪联盟就是犯罪组织，是特殊的有组织团伙。

犯罪组织与犯罪联盟之间有着根本区别，区分的标准在于成立目的。犯罪组织是为了共同实施大规模、多方面的犯罪活动而成立，而犯罪联盟则由不同犯罪集团的代表人物参加，目的是协调各犯罪集团的犯罪活动，为犯罪活动创造有利条件，联合起来为犯罪人提供帮助，以期最有效地对抗执法系统。

匪帮（банда）是有组织犯罪集团的一种。《俄罗斯联邦刑法典》第 209

[1] БЕЛОЦЕРКОВСКИЙ С Д. Уголовно-правовые аспекты борьбы с организованной преступностью[C]//КОМИССАРОВ В И. Противодействие преступности: уголовно-правовые, криминологические и уголовно-исполнительные аспекты. Москва: Проспект, 2008: 348-349.

条将“匪帮”阐释为：“为袭击公民和组织而成立的稳定的武装团伙。”1997年1月17日，俄联邦最高法院在其全体会议决议中指出：“匪帮是有组织的稳定的团伙，由两个及两个以上以袭击公民或组织为目的而事先联合起来的人组成。匪帮也可以为实施一次需要精心准备的袭击而成立。”匪帮与其他有组织团伙的区别就在于其武装性和袭击公民与组织的目的。

匪帮与犯罪组织的区别在于，犯罪组织是为从事法律所禁止的其他活动而成立的，这些活动包括：生产、传播、运输麻醉品，伪造货币，从事酒类、药品代用品、毒药、武器、毒物的地下生产，贩卖妇女等。犯罪组织有很多也是有武装的，但其武器的使用并非都与袭击有关，而武力袭击则恰恰是匪帮行为所特有的。犯罪组织的武器一般仅用于警卫和防止其他犯罪组织的袭击，大多不是为了进攻。如果犯罪组织不仅从事一般的犯罪活动（比如贩卖毒品等），还具有匪帮行为，那么则是《俄罗斯联邦刑法典》第209条和第210条两罪的总和。[1]

匪帮行为（бандитизм）是《俄罗斯联邦刑法典》第209条规定的犯罪。该条第1款规制的是成立行为和领导行为，其内容是：为了袭击公民或组织而成立稳定的武装团伙（匪帮），以及领导这种团伙（匪帮）的，处10年以上15年以下剥夺自由，选处100万卢布或被判刑人5年以下工资或其他收入的罚金，并处1年以上2年以下限制自由。第2款规制的是参加行为，除剥夺自由下限为8年外，其余刑罚与第1款相同。第3款规制的是特殊主体，利用职务实施前两款犯罪的，处12年以上20年以下剥夺自由，其余刑罚与前两款相同。

二、有组织犯罪的基本特征

由于俄罗斯学者对“有组织犯罪”有多种定义，所以他们对有组织犯罪特征的界定也是多种多样。

《法学大百科词典》认为，有组织犯罪的特征是：①有物质财力基础；

[1] КОЗАЧЕНКО И Я, НОВОСЕЛОВ Г П. Уголовное право(Особенная часть)[M]. Москва: Норма, 2008: 489-490.

②犯罪组织的等级结构；③与国家机关的腐败关系；④固定的犯罪活动种类；⑤犯罪组织合并成大型联合性集团的趋势；⑥犯罪组织间势力范围的划分。❶

А. И. 古罗夫将有组织犯罪的主要特征概括为：①犯罪的联合；②非法生意；③贿赂腐蚀。❷

В. С. 奥夫钦斯基认为有组织犯罪的特征是：①水平和垂直联系；②与国家机关官员有腐败关系；③在犯罪分子或影子经济中有角色地位。❸

О. С. 约年科（О. С. Ионенко）认为有组织犯罪的特征是：①依靠实施犯罪获取利润；②犯罪组织内部的等级结构；③收买贿赂国家官员。❹

不过，从学者们给出的有组织犯罪特征中，基本可以概括为三个特征，或者说学者们基本上是从三个方面概括有组织犯罪特征的：一是组织特征；二是行为特征；三是"保护伞"特征。

有组织犯罪的第一个特征是组织特征。从上文对"有组织犯罪"定义的分析可以看到，有组织是有组织犯罪的基本要素或基本特征之一。俄罗斯学者无论从哪个角度对有组织犯罪概念进行界定、阐释，都强调了这一点。他们认为，有组织犯罪是犯罪主体为系统实施犯罪结成的联合体。在这个联合体中，有具备一定表现形式的等级制，参加者具有并列从属关系，有基于行为规范和犯罪传统的严格纪律。在联合体中，权力集中于一个或几个首领，参加者为 5 人到几百人甚至是几千人不等。因首领、参加者的数量和犯罪活动性质不同，联合体在黑社会中取得和最终确立的地位也不同。这样的犯罪联合体一般依其组织程度、结构、成员的职能作用和犯罪方向不同而有很大差异。这一点与社会、经济、种族、地理因素有关，与

❶ БАРИХИН А Б. Большой юридический энциклопедический словарь[М]. Москва: Книжный мир, 2003: 403.

❷ 转引自：КУЗНЕЦОВА Н Ф, ЛУНЕЕВ В В. Криминология: Учебник[М]. 2-е изд.Москва: Волтерс Клувер, 2004: 394.

❸ ОВЧИНСКИЙ В С, ОВЧИНСКИЙ С С. Борьба с мафией в России: Пособие в вопросах и ответах для сотрудников органов внутренних дел[М].Москва: Издательство МВД России, 1993: 8.

❹ ИОНЕНКО О С. Региональные особенности организованной преступности: На примере Республики Татарстан[С]//ЛОПАШЕНКО Н А. Организованная преступность и коррупция (Выпуск 1). Саратов: Сателлит, 2005: 21-27.

首领的特点和能力有关，也与护法机关的打击性质有关。

有组织犯罪的形态可以分为初级形态、中级形态和高级形态。

初级形态的有组织犯罪是有组织的团伙，有"领导者—参加者"（或者是"团伙的积极成员—执行者"）的初级组织结构。头目的命令直达执行者，不经过中间环节（也没有中间环节）。这里每个人都知道自己的角色，按照既定的模式来谋划犯罪。团伙人数3~10人不等。一般实施盗窃、抢夺、诈骗、抢劫、敲诈勒索等不需要特殊准备的犯罪。主要与基层内务机关的工作人员有贿赂关系。

中级形态的有组织犯罪是犯罪集团，具有更高层次的职能差别、等级制度和角色划分。中级形态是向更完善和更危险的构成过渡的阶段。人数一般有50人或50人以上。这样的犯罪集团包括组织者、"打手"、侦察员、执行者、保镖、"财务总管""看护人"等几个不同部门。在头目和执行者之间有"组织—执行"这一中间环节。结构可以是"领导层—掩护和保障层—打手—执行层"，还可以有很多其他结构，大多从事敲诈勒索、贩毒、非法贩酒、走私和银行信贷业务。一般与权力机关和管理机关的官员有贿赂关系。若没有这些官员的庇护，犯罪业务将无法开展。

高级形态的有组织犯罪是所谓带有网状结构的犯罪性组织，有两个或两个以上的管理等级，并且在通常的认识中具有黑手党的性质；或者是由几个犯罪集团构成的犯罪联盟。

这种组织有八个基本特征：

（1）有物质基础，表现在有共同的金库、银行账号、不动产；

（2）有公开的掩护，其形式可能是经注册的基金会、合资企业、合作社、餐馆、赌场、保安企业等；

（3）有委员制的领导机关，对组织的管理由一伙人（委员会）实行，这伙人有着大致同等的地位；

（4）有章程（有时是书面形式的章程），表现为规定下来的行为准则、传统、"法律"和制裁措施；

（5）有"功能—等级"系统——把组织划分成小组，跨地区联系，具有中间领导核心、保镖、情报部门、"监察员"等；

（6）有特殊的语言一概念系统，包括行话、特殊的书面语和口语（绰号、特殊的道德准则）；

（7）有信息库（收集不同的资料，侦查和反侦查）；

（8）在权力机关、司法系统和护法系统中有“自己人”。❶

犯罪组织既按地理、民族划分势力范围，也按具体的目标对象、人员划分。他们有明显的专业化程度区分：有的犯罪组织操控赌博、卖淫，有的犯罪组织从事贩毒、提供不同的犯罪性服务等。他们主要的犯罪动机是以非法手段谋求超高利润。

有组织犯罪的第二个特征是行为特征。А. И. 古罗夫在为有组织犯罪定义时就指出，犯罪集团进行犯罪如做生意。就实质上来讲，经济特征是有组织犯罪的核心。❷犯罪行为的目的是获取最大利润、致富或积累资本。有组织犯罪这种追求超高经济利益的特点往往给国家、社会造成巨大损失。有组织犯罪将犯罪收益通过银行合法化（洗钱），并落在外国银行的账户上，以及投资不动产上，还有一部分钱用于犯罪活动的再生产（其公式是：“金钱—商品—金钱”）。

有组织犯罪的第三个特征是“保护伞”特征。俄罗斯学者认为，如果把有组织犯罪看作一种社会政治现象，贿赂腐蚀就是有组织犯罪的重要特征之一。贿赂腐蚀是建立在公职人员损害国家和社会利益的违法和其他交易基础上的关系体系，其动机可能各种各样，由此收买的形式也会不同。❸

三、有组织犯罪的分类

В. В. 卢涅耶夫认为，就犯罪活动的性质、形式和原因来讲，俄罗斯的有组织犯罪可以分为刑事型（或曰“歹徒型”）有组织犯罪和经济型（或曰

---

❶ КУЗНЕЦОВА Н Ф, ЛУНЕЕВ В В. Криминология:Учебник[M].2-е изд. Москва: Волтерс Клувер, 2004: 396.

❷ 转引自：КУЗНЕЦОВА Н Ф, ЛУНЕЕВ В В. Криминология:Учебник[M].2-е изд. Москва: Волтерс Клувер, 2004: 397.

❸ КУЗНЕЦОВА Н Ф, ЛУНЕЕВ В В. Криминология:Учебник[M].2-е изд.Москва: Волтерс Клувер, 2004: 398.

“白领型”）有组织犯罪。刑事型有组织犯罪主要实施盗窃、抢夺、抢劫、敲诈勒索、诈骗、匪帮行为、杀人及其他类似犯罪。经济型有组织犯罪是窃取国家和社会财产、滥用职权、腐败及其他“贪利—经济”和“贪利—职务”犯罪。随着俄罗斯向市场经济、国家和社会财产的私有化以及欺诈性资本的过渡，经济型有组织犯罪的犯罪机会成倍增加。经济型有组织犯罪在曾经的苏联和现如今的俄罗斯（在一定程度上）可以划分为官僚主义型和市场型（“黑钱”“黑市”）。前者涉及贷款、国家保护、资金、商品、原料、设备、服务、职位、奖励、许可、特权、优惠等的分配。后者以必需的产品和服务既满足公民合理的日常需求，又满足公民的不合理需求（毒品、武器、酒类、赌博、妓女等）。В. В. 卢涅耶夫将这种分类表示为图 1–1。[1]

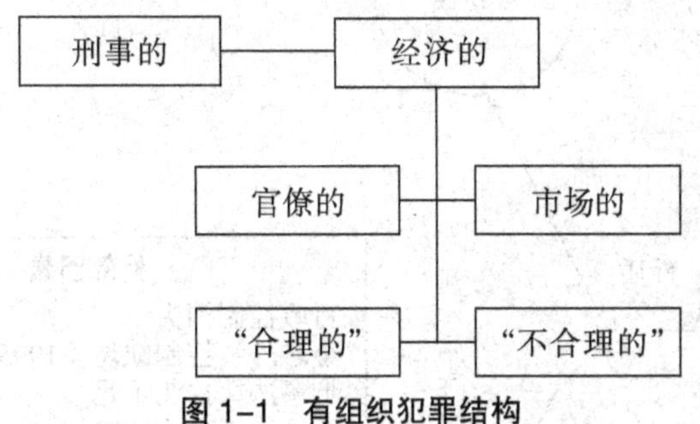

图 1–1 有组织犯罪结构

阿尔汉格尔斯克州检察院原第一副检察长 А. Н. 阿帕纳先科（А. Н. Апанасенко）的观点与 В. В. 卢涅耶夫的一致，他对有组织犯罪的分类如图 1–2 所示。[2]

В. В. 卢涅耶夫是搞理论研究的，А. Н. 阿帕纳先科是从事实务工作的，两人持相似的观点说明这种对有组织犯罪的分类和结构反映了俄罗斯犯罪的现实状况。

（一）普通刑事型有组织犯罪

俄罗斯内务部莫斯科学院原院长 В. И. 波波夫（В. И. Попов）教授也将有组织犯罪分为普通刑事型有组织犯罪和经济型有组织犯罪。

[1][2] ЛУНЕЕВ В В. Преступность XX века: мировые, региональные и российские тенденции[M]. 2-е изд. Москва: Волтерс Клувер, 2005: 565.

在阐述普通刑事型有组织犯罪的特征时，他以圣彼得堡 Д. А. 布拉沃（Д. А. Браво）和 И. Б. 卡林奇（И. Б. Калинч）为例进行了阐述。

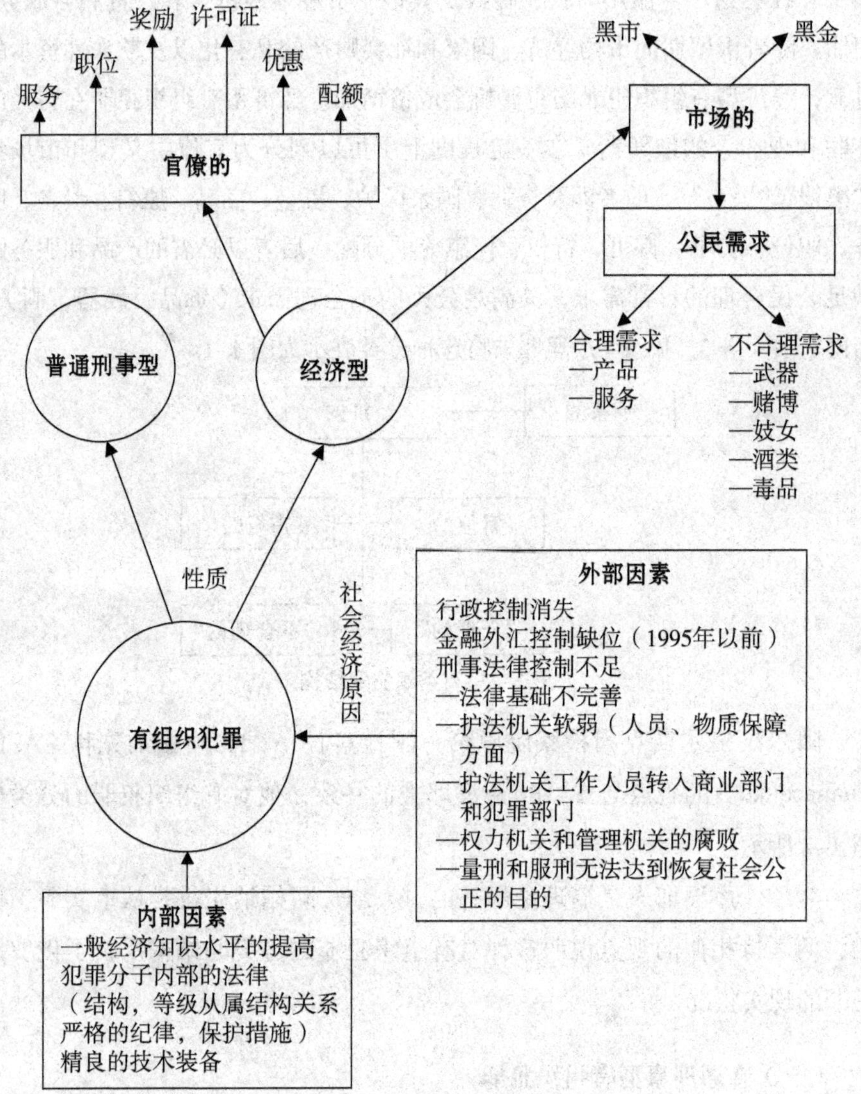

图 1-2　有组织犯罪产生的原因及其结构

1991 年年底至 1992 年，Д. А. 布拉沃与 Н. Б. 卡林奇二人成立两家股份公司，并在这段时间与另一个犯罪团伙建立了联系，羽翼丰满后，他们逐渐独立开展犯罪活动。临近 1992 年，Д. А. 布拉沃和 Н. Б. 卡林奇成立了稳定的紧密犯罪团伙（集团）。

布拉沃和卡林奇犯罪集团有20多名成员，他们过去是运动员或学生，彼此非常了解，加上招募新人时也只选择非常了解的人，所以该犯罪集团成员关系稳定，联系紧密。所有这些人都是布拉沃和卡林奇下属商店的保安或是货运代理。布拉沃和卡林奇犯罪集团有着非常严格的等级结构：有首领——布拉沃和卡林奇；有副首领；有具体犯罪行为的执行人；还有办理证件以造成商业活动假象的人。布拉沃和卡林奇犯罪集团有几个分部，每个分部有2~4人，其中还有专门从事掩盖犯罪活动的分部，直接接受犯罪集团首领的领导。为讨论犯罪活动、制订犯罪计划、挑选未来的犯罪集团成员、寻找犯罪目标，该犯罪集团经常在房地产代理公司和其控制下的汽修厂开会。

从1992年到1997年，布拉沃和卡林奇领导的犯罪集团参加者对圣彼得堡大多数公司和企业实行了非法控制，使用暴力或暴力威胁强行为其提供所谓的“保护”并收取费用。为对这些企业实行控制，该犯罪集团让自己的亲信当这些公司的创办人；为掩盖犯罪活动，还成立了以布拉沃和卡林奇为创办人的诸多企业，并往这些账户汇款，制造业务往来的假象。

犯罪集团有公共金库，其资金来源一是靠犯罪活动，二是收取的“保护费”。公共金库按金库首领的旨意花费，主要用于援助因犯罪被捕的成员。1993年2月，犯罪集团的一名成员因敲诈勒索被捕，为维持他的生活，公共金库定期向他的亲属或看守所直接划拨数笔资金，同时向其辩护人支付劳务费。

犯罪集团机动性强。许多犯罪分子都有私人汽车，并有手提电话和寻呼机用以保持联系。

在存续期间，犯罪集团实施了许多严重犯罪和特别严重的犯罪，其中包括敲诈几家公司的负责人、抢劫、抢夺、诈骗和杀人。例如，他们强迫“回声”公司支付数额巨大的保护费，并强迫其与布拉沃和卡林奇名下的公司进行蚀本交易，同时，把犯罪集团的一些成员安插到该公司并每月领取工资。“回声”公司还被迫支付大笔租金用于租赁受控于犯罪集团的场所，实际上却无法真正使用上述场所。在一段时期里，犯罪集团不断向“回声”公司提出各种无理要求，包括安排犯罪集团成员当公司副经理、员工并支付高工资，报销手机费，租赁受控于犯罪集团的场所，向受控于犯罪集团的公司支付面额巨大的票据，提高犯罪集团所占股份（直到40%），把“回声”公司的所有财产转归至犯罪集团设立的公司名下等，胃口越来越大。一旦这些无理要求得不到满足，犯罪集团就撤换或重伤甚至残忍杀害公司负责人。

波波夫教授将普通刑事型有组织犯罪的特征概括为：

（1）犯罪集团成员以经济利益联系在一起，有意识地参加犯罪的经营活动，具有贪利动机，具有通过犯罪（包括严重犯罪和特别严重犯罪）获取收入的目的；

（2）犯罪集团具有庞大的分支和高度的组织性；

（3）犯罪集团具有等级制度、稳定性和紧密性，集团成员具有共同的责任，职能被细分，这些指标有助于准确判断该犯罪集团及其违法活动的性质；

（4）犯罪集团制订作为经营活动方式的犯罪计划，犯罪具有系统性和连续性；

（5）犯罪集团注重犯罪收入的合法化（洗钱），企图以非法方式扩大生意；

（6）犯罪集团向合法生意渗透；

（7）犯罪集团有武装和技术装备，并精心策划犯罪形式和方法，为达到犯罪目的广泛使用暴力；

（8）犯罪集团组织者和领导者实行终身制。[1]

（二）经济型有组织犯罪

为说明经济型有组织犯罪的特点，波波夫教授以著名的“尤科斯案件”为例进行阐述。

霍多尔科夫斯基（М. Б. Ходорковский）是梅纳捷普银行董事长。霍氏有组织团伙成立于1994年，其主要成员是П. Л. 列别杰夫（П. Л. Лебедев，梅

[1] ПОПОВ В И. Противодействие организованной преступности, коррупции, терроризму в России и за рубежом[M]. Москва: Издательство СГУ, 2007: 42-52.

纳捷普银行总裁）、H. B. 切尔内绍娃（Н. В. Чернышева，私有化部经理）、A. B. 克赖诺夫［А. В. Крайнов，梅纳捷普股份公司和俄罗斯信托贸易有限责任公司职员，后者是俄瑞（士）合资企业，梅纳捷普银行是其共同出资人］。

在俄罗斯私有化期间，霍多尔科夫斯基和列别杰夫为首的有组织团伙，为把国有资产变为己有，并攫取“肥肉”公司的业务经营权和战略管理权、占有其股票，设立了许多假冒的商业组织，其设立条件根本不符合俄罗斯民法关于法人的规定。这些商业组织的银行账户全部开立在梅纳捷普银行（梅纳捷普银行倒闭后，又转到受控于霍氏和列别杰夫的 3 家银行），而且其会计核算都通过统一的中心进行。为了掩盖这些公司的关联性和受控性，霍氏选择了在离岸金融地区注册的外国公司作为这些公司的设立人。

1994 年 6 月，摩尔曼斯克州财产基金会组织竞买国有企业“阿帕季特”磷灰石公司（俄罗斯化肥厂磷肥原料的主要供应商）20% 的股份。霍氏有组织团伙看准机会，由其成员分别代表 Intermedinvest 公司、波涛公司等 4 家公司参与竞标。由于参与竞标的只有霍氏的这 4 家公司，因此，无论其结果如何，都在霍氏的掌控之下。最终，Intermedinvest 公司出价最高，在竞标中获胜。但该公司与其他两家公司受霍氏指使，拒绝签订买卖合同，结果，出资最少的波涛公司“胜出”。但波涛公司按照霍氏团伙的事先预谋，拒不履行出资义务。在受到摩尔曼斯克州检察官起诉时，霍氏团伙假意出资，在莫斯科仲裁法院最终判决“阿帕季特”公司买卖合同无效、波涛公司须返还股份的情况下，霍氏团伙一方面向俄罗斯联邦财产基金会主席 B. B. 马林（В. В. Малин）行贿，另一方面把波涛公司的股份转移到其下属公司，造成判决无法执行，最终导致波涛公司和俄罗斯联邦财产基金会签订和解协议，波涛公司以相当于市场价值 1/4 不到的价格（即 1 500 万美元，市值 6 200 万美元）获得了“阿帕季特”公司 20% 的股份。此后，霍多尔科夫斯基攫取了该公司产品——磷肥原料的支配权，并交给古里耶夫（Гуриев）。1995—2002 年，古里耶夫以每吨不超过 30 美元的低价向霍氏下属公司供应磷肥，而霍氏公司以每吨 40 ~ 78 美元的价格转手卖给外国公司，致使阿帕季特公司 2000—2002 年的纯利润下降了 61 亿卢布，无法向股东分配红利，此举也给国家造成了巨大损失。

收购“阿帕季特”磷灰石公司20%股份之后，霍氏团伙成员又如法炮制，1995年以1.3亿卢布[1]的价格得到了市值52亿卢布的“肥料及杀虫灭菌剂科研所”股份公司44%的股份，但一直不履行出资义务，直到1997年俄罗斯财产基金会才得知这一情况并解除了原合同。

除此之外，霍氏还制订了周密的偷逃税款计划——将其下属的Business-Oil等4家销售石油和石油产品的公司注册在提供税收优惠的斯维尔德洛夫斯克州下图林斯克区列斯诺伊市的封闭行政区划内，并将加工、储存、销售原油和石油产品获得的资金通过这些下属公司运转。这些公司实际上并未在列斯诺伊市开展经济活动，却享受其税收优惠。仅Business-Oil一家公司1999年就获得各种税收优惠12亿卢布之多。为偷逃税款，霍氏集团还采取了转让尤科斯公司本票的方法。1999年上述4家公司共逃税54亿多卢布，1999—2000年其下属法人未缴税款超过170亿卢布。为躲避税收检查，霍氏集团又将这些公司从列斯诺伊市的纳税系统中迁出，并到早就准备好的在阿加布里亚特自治区阿金斯科耶市镇纳税系统中的Perspective-Optimum公司。

霍氏集团将窃取和销售磷灰石精矿、石油和石油产品所得（包括逃税）的所有收入存在了外国银行的外国公司或其下属俄罗斯公司的账户以及自己的银行账户中。

另外，据《消息报》调查称，霍氏集团还与几起商业报复雇凶杀人案有关。

В. И. 波波夫教授将经济型有组织犯罪的特征概括为以下七点：

（1）具有普通刑事型有组织犯罪的特征；

（2）是高智力的产物，犯罪主体受过良好的教育，有一定的知识水平，善于在经济科学、精心策划的金融组合、现代商业技术、创造性地使用市场机制、民法制度和其他部门法制度的基础上构筑犯罪计划；

（3）颠覆社会和国家的经济基础，损害广泛阶层居民的利益；

（4）存在条件是与政权、腐败的国家机构、社会的政治精英结合，建立对抗社会和国家监督的防护体系；

[1] 改值前卢布。

（5）意图与普通刑事型有组织犯罪结合，使用其特有的犯罪方式方法；

（6）大型企业领域的经济型有组织犯罪有跨国化和（或）跨地区的趋势；

（7）给国家造成具有战略性质的破坏性后果。[1]

四、有组织犯罪集团

有组织犯罪集团多种多样，既具有地理特点，也具有民族特点，并根据其全球化程度而有所不同：可以局限在一个城市、一个国家，甚至可以走出国界，成为跨国性有组织犯罪集团。有几个全球性犯罪组织，在世界大多数国家和地区有活动，如意大利黑手党、日本暴力团、哥伦比亚贩毒卡特尔等。近年来，俄罗斯犯罪组织（俄罗斯黑手党）也走出了国界。[2]

（一）有组织犯罪集团的构成

一般认为，有组织犯罪集团（организованные преступные формирования）是个集合概念，包括有组织团伙、匪帮、犯罪组织和犯罪联盟。俄罗斯学者对有组织犯罪集团的构成有更加详细的表述。如，А. И. 多尔戈娃指出，在俄罗斯，“有组织犯罪集团”有以下两种主要的犯罪学类型[3]。

第一种类型是犯罪性组织（криминальная организация）。这种组合是犯罪或有组织犯罪活动的集体性主体。这种组合有很多类型，人数不等，在稳定性、参加者紧密性程度、犯罪活动的性质、划分犯罪角色的方法及其他保障其活动的形式等方面有所不同。

在《俄罗斯联邦刑法典》中，属于该种类型的有组织犯罪集团是：①有组织团伙（第35条第3款）；②非法武装部队（第208条）；③匪帮（第209条）；④犯罪联盟（犯罪组织）、有组织团伙的联合组织（第35条第4款）；⑤侵害公民人身和权利的团体（第239条）；⑥极端主义联盟

---

[1] ПОПОВ В И. Противодействие организованной преступности, коррупции, терроризму в России и за рубежом[M]. Москва: Издательство СГУ, 2007: 52-66.

[2] ДОЛГОВА А И. Криминология: Учебник для вузов[M]. 3-е изд.Москва: Норма, 2005: 506-507.

[3] ДОЛГОВА А И. Криминология: Учебник для вузов[M]. 3-е изд. Москва: Норма, 2005: 508-509.

（第 282^1 条）；⑦极端主义组织（第 282^2 条）。

第二种类型是犯罪性联盟（криминальное сообщество）。这种组合对第一种类型的组合以及职业犯罪分子履行协调、组织—管理职能，保障违法者的利益。犯罪性联盟还可以履行“犯罪工会”的职能，对其成员进行社会保护。这类犯罪性联盟一般不直接实施犯罪，而是把这些职能转托给较小的受其影响的组织。

有时，第二种类型的有组织犯罪集团在解决具体问题时需通过关于犯罪的共同决议，在这种情形下，这种有组织犯罪集团就是有组织团伙，或者第一种有组织犯罪集团的其他形式。

“守法盗贼”联盟（下文将进行详细阐述）和族裔犯罪联盟就属于这种类型的有组织犯罪集团。

这样，有组织犯罪集团就是犯罪性组织（有组织犯罪、有组织犯罪活动的集体性主体）和犯罪性联盟（范围广阔的犯罪性组织—管理活动的主体）的概括名称。

另外一些学者认为，可以把犯罪组合分为几种类型或层次。例如，Г. К. 米申（Г. К. Мишин）就把有组织犯罪集团分为以下三个层次：

（1）实施普通刑事犯罪（抢夺、抢劫）的有组织团伙（организованные группы），这类团伙没有稳定的腐败联系；

（2）犯罪组织（преступные группировки），其参加者之间有严格的角色分配，其主要的资金来源不是实施普通刑事犯罪，而是实施违反经济活动秩序的行为或者非法贩运一定商品（武器、毒品）；

（3）犯罪联盟（преступные сообщества），把几个犯罪团伙（集团）联合在一起（其特点与 А. И. 多尔戈娃描述的类似）。[1]

笔者认为，Г. К. 米申对有组织犯罪集团的这种划分没有明晰和统一的分类标准，因而缺乏实践上的可操作性。

（二）有组织犯罪集团的特征

一个犯罪组合如果能够被认定为有组织的犯罪组合，这一犯罪组合应

---

[1] 转引自：БОГУШ Г И. Криминология: учебное пособие[М]. Москва: ТК Велби, Издательство Проспект, 2006: 188-189.

该具有一定的稳定特征。С. М. 别夫扎（С. М. Бевза）把有组织犯罪集团的特点分为必要特征和选择特征，必要特征是所有有组织犯罪集团共同具有的特点，而选择特征是多数犯罪活动的有组织形式所具有的。[1]

其必要特征如下：

（1）犯罪组合的稳定性和存续时间的长期性（或不止一次实施一种犯罪）；

（2）犯罪组合参加者的角色分配，既有垂直性的、纵向的（有领导），也有水平性的、横向的（分专业）；

（3）等级性，至少有头目；

（4）集中力量于一定的犯罪活动（犯罪组合越大，其活动范围则越广）；

（5）其目的是在最短期限内从犯罪活动中获取最大收益；

（6）成员有独特的“社会保险”（例如公共金库）；

（7）安全保障措施，包括贿赂腐蚀权力部门（首先是护法机关），同时，组织内部反侦察以查明和消灭护法机关的特工；

（8）严格的内部纪律，具有一定的行为准则，包括噤声律令，以惩罚违反者。

其选择特征如下：

（1）领导者远离犯罪活动：领导者不参与实施犯罪，往往还与犯罪的实行者没有直接联系，他只是犯罪活动思想上的鼓舞者；

（2）“洗钱”，使犯罪收入合法化；

（3）民族或家族特征是挑选人员的基础；

（4）活动的跨界性，与其他国家的犯罪组织有联系；

（5）善于利用最新科技成果。

理论是实践的基石。俄罗斯理论工作者和实践者对有组织犯罪的认识，对我国针对有组织犯罪构建相关的理论体系并以此为基础开展打击有组织犯罪的工作具有相当重要的意义。

---

[1] 转引自：ДОЛГОВА А И, ДЬЯКОВ С В. Организованная преступность-2[С]. Москва: Криминологическая ассоциация, 1993: 150.

第二章　苏联解体前俄罗斯有组织犯罪的发展阶段

俄罗斯学者对俄罗斯有组织犯罪产生的时间并无共识。学者们的观点大致可以分为三种：第一种认为，俄罗斯有组织犯罪自古即有；第二种认为，有组织犯罪无论是在“十月革命”前的俄国还是在苏联都一直存在；第三种观点认为，有组织犯罪产生于“停滞”时期前后。

认为俄罗斯有组织犯罪自古即存在的学者解释说，有组织犯罪是一种特殊的犯罪现象，它的特殊之处在于，它不是一个人实施的。从这个意义上说，有组织犯罪是对马克思关于犯罪的论述——“孤立的个人反对统治关系的斗争”❶的反证。❷人们的行为受需求支配，需求决定目的，而当目的具有非法性时，国家、法律、社会道德便是实现非法目的的障碍。为了克服这些障碍和限制，犯罪人便会联合起来，增强其生存能力。在抢夺和抢劫时，几个犯罪人的力量合在一起，便能够制服一个身强力壮的人的反抗。12世纪时是这样，现在还是这样。懂经济、懂法律和懂金融的人的知识和力量结合在一起，加上被他们收买的官员的帮助，就能够在财产私有化的体制中发现薄弱环节，并且绕开法律，以非常便宜的价格获得财产，并成为它的主人。必要时，他们可以雇用杀手，假其手除掉合法所有者，并占有其财产。因此，犯罪人结成团伙能够使他们达到一个人所无法或难以达到的目的。这虽然是对有组织犯罪本质的简单化阐释，但是，有理由确

---

❶ 马克思，恩格斯．马克思恩格斯全集：第3卷[M].北京：人民出版社，1960：379.

❷ МОХОВ Е А. ФСБ: борьба с организованной преступностью[M]. Москва: Вузовская книга, 2006: 10.

信，团伙犯罪及其有组织的形式是一直存在着的，其根源可以追溯到远古时代。[1]

对此，A. И. 古罗夫认为，有组织犯罪自古存在的观点仅通过犯罪分子的稳定的团伙（帮伙、匪帮）来解释有组织犯罪的原因是不正确的。从某种程度上讲，那时仅存在有组织犯罪的一些要素，却缺乏有组织犯罪的重要内容——超额利润和影响国家政策、权力机关和管理机关。

认为有组织犯罪无论是在"十月革命"前的俄国还是在苏联都一直存在的学者称，有组织犯罪的产生与国家和法律作为调整社会生活的工具的出现有关。[2]强盗团伙、腐败的官员机构、意图暴力废除现有体制的武装政治组织都是俄罗斯有组织犯罪的传统形式。学者们援引档案资料，说明带有有组织犯罪大多数特征的犯罪组织，无论是在"十月革命"前的俄国、新经济政策时期，还是在战争时期和战后最初的苏联时期，都存在。[3]

对此，A. И. 古罗夫表示难以同意。他认为，有组织犯罪这种现象有其自身的特殊原因，这些特殊原因是在特殊的社会和经济条件下表现出来的。《反有组织犯罪原理》一书的作者——著名学者 B. C. 奥夫钦斯基、B. E. 埃米诺夫（B. E. Эминов）等人也认为，至少在苏联时期，传统的普通刑事团伙犯罪中就有有组织类型，同时，组织性和专业性是黑社会一直追求的，但是，如果把这样的团伙犯罪与现在理解的有组织犯罪等同起来，就有些简单化。[4]E. B. 托皮利斯卡娅（E. B. Топильская）也认为，在评价团伙犯罪的这些有组织形式时，仅仅可以说，其中含有有组织犯罪这一社会现象所特有

[1] ПОПОВ В И. Противодействие организованной преступности, коррупции, терроризму в России и за рубежом[M]. Москва: Издательство СГУ, 2007: 12-13.

[2] ПОПОВ В И. Противодействие организованной преступности, коррупции, терроризму в России и за рубежом[M]. Москва: Издательство СГУ, 2007: 12.

[3] 转引自：ТОПИЛЬСКАЯ Е В.Организованная преступность[M].Санкт-Петербург: Юридический центр Пресс, 1999: 4.

[4] 转引自：ТОПИЛЬСКАЯ Е В. Организованная преступность[M].Санкт-Петербург: Юридический центр Пресс, 1999: 5.

的一系列要素。[1]

在持第三种观点的学者中，В．В．卢涅耶夫认为，有组织犯罪在社会主义时期就已经产生，不过那时是简单化的，是服从于官僚、寄生在计划经济之上的。[2]А．И．古罗夫认为，有组织犯罪在俄罗斯形成于1966—1982年。[3]Е．В．托皮利斯卡娅认为，有组织犯罪产生的时间点可以认为是俄罗斯社会意识到这种现象存在的时刻，即当俄罗斯社会已经无法忽略"黑手党"存在的时刻。20世纪70年代末80年代初，各种促使犯罪水平和结构及其他质与量的特征发生急剧变化的条件在时间上和空间上重合［正如Н．Ф．库兹涅佐娃（Н. Ф. Кузнецова）表述的那样，出现了原因、条件和相关事物的综合］，从而出现了有组织犯罪的"爆炸"。这一时期，在犯罪结构因素的分组标志上又增加了新的特征——出现了"贪利—暴力"方向的团伙犯罪，犯罪团伙具有组织性和武装性。犯罪数量以10倍的速度急剧增长，同时，不仅是犯罪总量与犯罪人口在增加，个别犯罪类型和形式也有所增多。也就是在20世纪70年代末80年代初，俄罗斯有组织犯罪成为犯罪学单独考量的现象，而不是作为犯罪的一种下位类型或团伙犯罪活动被认识。[4]

笔者赞同第三种观点，因为只有从20世纪60年代在俄罗斯（苏俄）发展起来的有组织犯罪才具有本书第一章所述有组织犯罪的全部特征，而在此之前的历史时期的犯罪活动只不过带有有组织犯罪的个别特征。不过，为了让我国学者对这一问题有一个较为清晰的认识，本书将按照时间顺序，对俄罗斯有组织犯罪的发展阶段做一个大致梳理。

---

❶ ТОПИЛЬСКАЯ Е В.Организованная преступность[М].Санкт-Петербург: Юридический центр Пресс, 1999: 5.

❷ ЛУНЕЕВ В В. Преступность XX века: мировые, региональные и российские тенденции[М]. Москва: Норма, 1997: 284.

❸ ГУРОВ А И. Профессиональная преступность: прошлое и современность[М]. Москва: Юридическая литература, 1990: 120.

❹ ТОПИЛЬСКАЯ Е В. Организованная преступность[М].Санкт-Петербург: Юридический центр Пресс, 1999: 6.

一、伊凡三世时期至“十月革命”前

俄罗斯职业犯罪的最初表现形式是“恶事”（лихие дела）。关于“恶事”的规定在1497年的《伊凡三世律书》中就可以找到。1550年的《伊凡四世律书》对此有更加详细的规定，如果犯罪嫌疑人被指控为“当然的恶人”，对他就可以施以酷刑。如果行刑后他承认实施了犯罪，则对其处以死刑。而所谓“恶事”，就是特别危险的犯罪，包括抢劫、抢夺、纵火、杀人及特殊形式的盗窃（如盗马）。

按照俄罗斯社会学者 Д. С. 利哈乔夫（Д. С. Лихачёв）、Г. В. 奥西波夫（Г. В. Осипов）等人的观点，15世纪末至16世纪初在俄国出现了联系紧密的盗贼圈子，这一时期正是从伊凡三世到瓦西里三世的中央集权制国家的形成时期，是俄国大土地所有制迅速发展的时期。当时，莫斯科大公政权为摆脱金帐汗国统治和吞并各公国，实行依靠军功服役贵族的政策，这样就产生了封地制。封地制的出现，以国家暴力为前提，大大加强了封建主对自由农村公社土地的掠夺。[1]大规模剥夺土地、农奴制的加强、税负的增加、人口赤贫化以及在摆脱金帐汗国统治、争取独立进程中全民理想的破灭，导致16世纪初犯罪的急剧增长，“恶人”帮伙活动频繁（因而犯罪活动具有一定反抗民族和阶级压迫的性质）。[2]早期的盗贼组织——整个的强盗村落就是在这时出现的，有时人数近300人。而且，直到18世纪以前，俄国所有有人居住的地区都有整个的强盗村落。

最早的一个有组织犯罪集团是“扎波罗热—谢奇”，这些扎波罗热哥萨克人主要在相邻国家活动，以强盗为生，也不放过俄罗斯商队，后被叶卡捷琳娜二世女皇粉碎。

---

❶ 曹维安．俄国的农奴制度与农村公社 [J]. 兰州大学学报（社会科学版），1997（1）：124.

❷ ПОПОВ В И. Противодействие организованной преступности, коррупции, терроризму в России и за рубежом[M]. Москва:Издательство СГУ, 2007: 14.

18 世纪开始前，形成了黑道传统和“法则”：要向公共金库缴纳一定数额的金钱；新成员加入要举行入会仪式，并赐予绰号；用行话（黑话）交流；限制落入黑道的人回归社会。这些传统和“法则”一直保持至今。

17 世纪末至 18 世纪初，俄国逐渐形成独特的“流浪汉群体”。到 19 世纪，这些靠小偷小摸和乞讨为生的人已经形成人数众多的犯罪团伙。

进入 19 世纪的时候，俄国黑社会已经发展壮大，并有能力对抗社会秩序和法律。同时，它的传统、习惯、“法则”已在整整几代犯罪分子的意识里得到巩固强化。在 19 世纪，犯罪活动的职业化已经达到了相当规模，并且已深入社会生活的各个角落。

到 19 世纪末，俄国黑社会已经具备了严整的组织的特点。窃贼、偷马贼、诈骗分子（假保险代理、假贷款人、假破产人）、赌博老千、造假币者等组成的团伙具有良好的组织性。不过，由于市场的缺乏，最重要的是，由于在俄罗斯帝国中存在着相当强大的军事政治国家政权，阻碍了“俄罗斯黑手党”的形成。

在各色黑道分子中，形成了对各种职业的等级观念：流浪乞讨者受到普遍尊敬（因为他们居无定所，没有家庭，也没有工作，不与政府合作，符合真正的犯罪分子的生活方式）；抢夺、杀人者受到的尊敬程度最低（因为人的生命被视为上天赐予，只有在极端情况下才能被剥夺）；人数最多的是职业盗窃犯（有 30 多个“专业方向”，其中等级最高的是“技术工种”，最古老的“专业”则是扒手）；偷马贼受到歧视（因为马是农民主要的值钱工具，而且偷马被视为茨冈人的“专业”）；诈骗分子和造假币者是黑道中的“知识分子”（因为诈骗分子操控的是票据、股票等有价证券，欺骗的对象多是国家，而造假币者则多是天才画家、雕刻家。另外，这两种“职业”受到的处罚往往较重）。

黑道人区别于他人的标志——保持传统、保密、纹身、行话——也形成了。纹身是等级和地位的标志，标志着所犯的法条、判刑次数、心理倾向、志向和性取向。不按“职位”纹身会被严重处罚（肢体损伤或处死）。

在“十月革命”（1917 年）之前，俄国国内发生了经济和政治危机，负责贸易、金融、工业的官员展开了有组织的犯罪活动，在军事供货和投机票证供应制等方面均获取了超额利润，国家的稳定很快遭到破坏。

二、“十月革命”后至苏联解体前

（一）列宁时期

“十月革命”之后，刚刚诞生的苏维埃政权为了抵抗外国武装干涉和消灭国内反动军队，于1918—1922年进行了国内革命战争，而就在国内革命战争前后，有组织犯罪发展到了相当规模。在苏维埃政权建立的最初几年，战争、经济崩溃、饥馑、失业等消极因素从某种程度上促进了有组织犯罪的增加，此外，大量拒绝服役和上前线的逃兵手中还有武器，还有很多被克伦斯基“临时政府”大赦的累犯（仅莫斯科一地，就大赦了3 000多名罪犯[1]）。一些累犯和职业罪犯联合起来成立了有组织的犯罪团伙，主要从事匪帮活动。同时，沙皇俄国宪兵队的工作人员、被消灭的白军军官有些也加入有组织的匪帮。

1921年，苏联实行新经济政策，在工商业和农业中迅速出现了一批私营经济。由于连年战乱，苏维埃国家生活必需品极度匮乏，耐普曼（即“新经济政策人”、私营工商业者）借机填补经济缺陷，大行其道。耐普曼从贫困人口中脱颖而出，使犯罪分子对他们的金钱和财产产生了兴趣。同时，耐普曼阶层本身也是由一部分搞各种经济破坏活动的不法分子构成。因此，在新经济政策时期，经济领域的有组织犯罪层出不穷。犯罪团伙成立了假合作社、搞假破产，掠夺侵吞国家财产，从事金融、信贷和银行领域的诈骗活动，收买国家官员。

“十月革命”后的最初几年，许多职业犯罪分子被释放，其中的一些人甚至到肃反委员会和警察机关供职。20世纪20年代末，在政治事件频发的

---

[1] ПОПОВ В И. Противодействие организованной преступности, коррупции, терроризму в России и за рубежом[M]. Москва:Издательство СГУ, 2007: 18.

背景下，黑帮开始重新划分势力范围，不同团伙间不断产生冲突，发生了黑帮危机。于是，在过去的传统和惯例基础上，诞生了新的盗贼“法律”。这时，最有权威的犯罪分子开始被称为“守法盗贼”（关于“守法盗贼”的详细介绍见本书第三章）。这一时期制定的一些“守法盗贼”的活动原则甚至沿用至今：无论是在狱中还是狱外，重大问题都须在大会上集体决定；恢复公共金库作为犯罪分子的物质基础；“守法盗贼”可以在任何地区建立自己的基地、公社和“贼窝”；对不遵守盗贼惯例和传统者坚决予以报复。

（二）斯大林时期至苏联改革前

在苏联卫国战争期间，犯罪分子中间发生了严重分化。根据盗贼法则，拿起武器为国而战是不被允许的，而许多“守法盗贼”在当局许诺释放或撤销前科的条件下，被编入战时惩戒营，参加了反法西斯战斗，并以其残忍性令法西斯分子十分恐惧。他们获胜后回到集中营，与那些恪守传统的“守法盗贼”产生了激烈的冲突，并一直从战后持续到20世纪60年代中期，结果，统一的盗贼“制度”遭到破坏，新旧“守法盗贼”都遭受了重大损失。1956年，苏联内务部打响了整治“守法盗贼”的公开战。在斯维尔德洛夫斯克市郊区建立了专门的改造营，把所有“守法盗贼”都押送到那里，强迫他们劳动，破坏他们的威信，并向狱外散布信息称某某“守法盗贼”已经“投敌叛变”。结果，根据执法部门的统计资料，到20世纪60年代初，狱中只剩下3%的“守法盗贼”。[1] 到20世纪60年代中期，服刑地的犯罪团伙已经不再是大量存在的现象，[2] 到20世纪70年代初，“守法盗贼”已经基本消失了。[3]

---

❶ МУХИН А А.Российская организованная преступность и власть: история взаимоотношений[M]. Москва: Центр политической информации, 2003: 16.

❷ ПОПОВ В И. Противодействие организованной преступности, коррупции, терроризму в России и за рубежом[M].Москва:Издательство СГУ, 2007: 25.

❸ КОСТАЛЕВСКИЙ Я. История организованной преступности в России[EB/OL]. (2007-10-11)[2009-01-07]. http://xn--80aa2bkafhg.xn--p1ai/4912/search.php?what=author&searchobject=%DF.%20%CA%EE%F1%F2%E0%EB%E5%E2%F1%EA%E8%E9.

赫鲁晓夫推行的“解冻”、刑罚自由化政策和一些经济改革的尝试促使黑社会改变了自己的方向。在新的社会条件下，由刑事犯罪分子帮伙形成的“旧的”职业犯罪获得了完全不同的质态，这种新的质态与发达资本主义国家的现象非常相近。“第一，出现了网状的组织结构，在这种结构下，团伙间就有划分势力范围和领地的可能，甚至不可避免地出现这种可能性；第二，发生了普通刑事犯与侵吞者的结合，这二者又与国家机关工作人员结合；第三，有组织的犯罪分子团伙深入经济甚至政治的内部。后一点正是有组织犯罪所特有的。”[1]

赫鲁晓夫下台后，在勃列日涅夫的领导下，苏联逐渐进入“停滞”时期，正是上文提到的有学者认为有组织犯罪在俄罗斯产生的时间。当时，在苏联国内出现了一系列导致犯罪集团发展和有组织犯罪产生的因素。首先，职业罪犯大幅度增加。1960—1990 年，苏联有 3 000 万人被判刑，其中有 1/3 走上了再犯罪道路。这一时期的犯罪率增加超过了人口增长，产生了一大批靠犯罪生活的人，他们是有组织犯罪人口长期稳定的来源，对有组织犯罪的发展发挥了显著作用。其次，20 世纪 60 年代中期，经济上的失误已非常明显。工作装模作样、缺乏责任心成了“正常现象”，对劳动和消费量缺乏必要的监督手段等——这一切导致国家财产被大量侵吞窃取，很多人手中聚敛了大量的钱和物，并将其投入非法生产中，影子经济中的违法犯罪成分因而得到巩固加强。亿万富翁在自己的周围纠集了很多武装打手，他们争夺销售市场，并且收买公职人员，打入国家机关。国民经济的一些部门（如公共生活部门、棉花工业等）变成了致富的影子来源。对国民收入的重新分配开始了，这种重新分配看似是自发的，实则在刑事上是有组织的。从这一时期起，一个被称为“地下车间主任”[2] 的新经济犯罪分

[1] ГУРОВ А И. Профессиональная преступность: прошлое и современность[M]. Москва: Юридическая литература, 1990: 49.

[2] “地下车间主任”是苏联时期（20 世纪 80 年代末）的地下经营者。称其为“地下”，是因为如果采取公开方式，他们既无法成立企业，也无法销售产品。“地下车间主任”用公开的国有企业生产地下产品，然后通过地下组织销售，或者采取相反的方法，在地下企业生产产品，通过国有贸易机构销售。而生产和销售全部采用地下方式的情况较为少见，因为那样做很容易被反盗窃社会主义财产和投机倒把局查处。

子类型逐渐形成和确立。“地下车间主任”们为扩大非法生意、抵御竞争，开始联合成为集团，并借助收买手段，建立起逃避社会控制的可靠保障。就这样，有组织犯罪以各种影子经济人和诈骗者集团的面目在苏联的经济领域中出现了。

由于苏联国内有一个相当强大的职业犯罪分子“阶级”，国家资金的又一轮重新分配开始了。传统的职业犯罪分子在这些条件下重新定位，开始盗窃、抢夺那些不诚实劳动的人。20 世纪 70—80 年代，各种赌博诈骗、盗窃、抢劫、绑架现象急剧增长，敲诈勒索也开始发展。在职业犯罪分子中出现了一些“无冕之王”。他们划分领地和势力范围，向影子经济人征收“贡赋”，之后就出现了影子经济人与犯罪团伙头目的结合：职业犯罪分子开始保护他们，帮助他们销售产品，镇压竞争对手。[1]

总体来说，20 世纪 60 年代是犯罪团伙开始形成的时期，其组织程度相对较高，进行普通的团伙犯罪活动；20 世纪 70—80 年代，有组织犯罪的表现形式从犯罪组织结构中分离出来，有组织犯罪活动参加者个体的犯罪学类型开始形成。

（三）戈尔巴乔夫时期

1985 年，戈尔巴乔夫担任苏共中央总书记，为了应对严重的酗酒灾害，开展了声势浩大的“反酗酒运动”，决定从 1986 年起逐年减少烈性酒的生产，到 1988 年完全停止以水果和浆果为原料的酒类的生产。“反酗酒运动”取得了一定成绩，但也带来很多负面影响。一是私人酿酒无法控制。1987 年，地下生产的高浓度酒精的饮料已超过国家生产的 40% ~ 50%，1985—1988 年上半年累计惩处了 89.7 万名私酿者。但一些人还在铤而走险，为了逃避搜查，他们把私酿活动转移到车间里、工地上。二是国家因减少酒类生产财政收入锐减。1986—1988 年，国家财政收入仅这一项就减少了 400 多亿卢布，加剧了政府的财政困难。实际上这一笔钱大多流进了

---

[1] КУЗНЕЦОВА Н Ф, ЛУНЕЕВ В В. Криминология: Учебник[M].2-е изд.Москва: Волтерс Клувер, 2004: 405-406.

私酿酒户和酒贩子的腰包，冲击了消费市场。[1]三是投机倒把猖獗。一瓶伏特加黑市价为20卢布，3升一罐的私酿酒卖70卢布。连国营商店也大搞倒卖活动。此时，一个“倒爷”犯罪团伙——“酒精黑手党”[2]也暗中发展起来。此外，由于警方把主要治安力量投入反酗酒斗争，所以其他不法活动如住宅偷盗等日益肆虐，加剧了社会混乱。[3]可以说，“反酗酒运动”催生了黑手党组织，也促使影子资本增加。“反酗酒运动”的开展导致巨额的创业资本落入犯罪分子的手中。黑手党在“反酗酒运动”中飞速发家致富。

1988—1989年是俄罗斯有组织犯罪最终形成的决定性时期。俄罗斯的经济停滞和衰退、官僚机构的腐化堕落、道德水平的下降等促使有组织犯罪形成的决定因素都在这一时期得到加剧。不过，还有一些直接因素亦促进了有组织犯罪的形成。

首先是《合作社法》的颁布。自1988年5月起，苏联颁布了《合作社法》等一整套关于合作社的法律文件，赋予各类合作社经营自主权，允许从事个体经济活动。立法者希望通过这些措施大力发展合作社经济，从而充分利用社会主义的潜力和优越性，向市场提供高质量的商品和服务。但是，其实际造成的结果是巨额的国家资金被转移到合作社经济成分中，确切地说，是转移到私人经济成分中，而这种合作社或私人部分常常带有违法性质（近60%的合作社社员都是有前科的人），这就导致《合作社法》成了有组织犯罪的强大推动力。20世纪80年代，影子经济开始合法化，其“外衣”就是合作社。许多人借助合作社这一极好的平台，成为成功的企业家和经济寡头。著名的例子就是K.边杜启则（К. Бендукидзе），他原是苏联科学院生物技术研究所细胞分子遗传学实验室的负责人，后来创办了几个生产生化制剂的合作社。他靠买方的预付款聚敛了大量钱财，1992年成

---

❶ 黎方．苏联的酗酒与反酗酒运动 [J]. 世界知识，1989（11）：29.

❷ 酒精黑手党是从酒类生产和销售中获取巨大利润的有组织团伙。他们用这些钱在所有媒体上做广告，收买国家官员为其大开方便之门。

❸ 高惠群．苏联反酗酒运动的反思 [J]. 俄罗斯研究，1989（3）：44-45.

了俄罗斯商品原料交易所私有化证券市场的几大投资人之一。1993 年，他在乌拉尔重型机器制造厂的拍卖中获胜，成了这家拥有 5 万员工的巨大工厂的所有者。为掩盖犯罪行为，影子经济的巨头们大规模洗钱，这在苏联是前所未有的。《合作社法》的颁布，也把一大批被害人抛向犯罪团伙，任其蹂躏。按照研究俄罗斯和圣彼得堡黑社会的著名专家 A. 康斯坦丁诺夫（A. Константинов）的观点，社会在俄罗斯经济发展的该阶段无法满足商人对其利益的保护需求，而有组织犯罪却能做到。他举例为证：圣彼得堡一个咖啡馆的老板认为，匪帮是不稳定的社会中唯一的稳定和可靠的保障。[1]因而，在这一阶段，从事敲诈勒索的犯罪团伙数量急剧增加，他们"劝说"国内外合法和非法商人把利润分给他们。

其次，这一时期的有组织犯罪活动还包括走私进口商品，出口国家禁止出口的原材料，高价倒卖国营商店的商品等。这些有组织经济犯罪活动给苏联经济造成了威胁。有组织犯罪活动越来越多地覆盖与居民的基本生活需求直接相关的经济领域，特别是储存、运输和销售日用消费品的企业和组织。经济联系破坏，消费市场崩溃，用非经济手段调控消费市场，商品供应和进入零售业脱节，人为制造短缺——这些都使犯罪活动变得简单化。不经国家调控的定价在多数情形下因被用来掩盖真正的贸易和销售收入而遭到滥用。所有这些都促成了新的有组织犯罪活动方法的出现。[2]苏联国内的混乱状况给了有组织犯罪以可乘之机，使其"工作效率"大大提高。苏联边境海关的监管松弛，常常致使载有大批珍贵货物的车厢长期停靠在车站，有组织犯罪分子抢夺这些物资如同探囊取物。而银行混乱的管理状态常常会造成几十亿美元的无故流失。

"雪上加霜"的是，苏联从阿富汗撤军后，一大批军人涌入社会，他们无事可做，没有社会保障，又对新经济和新价值体系不适应，于是成了俄

[1] ТОПИЛЬСКАЯ Е В. Организованная преступность[М].Санкт-Петербург: Юридический центр Пресс, 1999: 14.

[2] ГАВРИЛОВ С Т, БЕЛОУСОВ И В, ПОКАМЕСТОВ А В. Истоия становления организованной преступности в России[J]. Территория науки, 2013(6): 151-152.

罗斯犯罪组织关注的对象。这些人大多年富力强且有作战经验，能够熟练使用武器——这些苏联国家已不再需要的“本领”正中犯罪组织下怀。更何况，一些经过阿富汗和苏联“热点地区”战火洗礼的军人在犯罪组织对他们没有产生兴趣之前，就已经在有组织犯罪系统中找到自己的一席之地了。这样，从阿富汗撤回的军人就在“人力资源”上巩固了有组织犯罪在俄罗斯的地位。

此外，这些在阿富汗和苏联“热点地区”打过仗的军人还为有组织犯罪创造了一个有利条件：使国内市场遍布廉价的、未被内务部掌握的武器。正是在这两年，犯罪团伙间发生了数量众多的武装冲突。例如，早在 1988 年 1 月，莫斯科就发生了多尔戈鲁科沃帮和柳别尔齐帮两个犯罪团伙之间为争夺里加市场的火并，这是最早的武装火并之一。1988 年 7 月，在莫斯科，阿塞拜疆犯罪团伙和奥列霍沃犯罪团伙之间也发生了武装冲突，其目的也是争夺势力范围。从武装冲突势力来看，这种火并不仅仅发生在俄罗斯人之间。1988 年 8 月，莫斯科的车臣帮和斯拉夫帮也发生了“战争”。从地点上看，不仅在莫斯科，1989 年在列宁格勒（现名：圣彼得堡）也发生了坦波夫和马雷舍夫犯罪集团之间的火并。自此以后，犯罪集团之间的“作战”不断发生。在这一时期，警察和犯罪团伙之间也发生过武装冲突。

以上这些说明，犯罪团伙的数量已经具有相当规模，且势力大多已经超出他们可以控制的目标区域。从这时起，犯罪团伙间开始重新划分势力范围，竞相争夺“龙头老大”地位。犯罪团伙数量及势力的急剧增长，以及有组织犯罪内部发生的“战争”，表明有组织犯罪已形成完整和独立的系统，有组织犯罪在俄罗斯已作为全国性现象存在了。除此之外，1988—1989 年，一个与在团伙中实施普通刑事违法行为的犯罪人个体有别的犯罪学范畴——有组织犯罪活动参加者个体形成了。具有复杂结构的大型犯罪团伙“脱颖而出”，而这些犯罪集团的首领在集团内外都获得了毫无保留的认可。其中一些犯罪集团被人们按照其首领的名字来称谓，如圣彼得堡的马雷舍夫集团、库德里亚绍夫集团、萨拉托夫的奇库诺夫集团等。

1989 年 8 月 4 日，苏联人民代表大会第二次会议通过了《关于加强打击有组织犯罪的决议》。决议中指出，"国内犯罪现象急剧增加，其中包括有组织犯罪"[1]。这是苏联首次公开承认存在有组织犯罪。

到20世纪90年代初，从事匪帮和敲诈活动的犯罪团伙越来越普遍。其特点是具有高度的刑事犯罪专业技能，具有严格的等级结构，有明确的分工。他们一般都有很强的机动性，有交通工具和很好的技术装备（夜视仪、无线电台、气手枪和气罐、防弹衣等），装备了不同的武器，有自造的，也有批量生产的。他们的技术装备（包括作战装备）往往比护法机关的还要好。这一时期的族裔团伙犯罪现象也很普遍，如在莫斯科，就有车臣、塔吉斯坦（达吉斯坦）、阿塞拜疆人的团伙在活动。[2]

关于这一阶段俄罗斯有组织犯罪的性质和动态，犯罪学家们有比较详尽的统计数据，但为了方便叙述和与之后的犯罪数据进行对比，我们将这些数据放在下一章加以分析。

---

❶ БАРАННИК И Н. Транснациональная организованная преступность и сотрудничество стран Азиатско-Тихоокеанского региона в брьбе с ней[M]. Москва: Российская криминологическая ассоциация, 2007: 71.

❷ ИВАНОВ Л Ю. Национально-патриотические силы России: идейные корни и реалии конца XX века[EB/OL]. [2009-01-10]. http://www.ivanoff.ru.

第三章　苏联解体后俄罗斯的有组织犯罪

苏联解体后，有组织犯罪摆脱了社会限制和控制，重整旗鼓。护法机关的弱化和特工部门的破坏对有组织犯罪的发展起到了促进作用。那些曾因经济犯罪获刑的人被公开宣布为市场的受难者，被认为是极权体制下分配经济的地下活动的人，其中很多人被大赦。20 世纪 90 年代初，很多牵涉窃取财产和洗钱的刑事大案被宣布为政治事件，在对护法机关的新闻攻势和种种高压之下，这些大案最后不了了之。20 世纪 90 年代中期，操控私有化证券和财产私有化最终导致了有组织犯罪的加剧。最终只有有组织犯罪赢得了俄罗斯的改革。[1]1991—2000 年可以称作俄罗斯黑手党的黄金时代。许多犯罪学家认为，这一时期发生了俄罗斯黑手党的"国家化"。

一、苏联解体后俄罗斯有组织犯罪活动

（一）俄罗斯有组织犯罪活动的发展阶段

俄罗斯（苏俄）犯罪经历了上文所述的发展阶段后，在 20 世纪 90 年代以前已经具备了有组织犯罪的全部特征，并且获得了国家在法律上的"承认"。自此之后，俄罗斯有组织犯罪便迅速发展起来。

---

❶ 竟然发生这样的奇事：在圣彼得堡，有人用 13 000 卢布，相当于一瓶廉价的伏特加酒的价钱，就买到了一整个工厂（参见：КУЗНЕЦОВА Н Ф, ЛУНЕЕВ В В. Криминология: Учебник[M].2-е изд.Москва:Волтерс Клувер, 2004: 407）。

苏联解体后的头两年是俄罗斯有组织犯罪发展的关键时刻。这一时期，由于苏联解体，原加盟共和国内务部之间的联系中断，统一的犯罪和犯罪人统计体系瓦解，原各加盟共和国之间形成了“透明国界”，犯罪分子可以轻易地从俄罗斯逃往其他国家，以逃避俄罗斯护法机关的监管。

在这一时期，俄罗斯有组织犯罪出现了新的特征，即跨国性，这标志着俄罗斯有组织犯罪上升到了一个新的发展高度，俄罗斯有组织犯罪集团与全球有组织犯罪集团存在着不可分割的联系，一条运送武器和毒品，运出妇女从事卖淫的跨境犯罪渠道得以敷设成功。

同时，在1992—1993年，匪帮行为问题又卷土重来。匪帮行为早在苏联停滞时期就已经被宣告消灭[1]，但时隔1/4个世纪，匪帮行为就又迅速泛滥，以致于1993年12月21日俄罗斯联邦最高法院全体会议通过了《关于匪帮行为案件司法实践的决议》(第9号)。

由于经济衰退，有劳动能力的人口无法就业从而走上犯罪道路，非法武器流通增长，道德价值体系贬值等一系列经济、社会和政治原因，1992—1993年，以暴力为表现形式的有组织犯罪的数量急剧增加，犯罪活动残忍性大增，犯罪团伙和犯罪集团之间的竞争亦加剧。由于团伙犯罪的稳定性、武装性和紧密性，有组织团伙的特点越来越接近匪帮，其社会危害性也增大了。

仅1992—1993年就有20%的开采石油和1/3的金属从俄罗斯走私出境。从俄罗斯经立陶宛运输的原油70%无法到达目的地——加里宁格勒。[2]犯罪分子自知行为的违法性质，所以以倾销价格加紧出售原油。1992年每吨石油价格比1991年下降了15美元，给国家造成了3亿美元的损失。护法

---

❶ 1975年的巴拉诺夫斯基（Балановский）和泽连科夫（Зеленков）匪帮行为案（他们妄图进攻银行攫取巨额资金，此前为夺取武器实施了多起故意杀人）曾被认为是苏联最后一起匪帮行为案件（参见：ТОПИЛЬСКАЯ Е В. Организованная преступность[M]. Санкт-Петербург: Юридический центр Пресс, 1999: 20.）。

❷ ГЛИНКИНА С П. Теневая экономика в современной России[J].Свободная мысль, 1995, 3: 40.

机关和分析人士的数据都证实，这笔钱最后落入犯罪分子的手中。在 1992 年出口的石油中，有 67% 的石油是通过有组织犯罪集团运出的，国家财政为此少收入 2 000 亿卢布。❶

在当代俄罗斯，经济型有组织犯罪的发展大致经历了四个阶段。

第一，“原始积累”阶段：敲诈勒索和掌握金融体系，建立自己的商业银行和公司体系；积极搭建“金融金字塔”❷。这一时期从 1990 年持续到 1995 年，其中 1993—1994 年是用“金融金字塔”进行“原始积累”的飞速发展时期，一些专家甚至把这一时期看作俄罗斯有组织犯罪发展的一个独立阶段。但是这一观点并非完全正确，这是因为在 1995 年以后俄罗斯有组织犯罪才开始大规模转入合法生意，那些纯粹黑社会的“老大”才转变为“可敬”的生意人。

第二，操纵金融系统，从俄罗斯经济中攫取利益阶段：操控有价证券，其中包括短期国债和联邦债券；搭建结构更新的“金融金字塔”，有时是合股投资基金；占领票据市场；积极运作俄罗斯的原料市场（石油、天然气、金属、矿物）。票据和其他有价证券的流通成了逃税的方式，替代了“活”钱的流通。这一阶段自 1995 年开始直至 1997 年。在通行的理解中，这一阶段是俄罗斯有组织犯罪的繁荣兴盛时期，是“英雄”和“大案”辈出的时代，在这一时期，犯罪首领完全不受惩罚。

---

❶ ОВЧИНСКИЙ В С. Выступление на "круглом столе" Криминологической ассоциации[C]//ДОЛГОВА А И, ДЬЯКОВ С В. Организованная преступность-2. Москва: Криминологическая ассоциация, 1993: 70.

❷ 美国投资专家马丁 · 弗里德森（Martin Fridson）认为（《投机与骗局》，北京机械工业出版社 2007 年版），所谓的“金字塔式欺诈”是指一种“连续投资方式”，始作俑者为美国人查尔斯 · 庞茨（Charles Ponzi）。在该投资模式中，资金的运作完全依赖于不断扩大的参加者队伍，而参与者的不断增多与资金的不断积累所造成的成功与高回报的假象，又诱使更多企盼高回报的投资者加入。事件操纵者无需任何实业经营，只需将新投资者的入伙资金支付给先前的投资者，便可循环滚动。而一旦没有新投资者加入，这种连续投资的链条就会中断。俄罗斯典型的“金融金字塔”诈骗是 1994 年俄罗斯的 MMM 投资基金事件。

第三，许多首领［В. К. 伊万科夫（В. К. Иваньков）、米哈伊洛夫（Михайлов）、奥尼阿尼（Ониани）等］被捕或被处刑的1998年金融危机阶段。俄罗斯有组织犯罪分子抛售短期国债和联邦债券，并把公债转换出来的资金转移到国外，开始重组以占领新的空间。这一阶段开始于1997年，并持续到1999年年底叶利钦总统卸任前。俄罗斯有组织犯罪人的注意力主要集中在提高产能和增加原料储备上。一个数据可以对这一阶段加以说明，即俄罗斯经济的40%处于“影子”之中，据专家估计，大约是200亿美元。

第四，犯罪资本和犯罪首领合法化阶段。这一阶段有组织犯罪的规模很大（约有50%的俄罗斯经济处于“影子”中）。这不仅与美国导演的国际制裁压力有关，而且与变化了的俄罗斯国内政治行情有关。由于普京总统开始执政，俄罗斯的特工部门恢复了昔日的“威力”，很多犯罪首领认识到，在国外定居且在俄罗斯握有合法生意会安全得多。很多“犯罪权威”由于掌握高科技和自由资本，因而其生意能够合法化并且其本人具有影响力，如В. 库马林（В. Кумарин）在圣彼得堡、С. 米哈伊洛夫在莫斯科等。这一阶段开始于1999—2000年（此前这一过程就开始了，但仅在1999年大规模出现），并一直持续至今。[1]

（二）俄罗斯有组织犯罪的规模

1. 关于有组织犯罪的统计

俄罗斯对有组织犯罪的经常性统计始自1989年。其中存在的问题是：有组织犯罪的潜伏性特别高，实际数量比在统计上的反映高出很多[2]，只有一小部分有组织犯罪集团实际实施的犯罪能够在犯罪统计上得到反映。在当代俄罗斯，有组织犯罪的潜伏性总体计算水平是70%，而有组织团伙实

[1] МУХИН А А. Российская организованная преступность и власть. История взаимоотношений[M]. Москва: Центр политической информации, 2003: 33-34.

[2] ЭМИНОВ В Е. Концепция борьбы с организованной преступностью в России[M]. Москва: Издательство Проспект, 2007: 23.

施的犯罪潜伏性则接近 100% ~ 200%。例如，2001 年，俄罗斯登记了 118 起成立犯罪联盟（犯罪组织）犯罪（《俄罗斯联邦刑法典》第 210 条），而该罪的隐案有 203 起。2002 年，该罪明案及隐案分别为 404 起和 1 071 起，比例达到 1 : 3.4。[1] 就经济领域的有组织犯罪而言，其潜伏部分有可能超出登记部分 300 倍。[2] 专家认为，极高的潜伏性已成为当今俄罗斯有组织犯罪的一个属性，其形成的特殊性在于，很大部分有组织犯罪集团的首领由于有贿赂关系或者其职务地位能够操控对有组织犯罪及反有组织犯罪措施的统计，并对其施加直接影响，而且这种操控常常通过伪造数据来实现。[3]

有组织犯罪统计存在的另外一个问题是：由于反有组织犯罪的失误，特别是被追究刑事责任和判刑的主要是有组织犯罪集团普通参加者的个别犯罪活动，有组织犯罪集团实施的犯罪在刑事案件中是作为一个或一小部分人的单个犯罪呈现的[4]，因而在犯罪统计和司法统计中，有组织犯罪根本没有得到全面的反映。[5]

---

❶ КОРОБЕЕВ А И. Противодействие организованной преступности: уголовно-правовой и криминологический подходы[C]//КОМИССАРОВ В И. Противодействие преступности:уголовно-правовые,криминологические и уголовно-исполнительные аспекты: материалы III Российского конгресса уголовного права. Москва:Проспект, 2008: 404.

❷ ЭМИНОВ В Е. Концепция борьбы с организованной преступностью в России[М]. Москва: Издательство Проспект, 2007: 23.

❸ ЭМИНОВ В Е. Концепция борьбы с организованной преступностью в России[М]. Москва: Издательство Проспект, 2007: 23-24.

❹ КОРОБЕЕВ А И. Противодействие организованной преступности: уголовно-правовой и криминологический подходы[C]//КОМИССАРОВ В И. Противодействие преступности:уголовно-правовые,криминологические и уголовно-исполнительные аспекты:материалы III Российского конгресса уголовного права. Москва: Проспект, 2008: 404.

❺ ДОЛГОВА А И.Криминология:Учебник для вузов[М]. 3-е изд.Москва: Норма, 2005: 516.

2. 有组织犯罪的规模

俄罗斯有组织犯罪在规模上的基本特点是：有组织犯罪集团及其实施犯罪的数量持续较快增长。1989 年，俄罗斯护法机关查出了 485 个有组织犯罪集团，到 1995 年，有组织犯罪集团的数量就达到了 8 222 个，增长了近 16 倍（见表 3–1）。1996 年，已查明的由有组织犯罪集团实施的诈骗数量是 1989 年的近 80 倍。1996 年，有组织团伙实施犯罪 26 433 起，是 1989 年 2 924 起的 9 倍多（见表 3–1 和表 3–2）。1997—2003 年，有组织团伙实施的犯罪数量趋于稳定，在 20 000 起以上波动（见表 3–3 和表 3–4）。2005 年登记的由有组织团伙或犯罪联盟（犯罪组织）实施的犯罪有 28 000 多起，查明实施这些犯罪的人超过 11 000 人（一说为 10 748 人，见表 3–7）。[1]有组织犯罪集团实施的登记犯罪总数，从 2002 年的 20 185 件增加到 2006 年的 27 715 起，增加了 1/3 强。[2] 2006 年，登记的成立犯罪联盟（犯罪组织）的事实是 2002 年的近 2.3 倍（分别是 123 个和 54 个），2007 年继续保持这一增长趋势，且有组织犯罪集团成员使用武器和爆炸物进行犯罪非常普遍。[3]2007 年，在登记犯罪总数减少 7.1% 的情况下，由有组织犯罪集团实施的犯罪仍增加了 15.2%[4]，相同的趋势也反映在表 3–7 中。

[1] ПОПОВ В И.Противодействие организованной преступности, коррупции, терроризму в России и за рубежом[M].Москва: Издательство СГУ, 2007: 6.

[2] БЕЛОЦЕРКОВСКИЙ С Д. Роль органов прокуратуры в борьбе с организованной преступностью в России[C]//ДОЛГОВА А И, ЧУГАНОВ Е Г, БЕЛОЦЕРКОВСКИЙ С Д и др.Экстремизм и другие криминальные явления. Москва: Российская криминологическая ассоциация, 2008: 59.

[3] БЕЛОЦЕРКОВСКИЙ С Д. Роль органов прокуратуры в борьбе с организованной преступностью в России[C]//ДОЛГОВА А И, ЧУГАНОВ Е Г, БЕЛОЦЕРКОВСКИЙ С Д и др.Экстремизм и другие криминальные явления. Москва: Российская криминологическая ассоциация, 2008: 59-60.

[4] БЕЛОЦЕРКОВСКИЙ С Д. Роль органов прокуратуры в борьбе с организованной преступностью в России[C]//ДОЛГОВА А И, ЧУГАНОВ Е Г, БЕЛОЦЕРКОВСКИЙ С Д, и др. Экстремизм и другие криминальные явления. Москва: Российская криминологическая ассоциация, 2008: 59.

表 3–1 查明的有组织犯罪团伙的特征（1989—1995 年）

项 目	1989 年	1990 年[①]	1991 年	1992 年[②]	1993 年	1994 年	1995 年
团伙总数 / 个	485	785	952	4 352	5 691	8 059	8 222
各年与 1989 年相比 / %	100.0	161.9	196.3	897.3	1 173.4	1 661.6	1 695.3
团伙人数（3 人）	301	359	475	—	—	—	—
团伙人数（4~10 人）	170	365	415	850	1 361	1 642	1 641
各年与 1989 年相比 / %	100.0	214.7	244.1	500.0	800.6	965.9	965.3
团伙人数（10 人以上）	14	55	62	79	105	156	151
各年与 1989 年相比 / %	100.0	392.8	442.9	564.3	750.0	1 114.3	1 078.6
团伙存续时间（1 年以下）	213	510	684	—	—	—	—
团伙存续时间（1~5 年）	80	214	261	868	1 155	1 598	1 628
各年与 1989 年相比 / %	100.0	267.5	326.3	1 085.0	1 443.8	1 997.5	2 035.0
团伙存续时间（5 年以上）	—	8	7	5	11	24	11
有国际联系	—	—	—	254	307	461	363
有跨地区联系	39	81	91	1 388	1 011	1 258	1 065
各年与 1989 年相比 / %	100.0	207.7	233.3	3 559.0	2 592.3	3 225.6	2 730.8
有贿赂关系	6	38	65	721	801	1034	857
各年与 1989 年相比 / %	100.0	633.3	1 083.3	13 350.0	14 283.3	12 016.7	17 233.3

资料来源：ЛУНЕЕВ В В. Преступность XX века: мировые, региональные и российские тенденции[M]. 2-е изд. Москва: Волтерс Клувер, 2005: 568.

①《俄罗斯联邦刑法典》第 35 条规定，有组织团伙的成员数是 2 人或 2 人以上。在本表格中，团伙总数包含了 2 人有组织团伙的数量，但并未对其进行单独统计。

② 1992 年收集数据的数量及其性质发生了变化。

表 3-2　有组织团伙实施的犯罪的性质和动态（1989—1996 年）

项　目	1989 年	1990 年	1991 年	1992 年	1993 年	1994 年	1995 年	1996 年
实施犯罪 / 起	2 924	3 515	5 119	10 707	13 640	18 619	19 604	26 433
各年与 1989 年相比 / %	100.0	120.2	175.1	366.2	466.5	636.8	670.5	904.0
故意杀人 / 起	33	50	56	—	117	203	370	451
故意致人重伤 / 起	8	6	39	—	58	73	72	68
强奸 / 起	12	11	8	—	70	69	108	111
匪帮行为 / 起	—	—	—	106	43	122	239	262
破坏外汇交易 / 起	—	11	20	—	142	175	317	—
走私 / 起	—	—	—	—	24	65	201	—
敲诈勒索 / 起	165	313	306	727	753	1 239	1 695	1 784
抢劫 / 起	139	236	226	—	775	1 192	526	2 177
抢夺 / 起	111	214	199	—	754	862	175	937
盗窃 / 起	1 932	1 321	2 642	—	7 139	8 823	1 373	10 107
诈骗 / 起	45	396	161	—	—	—	827	3 576
职务犯罪 / 起	2	72	144	—	409	415	451	—
行贿受贿 / 起	1	44	164	—	114	166	155	—
投机倒把 / 起	5	110	37	—	15	不是犯罪	—	—
窃取，携带武器 / 起	65	168	219	—	—	—	—	581
携带武器犯罪 / 起	—	121	110	—	779	875	908	—
毒品犯罪 / 起	20	53	139	216	280	768	657	625
窃取，数额巨大 / 起	—	—	—	—	—	—	2 854	—

数据来源：ЛУНЕЕВ В В. Преступность XX века: мировые, региональные и российские тенденции[M]. 2-е изд. Москва: Волтерс Клувер, 2005: 569-570.

表 3-3　有组织团伙实施的犯罪的性质和动态（1997—2003 年）

犯　罪	1997 年	1998 年	1999 年	2000 年	2001 年	2002 年	2003 年
数量共计 / 起	28 497	20 987	25 039	27 362	25 721	20 125	24 096
特别严重的犯罪，严重犯罪	—	17 861	23 015	24 470	23 195	18 539	—
针对生命和健康的犯罪	—	303	408	380	380	304	—
杀人（第 105、106、107 条）	434[1]	128[1]	198[1]	195[1]	203[1]	147[1]	267[1]
雇佣杀人	—	—	—	—	—	—	16
故意严重损害他人健康（第 111 条）	59	—	—	—	—	—	—
绑架（第 126 条）	—	77	143	112	136	71	80
非法剥夺自由（第 127 条）	—	80	126	128	88	47	50
针对财产的犯罪	—	15 234	17 786	16 606	14 723	11 513	—
盗窃（第 158 条）	10 359	6 436	7 796	6 747	5 547	3 356	4 475
诈骗（第 159 条）	4 103	2 791	3 350	3 188	3 371	3 183	—
抢夺（第 161 条）	925	504	504	566	588	588	423
抢劫（第 162 条）	2 473	1 455	1 760	1 839	1 598	1 303	1 424
使用枪支抢劫	—	—	—	—	—	—	227
拦路抢劫	—	—	—	—	—	—	42
敲诈（第 163 条）	1 432	1 183	1 010	940	1 083	733	623
走私（第 188 条）	147	—	—	—	—	—	412
经济活动领域的犯罪	—	1 715	1 628	3 080	2 629	1 750	—
针对公共安全的犯罪	—	1 414	1 834	1 734	1 714	1 357	—
恐怖主义（第 205 条）	—	1	—	2	9	13	36
劫持人质（第 206 条）	—	2	6	8	4	3	5
成立非法武装部队（第 208 条）	—	—	—	—	—	—	189

续表

犯　罪	1997 年	1998 年	1999 年	2000 年	2001 年	2002 年	2003 年
恐怖主义性质的犯罪（第 207、277、360 条）	—	—	—	—	—	—	—
匪帮行为（第 209 条）	337	388	426	404	378	330	331
成立犯罪集团（第 210 条）	—	36	108	77	79	54	59
极端主义性质的犯罪	—	—	—	—	—	—	11
公职人员实施的犯罪	—	—	—	—	—	—	617
与非法贩运有关的经济方向的犯罪②	—	—	—	—	—	—	8 812
非法贩运武器	750	725	1 007	986	936	752	1 226
非法贩运麻醉品	772	—	—	—	—	—	4 172
计算机犯罪	—	—	—	—	—	—	18
使用枪支实施的犯罪	—	—	—	—	—	—	553
使用爆炸物和爆炸装置实施的犯罪	—	—	—	—	—	—	89
有腐败联系的犯罪	—	—	—	—	—	—	399
有国际联系的犯罪	—	—	—	—	—	—	496
有国际联系的犯罪（独联体国家除外）	—	—	—	—	—	—	330
有跨地区联系的犯罪	—	—	—	—	—	—	1 260
针对国家公务利益的犯罪	—	285	334	635	429	360	—

资料来源：ЛУНЕЕВ В В. Преступность XX века: мировые, региональные и российские тенденции8[M]. 2-е изд. Москва: Волтерс Клувер, 2005: 570-572. 本表格还有一列数据是 2003 年在有组织团伙或者犯罪联盟（犯罪组织）中实施的犯罪，但由于笔者只想展示 1997—2003 年有组织犯罪的数据动态，故省略了这一列数据。

①数据只表示《俄罗斯联邦刑法典》第 105 条第 2 款第 7 项规定的犯罪（即由团伙、事先通谋的团伙或有组织的团伙实施的杀人）。

②本表中未列入非法贩运玉石珠宝、贵金属等与非法贩运有关的经济方向的犯罪。

表 3-4 俄罗斯有组织团伙、犯罪联盟（犯罪组织）参加者中被判刑者的数量（1997—2003 年）

项目	1997 年	1998 年	1999 年	2000 年	2001 年	2002 年	2003 年
有组织犯罪集团中被判刑人数	2 818	3 358	3 299	3 096	2 988	2 360	1 789

有组织犯罪给俄罗斯国家带来的经济损失，从没收的有组织犯罪人的物资可见一斑（见表 3-5 和表 3-6）。

表 3-5 没收的有组织犯罪人的物资（1989—1996 年）

项目	1989 年	1990 年	1991 年	1992 年	1993 年	1994 年	1995 年	1996 年
武器 / 件	111	295	—	4 518	11 737	13 808	6 357	6 401
麻醉品 / 千克	26	46	—	3 297	4 360	3 695	5 841	—
赃款和赃物 / 卢布	3 868 $\times 10^3$	5 650 $\times 10^3$	—	3 218 $\times 10^3$	72 $\times 10^6$	171.4 $\times 10^9$	182.5 $\times 10^9$	1 280.7 $\times 10^9$
汽车 / 辆	—	—	—	648	1 118	1 525	1 364	—

资料来源：ЛУНЕЕВ В В. Преступность XX века: мировые, региональные и российские тенденции[M]. 2-е изд.Москва: Волтерс Клувер, 2005: 572.

表 3-6 没收的有组织犯罪人的物资（1997—2003 年）

没收的物资	1997 年	1998 年	1999 年	2000 年	2001 年	2002 年	2003 年
枪支 / 支	1 014	777 459	734 364	715 436	651 364	13321 122	574 363
冷兵器 / 支	—	—	—	—	—	—	55
弹药 / 发	26 925	16 997	20 547	24 382	24 297	17 549	62 591
爆炸物 / 千克	—	45	67	56	34 781	4 042	7 417
爆炸装置 / 个	—	286	116	85	201	261	156
麻醉药品和精神药物 / 克	305 000	1 436 981	934 535	3 638 070	792 609	2 548 296	909 041

续表

没收的物资	1997 年	1998 年	1999 年	2000 年	2001 年	2002 年	2003 年
物资、财产、货币 / 千卢布	89 642①	172 354	239 429	284 652	272 421	2 174 380	1 146 798
外汇 / 美元	589 755	510 264	139 397	248 415	699 113	256 431	70 671
假货币 / 千卢布	—	266	728	1 290	2 025	1 114	1 343
假外汇 / 千卢布	—	536	10 255	12 227	4 110	1 584	1 500
宝石 / 克拉	—	779	177	303	1 834	—	496
贵金属 / 克	66 571	127 028	1 309 020	79 014	16 995	618 378	50 145
有色金属 / 千克	—	74 118	62 693	97 047	61 065	16 319	21 887
石油、石油产品 / 吨	—	—	15	1 568	1 463	69	120
汽车 / 辆	—	—	—	—	—	—	228
古董、文物 / 件	—	19	62	353	42	19	3
酒类产品 / 公斗	—	—	—	—	—	—	2 130
物质损失 / 千卢布	—	814 148	144 522	3 245 539	4 245 886	6 364 417	—
非法贷款 / 千卢布	—	—	—	—	—	—	13 737
收买、贿赂 / 千卢布	—	—	—	—	—	—	977
合法化的货币资金 / 千卢布	—	—	—	—	—	—	558 698
扣押财产 / 千卢布	—	—	—	—	—	—	862 698
防止物质损失 / 千卢布	—	—	—	—	—	—	69 145

资料来源：ЛУНЕЕВ В В. Преступность XX века: мировые, региональные и российские тенденции[M]. 2-е изд. Москва: Волтерс Клувер, 2005: 573-574.

①此处的数据单位为：百万卢布。

俄罗斯犯罪学会出版的论文集公布的数据（见表 3-7）表明，尽管 2007—2008 年俄罗斯登记的犯罪总数有所下降，但有组织犯罪集团实施的犯罪显著增加了，而 2017—2018 年也出现了同样的情况。

表 3-7　2004—2018 年俄罗斯联邦登记的有组织团伙或犯罪联盟实施犯罪的信息及在有组织团伙或犯罪联盟中实施犯罪的人员信息

年份	统计数据			
	登记的犯罪总数 / 起	有组织团伙或犯罪联盟实施的犯罪数量 / 起	查明的犯罪人总数 / 人	查明的有组织团伙或犯罪联盟成员 / 人
2004	2 893 810	28 161	1 222 504	10 713
2005	3 554 738	28 611	1 297 123	10 748
2006	3 855 373	30 209	1 360 860	11 715
2007	3 582 541	34 814	1 317 582	11 543
2008	3 209 862	36 601	1 256 199	10 591
2009	2 994 820	31 643	1 219 789	10 179
2010	2 628 799	22 251	1 111 145	8 770
2011	2 404 807	17 691	1 041 340	7 487
2012	2 302 168	18 016	1 010 938	7 444
2013	2 206 249	17 266	1 012 563	8 086
2014	2 190 578	13 771	1 006 003	8 375
2015	2 388 476	13 735	1 075 333	9 664
2016	2 160 063	12 581	1 015 875	9 317
2017	2 058 476	13 232	967 103	9 261
2018	1 991 532	15 628	931 107	9 693

资料来源：ЯШИН А В. Некоторые вопросы противодействия современной организованной преступности[C]//ДОЛГОВА А И. Борьба с организованными проявлениямипреступности и обеспечение национальной безопасности. Москва: Российская криминологическая ассоциация, 2019: 254.

有组织犯罪集团实施犯罪的贪利动机占绝对多数。在有组织犯罪集团成员实施的犯罪中，绝大多数与取得财富有关。有组织犯罪集团的兴趣逐渐向经济活动领域转移。近年来，登记在册的有组织犯罪集团参加者实施的经济方向的犯罪在持续大幅度增长，在 2006 年首次超过了其犯罪总数的 50%，且 2007 年继续保持这一增长趋势。在实施经济方向的犯罪之后，他们还非法贩运武器和毒品。❶

20 世纪末 21 世纪初，俄罗斯的有组织犯罪发生了极其不利的变化（见表 3-8）。

表 3-8　认为以下被调查地区存在下列有组织犯罪现状的专家人数占被调查者人数的百分比（2003 年）

（单位：%）

有组织犯罪现状	被调查地区							
	车臣共和国	下诺夫哥罗德州	伏尔加格勒州	布良斯克州	斯摩棱斯克州	弗拉基米尔州	斯塔夫罗波尔边疆区	克拉斯诺达尔边疆区
完全控制着该地区的国家和社会机构	12	3	11	1	10	6	15	36
没有完全控制，但还是控制着该地区的联邦国家和社会机构	32	22	9	23	14	27	37	39
完全控制着该地区联邦主体的国家和社会组织	7	3	6	3	4	3	9	34

❶ БЕЛОЦЕРКОВСКИЙ С Д. Роль органов прокуратуры в борьбе с организованной преступностью в России[С]//ДОЛГОВА А И, ЧУГАНОВ Е Г, БЕЛОЦЕРКОВСКИЙ С Д, и др. Экстремизм и другие криминальные явления. Москва: Российская криминологическая ассоциация, 2008: 59.

（续表）

有组织犯罪现状	被调查地区							
	车臣共和国	下诺夫哥罗德州	伏尔加格勒州	布良斯克州	斯摩棱斯克州	弗拉基米尔州	斯塔夫罗波尔边疆区	克拉斯诺达尔边疆区
没有完全控制，不过还是控制着该地区联邦主体的许多国家和社会组织	21	23	19	18	24	22	11	39
完全控制着该地区的地方自治机关	7	4	2	0	4	7	6	35
没有完全控制，不过控制着该地区的地方自治机关	13	5	7	6	8	11	8	8
不能说控制着该地区的国家和社会机构，只是控制着个别公职人员、经营者、机关、企业	33	37	21	59	63	38	28	17
有组织犯罪控制着该地区的经济领域	24	39	19	21	24	33	23	71
有组织犯罪不发达，少有表现	7	1	2	4	0	3	2	0

资料来源：ДОЛГОВА А И. Криминология: Учебник для вузов[M].3-е изд.Москва: Норма, 2005: 516.

从表 3–8 中可以看出，在所有联邦主体中，认为有组织犯罪“完全控制着该地区的国家和社会机构”的被调查专家比例，比认为“有组织犯罪不发达，少有表现”的专家比例高很多。

专家们认为，多种多样的有组织犯罪集团都在俄罗斯积极活动，而车臣共和国的状况尤其严重（见表 3–9）。

表 3–9　认为以下有组织犯罪集团在下列区域积极活动的专家人数占受访者人数的百分比（2003 年）

（单位：%）

有组织犯罪集团	被调查地区						
	车臣共和国	下诺夫哥罗德州	弗拉基米尔州	布良斯克州	斯摩棱斯克州	斯塔夫罗波尔边疆区	克拉斯诺达尔边疆区
匪帮（第 209 条）	40	18	14	14	24	26	22
非法武装部队（第 208 条）	54	3	0.5	0	4	16	0
在共同犯罪活动基础上紧密结成的犯罪组织（第 210 条）	24	17	18	14	43	25	12
侵害公民人身和权利的团体（第 239 条）	22	8	18	8	8	11	1
极端主义联盟（第 282 条）	20	2	0.5	8	4	11	2
犯罪首领为解决共同组织问题（“公共金库”、“仲裁庭”、划分势力范围）而结成的联盟	17	21	27	30	20	35	15
恐怖主义组织	17	21	27	30	20	35	15
从事所有类型犯罪活动的大型犯罪性组织（包括恐怖主义组织或对恐怖主义组织的资助）	21	2	4	1	2	12	16

资料来源：ДОЛГОВА А И. Криминология: Учебник для вузов[M].3-е изд.Москва: Норма, 2005: 521.

从《共青团真理报》2001 年绘制的莫斯科有组织犯罪集团势力范围图中可以直观地看出，20 个较大的有组织犯罪集团的势力范围遍布莫斯科，将俄罗斯首都几乎“瓜分殆尽”。

对火车站的控制情况：库尔斯克火车站（由塔甘卡犯罪集团、达吉斯坦犯罪集团、阿塞拜疆犯罪集团控制）；帕韦列茨火车站（由塔甘卡犯罪集团、阿塞拜疆犯罪集团控制）；基辅火车站（由塔甘卡犯罪集团、松采沃犯罪集团、阿塞拜疆犯罪集团控制）；白俄罗斯火车站（由达吉斯坦犯罪集团控制）；雅罗斯拉夫尔火车站（由塔甘卡犯罪集团控制）；喀山火车站（由喀山犯罪集团控制)。[1]

此外，在俄罗斯活动着约120个有跨地区和跨国联系的犯罪联盟（犯罪组织）。这些犯罪组织的积极参加者的总数超过4 000人，受其控制的大型经营主体至少有500家。犯罪联盟（犯罪组织）在40多个国家建立了金融账户。[2]

（三）俄罗斯有组织犯罪集团的主要活动范围

俄罗斯犯罪集团集中的地区包括：资源开采地区，即秋明、鞑靼斯坦、雅库特、奥伦堡州；大型的工业中心，即乌拉尔、伊尔库茨克州、下诺夫哥罗德、陶里亚蒂；边境地区。从地域分布上看，俄罗斯的有组织犯罪集中在大城市、工业中心，特别是俄罗斯的南部地区。[3]各地最大的犯罪集团分别如下。

莫斯科：松采沃犯罪集团、伊斯梅洛沃犯罪集团、21世纪犯罪集团、卢坎斯基犯罪集团、波罗利斯克犯罪集团、库尔干犯罪集团。

圣彼得堡：坦波夫犯罪集团、喀山犯罪集团、马里谢夫犯罪集团。

叶卡捷琳堡：乌拉尔马什犯罪集团、森特罗犯罪集团、布鲁斯犯罪集团。

克拉斯诺亚尔斯克：拜科夫犯罪集团。

海参崴：米科奥犯罪集团、科斯特纳亚犯罪集团。

当然，前文提到，1991年俄罗斯有组织犯罪就已“走出国门”，走向世界，他们在世界很多国家有活动（详见本章第三节“苏联解体后俄罗斯黑手党在国外及族裔犯罪集团在俄罗斯”部分）。

---

[1] ВЕЛИГЖАНИНА А. Карта зон влияния ОПГ Москвы[EB/OL]. (2001-06-11) [2009-01-10]. http://www.compromat.ru/page_10852.htm.

[2] ПОПОВ В И. Противодействие организованной преступности, коррупции, терроризму в России и за рубежом[M].Москва: Издательство СГУ, 2007.

[3] КУЗНЕЦОВА Н Ф, ЛУНЕЕВ В В. Криминология: Учебник[M].2-е изд.Москва: Волтерс Клувер, 2004: 403.

（四）俄罗斯有组织犯罪集团的主要犯罪种类

从俄罗斯有组织犯罪的活动领域看，《俄罗斯联邦刑法典》分则规定的行为几乎都有有组织犯罪集团实施，这一点从分析俄罗斯 1995 年“法律”就可以看出来。他们的犯罪活动领域可分为五类：第一类犯罪领域（如贩卖人口、倒卖军火）是他们的活动目的；第二类犯罪领域（如杀人、恐怖主义）是消除竞争对手的手段；第三类犯罪领域（如商业贿赂、收买）是自我保护的形式；第四类犯罪领域（如偷税、洗钱）与挽救犯罪资本有关；第五类犯罪领域（如成立虚假企业）是为了使犯罪活动合法化。

最危险的有组织犯罪形式是：有组织的恐怖主义和极端主义；雇佣杀人；有组织地腐败犯罪，其中包括有组织地贪污预算资金、有组织地出售国家职务、有组织地大规模索贿或索贿数额巨大；有组织地非法贩卖核材料和技术；有组织地买卖人体器官和人体组织；有组织地绑架、奴隶贸易（贩卖）、卖淫；非法贩卖武器；非法贩卖毒品、酒类；犯罪性赌博；有组织地走私禁止自由流通的其他物品；有组织地大规模诈骗和造成信贷金融领域损失的其他欺骗行为；有组织地非法攫取不可再生自然资源的使用许可；有组织地计算机犯罪（在高科技领域）；有组织地盗版犯罪；有组织地恶意并购。[1]

下面介绍最主要的或最有俄罗斯“特色”的犯罪种类。

（1）敲诈。敲诈是有组织犯罪广泛使用的一种犯罪手段，俄罗斯广泛流传的一句话——“黑手党和敲诈是‘孪生兄弟’”便是对其最好的描述。在莫斯科，有 200 家银行、120 家公司（包括保险和金融公司）和 32 家赌场分别被不同的犯罪团伙控制着。有数据表明，在 20 世纪 90 年代，有超过 85% 的商业企业被黑手党控制着。20 世纪 90 年代初“开拓”敲诈“市场”的时候，为了惩戒那些“不合作者”，黑手党往往使用暴力和杀人手段；现在，敲诈则是以一种相对和平的方式进行。无论是街头摊贩还是大型商店

[1] ЭМИНОВ В Е. Концепция борьбы с организованной преступностью в России[M].Москва: ТК Велби, Издательство Проспект, 2007: 11.

的老板都对“规则”心知肚明，双方只需要就“保护费”的数量达成“协议”就可以了。

（2）诈骗。诈骗也是有组织犯罪活动的“传统”项目。不过，俄罗斯有组织犯罪集团的诈骗手段更为高明。1998 年俄联邦安全局破获的“贷款诈骗案”就颇能说明问题。克麦罗沃州政府与“皇冠”公司签订合作协议，由“皇冠”公司提供 10 亿美元的信贷额度，州政府发行外汇债券作为还款保障。后经查明，在该公司提交的放贷申请中，中央银行的领导签字和银行章均为伪造，幸好该案件及时被破获，否则州政府 10 亿美元的损失在所难免。[1] 2005 年，犯罪集团竟然把莫斯科两名法院的联邦法官也吸收到诈骗活动中来，以伪造遗嘱和法院判决的方式，攫取了 71 套因房主去世而空置的住宅，造成总额为 250 万美元的损失。根据俄内务部的数据，2004 年，由诈骗所造成的物质损失达 293 亿卢布，其中经济型诈骗达 186 亿多卢布。最受“冲击”的行业是商业（消费市场）、金融信贷单位、保险单位、工业和建筑单位。[2]

（3）非法贩运武器。非法贩运武器是有组织犯罪活动的重要组成部分，是其最有利可图的领域之一，也是最具吸引力的犯罪对象之一。自 20 世纪 90 年代起，武器贸易就成为一些大的犯罪集团的主要收入来源之一，非法贩运武器已具有“工业”规模。据俄内务部估计，截至 2000 年，俄罗斯人手中有 150 万件非法枪支。根据俄内务部反有组织犯罪总局的数据，在俄罗斯有 130 多个犯罪集团在积极从事非法贩运武器的活动，他们手下有 1 200 多个犯罪团伙，总人数超过 11 000 人。[3] 其中，北高加索地区的形势尤为严重。而图瓦共和国、莫尔多瓦共和国、乌德穆尔特共和国、伏尔加

---

[1] МОХОВ Е А. ФСБ: борьба с организованной преступностью[M].Москва: Вузовская книга, 2006: 74-75.

[2] НЕГЛЯД Г Ю. Мошенничество, силовые поглощения и организованная преступность[C]//ДОЛГОВА А И. Криминальная экономика и организованная преступность. Москва: Российская криминологическая ассоциация, 2007: 25-27.

[3] ТОРОПЫГИН О Ю.Проблемы незаконного организованного оборота оружия.[C]//ДОЛГОВА А И.Преступность как она есть и направления антикриминальной политики.Москва:Российская криминологическая ассоциация, 2004: 101.

格勒州登记的非法贩运武器犯罪的数量增长最快。[1] 2016 年，俄罗斯鞑靼斯坦共和国内务部工作人员查明了 548 起与非法贩运武器、弹药和爆炸装置有关的犯罪，在数次预防警务行动中，共缴获 159 件枪支、11 枚手榴弹、11.6 千克爆炸物、7 600 多发不同口径的子弹，公民自愿上缴了 1 649 件枪支（步枪、卡宾枪、手枪、左轮手枪、刀片、猎枪）。[2] 与非法贩运武器有关的犯罪是指《俄罗斯联邦刑法典》第 222 条至第 226.1 条规定的犯罪，除了一般意义上的非法获取、转让、销售、储存、运输、转移或携带、制造、不当保管、盗窃或勒索武器、枪支主要部件、弹药、爆炸物或爆炸装置等罪外，还有符合俄罗斯国情和"匹配"俄罗斯有组织犯罪人"能量"的犯罪，即走私烈性、剧毒、有毒、爆炸性、放射性物质、放射源、核材料、枪支或其主要部件、爆炸装置、弹药、大规模杀伤性武器及其运载工具、其他武器、其他军事装备以及可用于制造大规模杀伤性武器及其运载工具、其他武器、其他军事装备的材料和设备（第 226.1 条，2011 年 12 月修订《俄罗斯联邦刑法典》时加入）。根据俄罗斯联邦总检察院的数据，2016 年俄罗斯共登记了 27 994 起与非法贩运武器有关的犯罪，2017 年登记了 28 916 起，2018 年登记了 27 452 起。2019 年截至 8 月，已登记与非法贩运武器有关的犯罪 19 372 起。可见，非法贩卖武器犯罪已经连续几年保持在同一水平。2016 年查明有 13 168 人实施了与非法贩运武器有关的犯罪，2017 年是 13 654 人，2018 年是 13 329 人，2019 年截至 8 月查明有 9 103 人实施了与非法贩运武器有关的犯罪。可见与非法贩运武器有关的犯罪数量约是

---

[1] ЗАЙЦЕВА Е В. Уголовно-правовые средства противодействия незаконному обороту оружия и его применению при совершении преступлений[D].Омск: Омская академия МВД России, 2014: 4; ШАЛАГИН А Е, ГРЕБЕНКИН М Ю. Незаконный оборот оружия и его предупреждение[J].Вестник Казанского юридического института МВД России 2017(2):58

[2] МВД ПО РТ. Состояние преступности и правопорядка в Республике Татарстан по итогам 2016 года[M]. Казань:МВД по РТ, 2017: 12.

查明罪犯数量的两倍。[1]而且，非法贩运武器的犯罪数量相当大，大量犯罪没有计算在官方正式的犯罪统计中。[2]由于从事非法贩运武器犯罪的有组织犯罪集团非常猖獗，给俄罗斯国家和社会造成了严重危害，故 2015 年版的《俄罗斯联邦国家安全战略》将从事非法贩运武器有关的犯罪集团视为俄罗斯国家安全和公共安全的威胁之一。

（4）贩毒。根据俄罗斯麻醉品监管总局的数据，俄罗斯有 1/4 以上的监狱人口与贩毒有关。截至 2016 年年底，有 519 491 名犯人关押在劳改营，其中有 138 260 人（即占监狱人口的 26%）依照与毒品有关的条款服刑。自 2011 年以来，因毒品罪被定罪的人数一直在增长，4 年内增长了近 10%（从 10.3 万人增加到 11.4 万人）。[3]贩毒活动在俄罗斯猖獗的原因主要有四个：一是俄罗斯“瘾君子”数量众多，“市场”广大。据联邦麻醉品监管总局公布的独立专家统计的数据，俄罗斯现有 510 万名吸毒者。[4] 2018 年，俄罗斯共计有 92 万在册吸毒人员，但根据相关研究发现，实际的吸毒人数可能高于在册数的 8~10 倍。[5]根据俄罗斯国家反毒品委员会援引联邦刑事执行总局的数据，2019 年登记的监狱内患“毒瘾综合征”人员有 6.73 万人，其中未成年人有 117 人。[6]根据联合国国际麻醉品管制委员会的资料，当

[1] 转引自：ДОРОШЕНКО Ю А, СТЕПАНОВ Р Г. Основные характеристики, признаки и виды преступлений, связанных с незаконным оборотом оружия[J].Проблемы науки, 2019(10): 64.

[2] ШАЛАГИН А Е, ГРЕБЕНКИН М Ю. Незаконный оборот оружия и его предупреждение[J].Вестник Казанского юридического института МВД России 2017(2):55.

[3] КНОРРЕ А. Наркопреступления в России: анализ судебной и криминальной статистики[EB/OL]. (2019-11-06) [2021-11-29]. https://elementy.ru/nauchno-populyarnaya_biblioteka/434725/Narkoprestupleniya_v_Rossii_analiz_sudebnoy_i_kriminalnoy_statistiki.

[4] КРАСОВСКАЯ Н.Число наркоманов в России снизилось до 5 миллионов[N/OL].Правда, 2008-03-04[2009-03-10]. https://www.pravda.ru/news/society/258267-narkotik/.

[5] 周雨臣，胡钟鸣，周立民，等 . 国外戒毒制度概述 [J]. 犯罪与改造研究，2021（10）：73.

[6] ГОСУДАРСТВЕННЫЙ АНТИНАРКОТИЧЕСКИЙ КОМИТЕТ. Доклад о наркоситуации в Российской Федерации в 2019 году[EB/OL].(2020-06-26)[2022-07-11]. https://xn--74-6kca7ehel.xn--p1ai/upload/iblock/0b5/Doklad_GAK_2019_KMM.pdf.

前，俄罗斯已位列吸用麻醉品最多国家的前五名。这样，俄罗斯就成为新兴的毒品销售市场，尤其是海洛因、可卡因和合成毒品的销售前景广阔。二是特殊的地理位置，俄罗斯地处从阿富汗到西欧国家的毒品运输交汇点，这是一条最便捷的毒品转运途径之一。在莫斯科的谢列梅捷沃机场经常能逮捕到来自波兰、新加坡、马来西亚、印度、越南、老挝、尼日利亚等的毒贩。三是俄罗斯是国外毒品交易市场上的低价毒品来源地。[1] 四是法律不完善，海关和边防监管不力，从而使这一地区成为将毒品运至欧洲具有吸引力的地区。根据《2008 年世界毒品报告》，俄罗斯共有各类毒品加工厂 1 285 个。据专家估计，每年非法贩运毒品的数量为 500~600 吨。有组织犯罪集团经常选择的贩毒线路是：经中亚、俄罗斯（北高加索、伏尔加河沿岸地区、中部地区、西北部、乌拉尔和西伯利亚地区）至乌克兰、白俄罗斯和波罗的海国家。为保障犯罪活动的安全，贩毒集团首领采用各种手段对贩毒分子进行精神控制，致使贩毒分子虽身处千里之外的监狱，但仍慑于其威力而不敢讲出实情。[2] 贩毒集团将贩毒所得收入投资房地产、商业机构、银行等。俄罗斯和外国的贩毒团伙不仅把大量资本合法化，还将其投入俄罗斯经济，利用犯罪收入收买国家权力机关。所以，打击国内和跨国贩毒是俄罗斯最重要的任务之一，对保障俄罗斯国家和国际社会安全具有极其重要的意义。[3] 俄罗斯联邦麻醉品监管总局成立 5 年来，共缴获 170 吨麻醉药品和精神药物，其中包括 7 吨海洛因、108 吨大麻以及约 30 亿一次量的

[1] ИВАСЕНКО В Б. Совершенствование мер противодействия незаконному обороту наркотиков на границе[C]//ДОЛГОВА А И. Преступность в изменяющемся мире и проблемы оптимизации борьбы с ней. Москва: Российская криминологическая ассоциация, 2006: 178.

[2] ТУЛЕГЕНОВ В В. Криминологическая характеристика и проблемы отбывания лишения свободы иностранных граждан-наркокурьеров[C]//ДОЛГОВА А И. Преступность как она есть и направления антикриминальной политики. Москва: Российская криминологическая ассоциация, 2004: 117.

[3] ЯБЛОКОВ Н П.Транснациональная организованная преступность и некоторые формы международного сотрудничества в борьбе с ней[J]. Вестник Московского университета(Право), 2001(4): 17-26.

合成毒品。[1]联合国毒品和犯罪问题办公室主任科斯塔（Antonio Maria Costa）称，2006年俄罗斯护法机关就没收近3吨鸦片制剂。不过，查明的走私毒品案件数量还不到实际发生数的10%。

（5）恶意并购。这是当前俄罗斯最普遍的新型有组织犯罪活动之一，且是一种综合性犯罪，伴有伪造文件、诬告他人实施犯罪、收买有提起刑事案件诉讼权限的人员、非法剥夺自由和雇佣杀人等犯罪行为。[2]根据普华永道的统计，2000—2005年，俄罗斯并购交易总量增长了87%，已经在中东欧并购市场占有优势地位，但是俄罗斯大部分并购交易是恶意并购[3]，常常带有犯罪性质，即以非法形式夺去所有者的资产。2008年11月，俄罗斯国家杜马财产委员会主席 В.普列斯卡切夫斯基（В. Плескачевский）在国家杜马“圆桌会议”上称：“并购在国外指的是兼并和收购，在俄罗斯是强占。”近5年来，有1 200家企业遭到恶意并购。莫斯科就有100多家公司从事恶意并购，整个城市因为他们的行为失去11 000个就业岗位。一些大型公司企业，如米哈伊洛夫卡采矿选矿联合企业、下卡姆斯克石化公司、海参崴航空公司、有色金属专门设计局等，均曾遭到恶意并购。专家估计，这一“行业”利润率高达1 000%。[4]恶意并购其他企业者的年收入近300亿美元，比倒卖军火和贩卖毒品更有利可图。[5]犯罪集团恶意并购的方式有很多种，

---

❶ Число наркоманов в России снизилось до 5 миллионов[N/OL].Правда, 2008-03-04[2009-03-10]. https://www.pravda.ru/news/society/258267-narkotik/.

❷ КЛЕЙМЕНОВ М П. Рейдерство в России[C]//ДОЛГОВА А И. Криминальная экономика и организованная преступность. Москва: Российская криминологическая ассоциация, 2007: 20-22.

❸ КЛЕЙМЕНОВ М П. Рейдерство в России[C]//ДОЛГОВА А И. Криминальная экономика и организованная преступность.Москва: Российская криминологическая ассоциация, 2007: 16.

❹ КИЦ А. Всеудушающая дружба. Силовые поглощения предприятий превратились в сверхдоходный бизнес[N/OL].Российская газета,2005-03-29[2009-03-10]. https://rg.ru/2005/03/29/pogloseniya.html.

❺ МАЕТНАЯ Е, ШИПИЦЫНА Н. Террористов все же замочат[N/OL]. Московский комсомолец, 2005-05-04[2009-03-10].https://www.mk.ru/editions/daily/article/2005/05/04/196649-terroristov-vse-zhe-zamochat.html.

从暴力敲诈到伪造股东大会决议或董事会决议，再到伪造法院判决。并购公司先对目标企业进行调查，再对目标企业的反抗能力做出评估，然后制订强占计划，最后实施强占。他们会花 1 万 ~2 万美元收买一个小地方的法官（3 万 ~20 万美元收买莫斯科法官）做出判决，之后拿着判决书带领几十名或几百名私人保安强行接管企业。为了工作方便，从事恶意并购的公司招募护法机关原来的工作人员。根据官方数据，2002 年俄罗斯共发生 1 870 起并购，其中 76% 是恶意并购。根据俄罗斯审计院的数据，近 90% 的俄罗斯企业被恶意并购者“盘算”，每年俄罗斯企业遭受约 7 万起恶意并购攻击。根据工商会的数据，历年争议的不动产数额达 100 亿美元。俄罗斯每年有几百家并购公司强占 1 万多个私人所有的项目。❶

（6）洗钱。俄罗斯黑手党洗钱的方法可谓五花八门，无所不用其极。据瑞士执法机构统计，在瑞士银行的账户上，至少有 100 亿美元是俄罗斯黑手党的。据俄罗斯审计院原院长 С. Б. 斯捷帕申（С. Б. Степашин）证实，俄罗斯有组织团伙每月运出 10 亿 ~20 亿美元。仅 125 家瑞士银行就有俄罗斯有组织团伙的 32 亿美元。俄罗斯有组织团伙总共控制着世界上 1% 的银行存款。美国路易斯 · 谢里（Louise Shelley）教授的研究数据表明，自 1991 年以来，俄罗斯有组织犯罪集团已把 1 500 亿美元转移出境。1998 年前的每个月从俄罗斯大约“流走”20 亿美元，其中 40% 都是俄罗斯有组织犯罪集团所为。而自 1991 年以来，俄罗斯引进外资总额也才约 60 亿美元。洗钱犯罪在俄罗斯相当普遍，且潜伏期很长，被依照俄罗斯联邦刑法典起诉的人却很少。据俄罗斯金融监测局估计，俄罗斯每年有 2 500 亿 ~3 000 亿卢布被合法化，被护法机关发现的仅有约 300 亿卢布。❷

（7）贩卖人口。俄罗斯总统普京指出：“贩卖人口是国际有组织犯罪的

---

❶ ПЛУЦЕР-САРНО А.Рейд закончен?Захват предприятий в Россиибудетстоить 10 лет тюрьмы[N/OL].Частный корреспондент, 2008-12-02[2009-03-10]. http://www.chaskor.ru/article/rejd_zakonchen_1383.

❷ БУКАЛЕРОВА Л. Легализация доходов как преступление против правосудия и общественной безопасности[EB/OL]. (2020-05-05) [2021-11-29]. https://fparf.ru/news/fpa/legalizatsiya-dokhodov-kak-prestuplenie-protiv-pravosudiya-i-obshchestvennoy-bezopasnosti/.

一部分，并且是最严重的和急需解决的世界性问题之一，这也完全是俄罗斯的现实问题。越来越多的俄罗斯人，首先是妇女和儿童，成为这些下流犯罪的牺牲品。”[1] 贩卖人口、贩毒和倒卖军火一起构成了跨国犯罪经济的三大支柱产业。而且贩卖人口在不久的将来有可能跃居后两者之上。[2] 贩卖人口主要是贩卖妇女和儿童进行性剥削。与走私毒品和武器相比，贩卖妇女的投入比产出低很多[3]，而且性市场在所有地下市场中是最安全的，同时，妇女可以一次次地卖来卖去，从而成为犯罪集团长期的收入来源。[4] 据国际移民组织专家统计，来自俄罗斯的“活的商品”的主要线路是：波罗的海线（西北地区和加里宁格勒州——西欧国家和美国）、格鲁吉亚线（俄罗斯全境——土耳其、阿联酋和土耳其）、西伯利亚线（中国）和滨海线（中国、韩国）。同时，俄罗斯也是独联体国家被贩妇女的目的地国。联合国国际预防犯罪中心的数据显示，在为国际性产业提供“活的商品”的供应国中，俄罗斯占首位。俄内务部称，2001 年，俄罗斯领事部门收到 102 起被销售用于性剥削的妇女的请求，其中有 70 起发生在德国。近 7 年来，在俄罗斯境内，已查明了几十个招募妇女将其转运至国外对其进行性剥削的犯罪集团。仅 2002 年一年，一个名为“天使”的反贩卖人口国际组织就发现 359 起俄罗斯境内贩卖人口的情形。由于贩卖人口潜伏性很高，该组织认为这只是实际发生情形的 1/10。[5] 根据俄联邦边防局的数据，仅 2005 年就有

---

❶ РОССИЙСКАЯ ГАЗЕТА.Новые поправки в УК предусматривают 15 лет лишения свободы за торговлю людьми[EB/OL].(2003-10-27)[2009-03-10]. https://www.newsru.com/russia/27oct2003/presiden5.html.

❷ 2003 年，贩卖人口市场的交易额超过了倒卖军火市场的交易额。

❸ 例如，在以色列，一名俄罗斯的“性奴”每年给主人赚 5 万 ~ 10 万美元，而搞到一名“性奴”只需要 1 000 ~ 4 000 美元。

❹ 据联合国调查，世界上每年有 100 万 ~400 万人成为贩卖人口的牺牲品，给有组织犯罪带来 70 亿 ~120 亿美元的收入。

❺ СУХАРЕНКО А Н.Транснациональные аспекты деятельности российской организованной преступности[C]//ДОЛГОВА А И.Организованная преступность,терроризм, коррупция в их проявлениях и борьба с ними. Москва: Российская криминологическая ассоциация, 2005: 45.

5 000 名妇女企图越境。[1]据联合国儿童基金会（UNICEF）2006 年 3 月的报告，俄罗斯发生的几乎所有贩卖人口案件都是有组织犯罪集团所为，每年至少有几万名俄罗斯妇女被贩卖。[2]为打击贩卖人口，俄罗斯两度修订刑法典，2002 年 1 月 25 日，刑法典新增了第 322.1 条“组织非法移民”，2003 年 12 月刑法典又加入第 127.1 条“贩卖人口”，但局势并未因此好转。[3]根据俄罗斯总检察长办公室下属的研究中心进行的调查，俄罗斯的人口贩运有关的犯罪总数截至 2017 年为 43 618 起。2017 年，共有 27 人因贩卖人口和使用奴隶劳动被定罪。[4]

（8）伪造货币。对俄罗斯有组织犯罪集团来说，制售假币的吸引力位列非法贩运武器和毒品之后的第三位。为制造出足以乱真的“超级假币”，造假者无所不用其极。他们使用与真币生产相同的技术，使用类似的印刷方法，采用专用钞票纸、保护要素以及一模一样的水印。圣彼得堡一个制售假钞的有组织犯罪集团为印制假钞准备了 10 年之久，在此期间，他们认真阅读照相、印刷书籍，单是负片修版就用了 3 年时间，进行了无数次试验。犯罪集团内部还进行“专业化”分工，一个团伙只从事一项“业务”。制售假钞作为有组织犯罪的一种形式，常常伴生着其他犯罪，如走私、贩毒、伪造文件等。目前，俄罗斯造假、售假犯罪集团多集中在莫斯科、圣

---

[1] ПОПОВА С А.Проблемы незаконной миграции и трафика российских женщин [C]//ДОЛГОВА А И.Преступность в изменяющемся мире и проблемы оптимизации борьбы с ней. Москва: Российская криминологическая ассоциация, 2006: 23.

[2] ТЮРЮКАНОВА Е В, ФОНД ИЭГ. Торговля людьми в Российской Федерации: обзор и анализ текущей ситуации по проблеме[R]. Москва: ЮНИСЕФ, МОТ, КАМР, 2006: 40-44.

[3] ШЛЯПНИКОВА О В, ШАЛИМОВ Е Е.Торговля людьми—одна из форм деятельности организованной преступности и борьба с ней[C]//ДОЛГОВА А И. Совершенствование борьбы с организованной преступностью, коррупцией и экстремизмом. Москва: Российская криминологическая ассоциация, 2008: 47.

[4] РУСОВА С. Бизнес на насилии: почему торговля людьми в России и мире не уменьшается[EB/OL]. (2020-07-30) [2021-11-29]. https://wcons.net/novosti/biznes-na-nasilii-pochemu-torgovlja-ljudmi-v-rossii-i-mire-ne-umenshaetsja/.

彼得堡、加里宁格勒、滨海边疆区和哈巴罗夫斯克边疆区的港口城市。[1]根据俄内务部的数据，从2001年到2005年的5年间，伪造货币的数量增长了45倍。伪造货币的案件数量，2001年为15 755起，2002年为23 581起，2003年为26 033起，2004年为28 518起，2005年为44 108起。被认定的造假者，2001年为1 369人，2002年为1 306人，2003年为1 561人，2004年为1 651人，2005年为1 698人。2007年9月，俄内务部经济安全司查处了在罗斯托夫州出售假币的有组织犯罪团伙，缴获面值为100欧元、200欧元的假币共计7万多欧元。[2]

（9）偷猎滥捕。俄罗斯联邦委员会农业粮食政策委员会原主席戈尔布诺夫（Г. А. Горбунов）把偷猎滥捕行为称为"生态恐怖主义"。由于许多动物国内外差价大，例如，俄罗斯黑鱼子酱的价格是每千克1 000美元，而西班牙的马德里则是每千克8 850欧元[3]，这就成为俄罗斯有组织犯罪对这一领域控制的原动力之一。另外，由于和俄罗斯接壤的一些国家（如乌克兰）并未加入《濒危野生动植物种国际贸易公约》，很多动植物就从俄罗斯经乌克兰走私到阿拉伯国家。另外，由于没有列入《濒危野生动植物种国际贸易公约》（附录）的水产品消费量巨大，工业捕鱼几乎成为犯罪化程度最高的经济领域。[4]有组织犯罪集团装备精良，拥有快艇、现代化潜水装备和通信

---

[1] ЗАРИПОВ З С.Некоторые вопросы борьбы с фальшивомонетничеством в России и Узбекистане[C]//ДОЛГОВА А И, КАНЫГИН В И.Преступность и проблемы борьбы с ней. Москва: Российская криминологическая ассоциация, 2007: 154-158.

[2] МВД РФ. Пресс-релиз к брифингу на тему «Технико-криминалистическая деятельность ЭКЦ МВД России по профилактике и расследованию преступлений, связанных с фальшивомонетничеством» [N/OL]. (2007-11-29) [2009-01-10]. https://мвд.рф/mvd/structure1/Centri/JEkspertno_kriminalisticheskij_centr/Publikacii_i_vistuplenija/item/184509?year=2019&month=11&day=15.

[3] РУТМАН М. "Золотая" икра[EB/OL]. [2008-12-28].https://www.zonazakona.ru/law/docs_ur/2646.

[4] КРАЙНОВА Н А. Криминологические и правовые аспекты охраны водных биоресурсов в Дальневосточном регионе[C]//ДОЛГОВА А И.Преступность в изменяющемся мире и проблемы оптимации борьбы с ней. Москва: Российская криминологическая ассоциация, 2006: 64.

设备，对创汇能力很高的水产品（蟹、虾、海胆）进行过量的掠夺性捕捞。为掩盖捕捞量，他们直接在海上把水产品销售给外国加工船，将所得外汇私吞。他们还低报水产品价格，所得差额获利存入日本、韩国等合资企业账户，以此非法输出外汇。在里海，犯罪集团拥有先进的鱼类产品储存和加工专业设备（位于里海沿岸的固定式冷藏、冷冻设备）、枪支、现代化的通行能力及超强的交通工具。[1]据俄罗斯专家估计，俄罗斯每年仅偷捕螃蟹的损失都在 50 亿美元左右，仅从俄罗斯远东地区非法出口的鱼类产品就达 25 亿 ~45 亿美元。[2]根据《濒危野生动植物种国际贸易公约》最近的数据，当前，每年黑鱼子的非法流通额超过 10 亿美元，这一数量的 60% 就来自俄罗斯。鲟鱼子酱的走私增长最为迅速。根据俄罗斯内务部远东联邦区地区反有组织犯罪局的数据，2003 年，有组织犯罪集团控制了超过 40% 的海产品捕获和出口。[3]近年来，捕获自专属经济区的海产品非法出口现象也非常普遍。

（五）俄罗斯有组织犯罪的“领导者”

俄罗斯有组织犯罪由“守法盗贼”和匪徒“权威”领导。在黑社会中，“守法盗贼”和匪徒“权威”是两个主要的“精英”等级。普通的“盗贼”和匪徒则构成了俄罗斯黑社会的主要“劳动大军”。

1. “守法盗贼”

“守法盗贼”的俄语是 вор в законе，其意义是“守规矩的盗贼”，表

❶ ЛЯШЕВА Ю. Незаконное перемещение через Государственную границу Российской Федерации объектов животного мира[C]//ДОЛГОВА А И. Преступность в изменяющемся мире и проблемы оптимизации борьбы с ней. Москва: Российская криминологическая ассоциация, 2006: 70.

❷ ЛЯШЕВА Ю.Незаконное перемещение через Государственную границу Российской Федерации объектов животного мира[C]//ДОЛГОВА А И. Преступность в изменяющемся мире и проблемы оптимизации борьбы с ней. Москва: Российская криминологическая ассоциация, 2006: 69.

❸ ЛЯШЕВА Ю. Незаконное перемещение через Государственную границу Российской Федерации объектов животного мира[C]//ДОЛГОВА А И. Преступность в изменяющемся мире и проблемы оптимизации борьбы с ней. Москва: Российская криминологическая ассоциация, 2006: 70.

示遵从一定“行为准则”的犯罪人，他们是黑道和监狱中“精英”的代表，在囚犯的非正式等级中占据最高地位。

“守法盗贼”是一种新型犯罪首领，出现于20世纪30年代，与苏联集中营的发展密不可分。但在很长的一段时间内人们对其一无所知，这是由犯罪分子所特有的保密性和严格的犯罪传统所造成的。20世纪40—50年代，“守法盗贼”的数量达到上万人（也许会更多），加上其周围的职业犯罪分子，则达到了4万~5万人。在20世纪50年代末到60年代，“守法盗贼”事实上不再存在。但是在20世纪80年代初“守法盗贼”突然“获得新生”（据内务部数据，守法盗贼的数量达到了500 ~ 600人[1]），从20世纪90年代开始，“守法盗贼”数量趋于稳定（见表3-10）。[2]

表3-10 1993—1999年“守法盗贼”的数量

时间	1993年	1994年	1995年	1996年	1997年	1998年	1999年
数量/人	1 200	1 280	1 420	1 480	1 500	1 560	1 106

资料来源：ДОЛГОВА А И. Криминология:Учебник для вузов[M].3-е изд.Москва: Норма, 2005: 522.

近年来，在俄罗斯政治、经济稳定的大背景下，随着俄罗斯对有组织犯罪打击力度的加大，“守法盗贼”的数量逐渐减少。据俄罗斯《消息报》和《快报》网络版援引俄罗斯内务部的消息称，2013年，俄罗斯有“守法盗贼”500人左右，但2018年则减少到了227人。[3]

从规范、冲突解决机制和仪式等来说，“守法盗贼”有些类似黑手党的“教父”，但是两者之间也有根本差别。“守法盗贼”把自己的传统从“十月

[1] МУХИН А А.Российская организованная преступность и власть: история взаимоотношений[M]. Москва: Центр политической информации, 2003: 13-14.

[2] 转引自：ДОЛГОВА А И. Криминология:Учебник для вузов[M].3-е изд.Москва: Норма, 2005: 522.

[3] ГРИДАСОВ А. МВД провело перепись воров в законе[N/OL]. Известия, 2013-05-28[2022-07-16]. https://iz.ru/news/551034; ГРИГОРЬЕВ Я. Стало известно точное число воров в законе, действующих в России[N/OL].Экспресс-газета, 2019-11-17[2022-07-16]. https://www.eg.ru/society/806443-stalo-izvestno-tochnoe-chislo-vorov-v-zakone-deystvuyushchih-v-rossii/.

革命”前的俄国带到苏联的黑道，实行公然反社会的行为方式。[1]他们不能在国家机关供职（再后来，他们根本就不能做任何工作），不能与当局有任何来往，不能通婚，不能参加社会工作，不能参军入伍，甚至不能订阅报纸。“守法盗贼”常常充当犯罪集团之间纠纷的调停人，也经常是黑道公共金库[2]的保管人，所以他们视荣誉为最高价值。“守法盗贼”必须有坚强的意志，有卓越的犯罪天赋和组织才能。

《守法盗贼》一书记录了他们的行为特点。[3]

（1）游离于社会利益之外，不负任何社会义务，不保持社会关系，不参加社会活动，不关心社会福祉和稳定（只有这样，“守法盗贼”才能是独立的，才能在黑社会拥有绝对的权威）。

（2）无论何种政治制度，决不为国家政权服务，这是其“国际主义”的一面。

（3）不直接参与犯罪行为，一切假他人之手完成，不给“守法盗贼”的“高尚”抹黑。

（4）高度的适应性：“守法盗贼”应该能审时度势迅速改变战术。例如，在彼尔姆州专为改造“守法盗贼”建立的特别管束的劳动改造营中，“权威”们为转入普通营，在行政没有特别施压的情况下，纷纷签字改弦更张，要与内务机关合作，这被认为是一种战术手段。

（5）残酷镇压离经叛道者——处死。

（6）在平等的“守法盗贼”中互守诚信、互相支持。

（7）在别人面前“英雄主义”：勇敢、无情、自信。

---

❶ вор 的汉语意义为“盗贼”，但在俄语中，вор 不仅表示对他人财产图谋不轨的人，也表示不遵守公众行为规范、反对现存国家秩序的人。例如，斯捷潘·拉辛被称为“盗贼”，伪季米特里二世被称为“土希诺之贼”。

❷ 公共金库是黑道分子特殊的储蓄金库，由受“守法盗贼”尊敬的专人保管。最初，公共金库不可动用，只能用于救助被囚的黑社会成员。现在，公共金库常常被用于商业运作，但一般要经黑帮大会批准。例如，“守法盗贼”哈桑（乌索扬）曾将其保管的公共金库大部分投资于短期国债。

❸ ПОДЛЕССКИХ Г, ТЕРЕШОНОК А. Воры в законе: Бросок к власти[M]. Москва: Художественная литература, 1996: 313-317.

（8）工于心计。

（9）不重钱财。

“守法盗贼”有特殊的文身，先是用一把匕首穿透心脏的图案表示，后来用十字架内的“幺”图案表示。乱用“守法盗贼”纹身会被处死。传统上，只有那些有前科的人才能被认为是“守法盗贼”，他们在黑社会必须有足够的权威，必须通过了正式的加入犯罪集团的程序。❶但是如今，没服过刑的人得到这种头衔的情况也时有发生，其中包括因行贿而不服刑的人。❷

据俄罗斯学者 П. А. 斯科布利科夫（П. А. Скобликов）统计，特别危险的是那些控制经济犯罪并能够影响政治进程的“守法盗贼”，这样的人在俄罗斯有 10~15 人。❸

从地域分布上看，根据 1998 年的数据，莫斯科和莫斯科州有 107 名“守法盗贼”在活动，中央地区有 56 名，东西伯利亚有 17 名，西西伯利亚有 24 名，西北地区有 17 名，伏尔加河中下游流域有 14 名，伏尔加河—维亚特卡河地区有 7 名，乌拉尔地区有 41 名，北高加索有 36 名，远东有 17 名。可见，“守法盗贼”集中在莫斯科和莫斯科州。❹

“守法盗贼”结成的联盟是一种特殊形式的犯罪联合组织，为俄罗斯等独联体国家所独有，在世界犯罪实践中找不到类似现象。“守法盗贼”联盟与许多其他的犯罪集团不同，它没有明确的核心，没有固定的驻地，也没有常设机构，在“守法盗贼”联盟这个组织中所有人都平等，因此乍看起来，它们好像是一个无定形的组织，但实际上“守法盗贼”联盟是一个统一的整体，由盗贼法则将其联结在一起，其中的联系非常稳固。“守法盗贼”联盟与黑手党“教父”的区别在于：“守法盗贼”不是一个人而是黑帮

---

❶ КУДРЯВЦЕВ В Н, ЭМИНОВ В Е. Криминология: Учебник[M].3-е изд.Москва: Юристь, 2004: 373.

❷ ДОЛГОВА А И. Криминология:Учебник для вузов[M].3-е изд.Москва: Норма, 2005: 514.

❸ СКОБЛИКОВ П А.Критерии оценки эффективности борьбы с лидерами и авторитетами преступной среды[C]//ДОЛГОВА А И. Новые криминальные реалии и реагирование на них.Москва:Российская криминологическая ассоциация, 2005: 50.

❹ МУХИН А А.Российская организованная преступность и власть.История взаимоотношений[M].Москва: Центр политической информации, 2003: 18.

大会做决策（见表 3-11）。

表 3-11　护法机关确定的黑帮大会数量[1]

时间	1991 年	1992 年	1993 年	1994 年	1995 年	1996 年	1997 年
数量 / 次	39	98	100	413	520	570	620

黑帮大会是管理机关，在黑帮大会上解决这样或那样的组织问题。例如，1997 年在萨马拉的黑帮大会上，有 23 位“守法盗贼”出席，他们来自圣彼得堡、远东、下诺夫哥罗德、莫斯科等地，大会的组织者是萨马拉的 3 位“守法盗贼”，“议题”是伏尔加汽车厂和石油部门的势力范围划分（所有与会者都被护法机关逮捕，但仅有 5 人依照《俄罗斯联邦刑法典》第 210 条被提出指控）。另外，据俄罗斯《每周论据报》报道，2008 年 5 月 2 日，“守法盗贼”们在克拉斯诺达尔边疆区举行了“峰会”，讨论的问题是：负责 2012 年索契冬奥会项目建设的“奥林匹克建设”国家集团公司总裁更迭会对投资利润率和优惠产生哪些影响，以及原属有组织犯罪团伙所有的建有度假别墅和旅馆饭店的索契土地转归别人所有的可能性。另外，黑帮大会的举办地也不限于俄罗斯，以色列、瑞士、奥地利及其他国家都召开过黑帮大会。

“守法盗贼”们也可能通过发布书面宣言来讨论或处理一些问题，如 1990 年，“守法盗贼”联盟曾号召黑社会禁止民族主义。1991 年，他们认为法律太过严厉，曾挑起被判刑人暴动。“守法盗贼”联盟试图通过发表讲话、收买或威胁的方式控制在劳动改造机构中服刑的被判刑人。“守法盗贼”联盟的主要职能是：借助黑帮大会和呼吁书挑动犯罪分子，让他们紧密联系起来，“控制”一些犯罪领域（敲诈勒索、盗窃、银行欺诈、诈骗），解决团伙或个人之间的冲突（详见表 3-12 和表 3-13，当然，是要收取“劳务”报酬的），其募集资金存入共同金库，与外国黑社会以及俄罗斯官员建立联系等。但正是“守法盗贼”联盟在俄罗斯履行着协调的职能，才确保了有组织犯罪系统的稳定。除此之外，“守法盗贼”还可能领导犯罪团伙或者担任犯罪团伙的顾

[1] ДОЛГОВА А И.Криминология:Учебник для вузов[M].3-е изд.Москва: Норма, 2005: 523.

问，而“守法盗贼”的权威与犯罪组织的规模和效率相关。❶

表 3–12　登记的有组织犯罪集团间发生暴力冲突的数量❷

时间	1991 年	1992 年	1993 年	1994 年	1995 年	1996 年	1997 年
数量 / 次	144	305	610	690	630	620	600

注：据护法机关工作人员估计。

表 3–13　调查的为划分势力范围实施犯罪的数量（1998—2000 年）❸

时间	1998 年	1999 年	2000 年
数量 / 次	46	35	27

“守法盗贼”联盟不是一个统一的集团，他们中间经常发生权力之争，并分离出了一些互相对立的力量组合。由于“意识形态”上的分歧，“守法盗贼”分裂成了两类：耐普曼派（旧派）和新派。两派“守法盗贼”互相敌对。旧派（人数所剩不多）指责新派把自己出卖给生意人、商业巨头，成了他们的“警卫”，而新派指责旧派跟不上时代。近年来，“守法盗贼”按民族特征分立成了高加索支派和斯拉夫支派（或曰伊斯兰教支派和东正教支派），两个支派在“守法盗贼”们的组织下密集对射。新派自称“守法盗贼”，但其实际上是犯罪分子们的组织力量，追求贿赂关系，一些人甚至走得更远——渗透进权力机关，这与黑道法则不相符合，因而遭到了“守规矩”的“守法盗贼”的不满。现代“守法盗贼”是犯罪活动的组织者，并且这些犯罪活动大部分是经济方向的。

俄罗斯护法机关认为，有一个“守法盗贼”之上的所谓“11 人家族”联盟。这是一个由不同民族的“守法盗贼”组成的组织，其成员是伊万科

❶ ТОПИЛЬСКАЯ Е В.Организованная преступность[M].Санкт-Петербург: Юридический центр Пресс, 1999: 18.

❷ ДОЛГОВА А И. Криминология: Учебник для вузов[M].3-е изд.Москва: Норма, 2005: 523.

❸ ДОЛГОВА А И. Криминология: Учебник для вузов[M].3-е изд.Москва: Норма, 2005: 523

夫、托赫塔胡诺夫（Тохтахунов）、博伊佐夫（Бойцов）、乌索扬（Усоян）、Д. К. 哈启则（Д. К. Хачидзе）、杰姆（Джем，已死）、小沙克罗（Шакро-молодой）、塔什干达托（Дато Ташкентский，已死）、萨利姆（Салим）、贾迈勒（Джамал）及另一个"守法盗贼。"[1]

最著名的"守法盗贼"及其活动地点如下：

（1）В. К. 伊万科夫，在美国有很多公司，贩毒，属于"守法盗贼"（美国、奥地利、德国）；

（2）В. М. 斯利瓦（В. М. Слива），绰号"李子"，属于犯罪集团首领（美国、奥地利、塞浦路斯）；

（3）А. У. 塔赫塔洪托夫（А. У. Тахтахунов），属于"犯罪权威"；

（4）Б. А. 焦努阿（Б. А. Джонуа），属于犯罪集团首领，在巴黎有住房（法国、匈牙利、奥地利）；

（5）С. А. 米哈伊洛夫（С. А. Михаилов），绰号"米哈西"，属于犯罪集团首领，在布达佩斯有宾馆，在维也纳有餐厅（匈牙利、奥地利、泰国、塞浦路斯、美国、德国、中国）；

（6）В. С. 阿韦林（В. С. Аверин），绰号"阿韦拉"，属于犯罪集团首领，在布达佩斯有宾馆，在维也纳有餐厅（匈牙利、奥地利、法国、捷克斯洛伐克、波兰、泰国）；

（7）А. Д. 彼得罗夫（А. Д. Петров），绰号"彼得里克"，属于"守法盗贼"，在德意志银行有账户（德国、奥地利、塞浦路斯、英国）；

（8）Д. К. 哈启则，绰号"贾迈勒"，属于"守法盗贼"（法国）；

（9）Х. М. 尤西波夫（Х. М. Юсипов），绰号"列克西克"，属于犯罪集团首领，其妻子在柏林有公司（德国、奥地利）；

（10）Б. М. 安东诺夫（Б. М. Антонов），绰号"鲍利亚－安东"，属于犯罪集团首领，在奥地利组织杀害了一个移民（美国、奥地利、塞浦路斯、法国、德国）；

（11）А. В. 马列夫斯基（А. В. Малевский），绰号"安东"，属于犯罪

---

[1] МУХИН А А. Российская организованная преступность и власть.История взаимоотношений[M]. Москва: Центр политической информации, 2003: 24.

集团首领（以色列、保加利亚）；

（12）С. В. 叶尔米洛夫（С. В. Ермилов），绰号“爷爷”，属于“犯罪权威”（法国、奥地利）；

（13）М. Ю. 拉季科（М. Ю. Ратько），属于犯罪集团首领，在塞浦路斯与别人合开一家离岸金融公司（德国、奥地利、塞浦路斯）；

（14）М. Г. 米米阿什维利（М. Г. Мимиашвили），绰号“马米克”，属于“犯罪权威”，与日本暴力团建立关系（日本）；

（15）А. В. 斯卢沙耶夫（А. В. Слушаев），绰号“大象”，属于“犯罪权威”，与日本暴力团建立关系（日本）；

（16）А. И. 罗克斯曼（А. И. Роксман），属于“犯罪权威”，因敲诈勒索被警察局逮捕（德国）；

（17）Р. Г. 曼韦良（Р. Г. Манвелян），绰号“奥马尔”，属于“犯罪权威”，在美国与别人合开许多移民公司（美国）；

（18）Е. 柳斯塔尔诺夫（Е. Люстарнов），绰号“柳斯塔里克”，属于犯罪集团首领（匈牙利、奥地利）；

（19）А. С. 阿韦林（А. С. Аверин），绰号“萨沙—阿韦拉”，属于犯罪集团首领（匈牙利、奥地利）；

（20）А. А. 塔姆（А. А. Тамм），绰号“阿诺沙”“阿诺尔德”，属于犯罪集团首领（匈牙利、奥地利、塞浦路斯）；

（21）Л. В. 比卢诺夫（Л. В. Билунов），绰号“胶布雨衣”，属于“犯罪权威”，为独联体国家供应武器（匈牙利、法国）；

（22）В. С. 巴布什金（В. С. Бабушкин），绰号“瓦夏—钻石”，被认为是“黑道法则”的制定者之一，1986年在“白天鹅”特别管制劳改营被害（索利卡姆斯克、彼尔姆州）。[1]

现在，“守法盗贼”制度一个重要的趋势是：他们正逐渐丧失往日的权威。其原因主要有以下两个方面。[2]

---

[1] FLB. Список самых известных воров в законе[EB/OL]. (2000-10-18)[2009-01-10]. https://flb.ru/infoprint/32221.html.

[2] МУХИН А А. Российская организованная преступность и власть:История взаимоотношений[M]. Москва: Центр политической информации, 2003: 22.

一是“加冕”的“守法盗贼”越来越多。根据俄罗斯内务部反有组织犯罪总局的数据，近年来每年“加冕”的“守法盗贼”有40~50个，而以前每年只有6~7个，“萝卜快了不洗泥”，对“守法盗贼”质量的要求自然也会降低。新“加冕”的“守法盗贼”权威性下降，当然也牵连了老的“守法盗贼”的权威性降低。同时，“加冕”的“守法盗贼”也日益“年轻化”。原来年轻人中罕见“守法盗贼”，现在却成了惯例。例如，1996年，杰姆就“加冕”了3个年龄不足22岁的“守法盗贼”。

二是出现了购买头衔的可能性。例如，A. 卡斯塔江（A. Кастадян）就是因为其父（也是“守法盗贼”）向公共金库缴纳了30万美元而被“加冕”为“守法盗贼”。

同时，近些年常有“守法盗贼”因违反盗贼法则而被剥夺头衔的情况发生。以前违反盗贼法则的“守法盗贼”常被处死，现在仅是降为普通的“犯罪权威”而已。

2. 匪徒“权威”

匪徒以前被认为是做粗活的，并且被害情况时有发生，因此匪徒一直不被“重视”。从20世纪80年代起，苏联青年受到美国枪战片［尤其是弗朗西斯·福特·科波拉（Francis Ford Coppola）执导的《教父》］的影响，模仿电影中的情节，成立自己的“匪团”。这样，俄罗斯有组织犯罪又增添了一种类型的职业犯罪分子——匪徒。其实，匪帮行为早有存在，只是伴随着敲诈勒索的广泛普及，这一“职业”才变得真正有利可图，同时又不必太劳神费力。

匪徒短时间内就在黑社会中形成了自己的社会阶层。这类人的职业生涯短暂，并且最普遍的结局就是死在对手的枪林弹雨中，活下来的人则成为“俄罗斯新贵”生意人或者以“权威”（有时是“守法盗贼”）的身份继续向上爬。可以说，匪徒是介于“俄罗斯新贵”生意人和盗贼势力之间的独特中间阶层。

匪徒“权威”是匪帮集团中影响力最大、最为“成功”的成员。匪徒“权威”能够把那些不够走运的“战友”（他们被称为“公牛”）团结在自己周围。他们在匪徒中的地位相当于盗贼中的“守法盗贼”。在“守法盗贼”与匪徒“权威”的关系上，一些匪徒“权威”承认“守法盗贼”的优先地位，而另一些匪徒“权威”则不承认。

匪徒的活动领域与“盗贼”相似。不仅如此，与“盗贼”一样，匪徒中也存在着“斯拉夫支派”和“高加索支派”之争，纷争的原因多是经济问题。在这种派别“战争”中，匪徒“权威”人人都参加（这一点与“守法盗贼”不同），这是因为他们喜欢对外扩张。1993 年夏，莫斯科“斯拉夫支派”和“高加索支派”匪徒之间的“战争”大规模展开，圣彼得堡、鄂木斯克、克拉斯诺亚尔斯克和叶卡捷琳堡等城市也是如此。1994 年 1 月，“斯拉夫支派”和“高加索支派”之间的冲突白热化，两派打打停停，一直持续到 1997 年。1998 年，受全球金融问题的影响，族裔—经济冲突退居次要地位，只有车臣—达吉斯坦集团和其他匪帮之间周期性地爆发冲突。[1] 从 20 世纪 90 年代初开始，许多匪徒“权威”在积蓄了足够资金后，寻求合法化经营，试图成为合法生意人，并把自己的生意转移到境外。

3. 俄罗斯黑帮“教父”——伊万科夫

В. К. 伊万科夫是俄罗斯最具影响力的“教父”（领袖）之一，在世界犯罪领域也占据领导地位，1995 年前长期领导“守法盗贼”斯拉夫支派。他出生于 1940 年，曾是一名杂技演员、候补拳击健将。他的“黑道史”始于 1966 年，从这一年起，伊万科夫就先后因盗窃、火并、携带冷兵器而被判刑。1974 年，他在狱中“加冕”。1980 年，他成立了团伙，用假证件、假警服洗劫富裕的公民。1982 年，伊万科夫被苏联国家安全委员会逮捕，并因抢劫罪获刑 14 年。1991 年被判缓刑而被释放，此时的伊万科夫已经成为盗贼世界的主要“思想家”之一。1992 年，他又假借从事电影事业，来到美国，从事跨国犯罪活动（1993 年 1 月，俄罗斯内务部向美联邦调查局通报称，伊万科夫已到美国，其目的是控制俄罗斯有组织犯罪在美国的活动。美国移民局录像显示，伊万科夫 1992 年来美使用的是商务签证，是用欺骗手段得来的，因为他掩盖了自己在俄罗斯的犯罪过去）。俄美两国的护法机关证实，他手下的黑帮遍及俄罗斯、乌克兰、白俄罗斯、法国、德国、奥地利、加拿大、美国。在美国，伊万科夫可谓如虎添翼，获得了众多“承

[1] МУХИН А А. Российская организованная преступность и власть:История взаимоотношений[M]. Москва: Центр политической информации, 2003: 26.

认”：他从亚美尼亚“教父”那里获得了百万美元的“启动资金”，在纽约又与在美国的俄罗斯、意大利有组织犯罪团伙建立了联系，并与拉丁美洲的卡特尔贩毒集团特别是哥伦比亚麦德林贩毒集团建立联系；一个控制达拉斯赌博业的意大利黑帮承认他的“威望”并把一部分收入“进献”给他。除此之外，他在维也纳和纽约的银行账户上还有来自俄罗斯有组织犯罪团伙的进账。他还握有滨海造船公司80%的股份，并且进军了哈巴罗夫斯克边疆区的金矿开采工业。他将美国境内的俄罗斯帮派从一伙不听命令、松散的“杂牌军”，转变为现代化的全国性犯罪公司。迫于他的“威名”，在美国经商的俄罗斯人纷纷向他表示“敬意”，将大把钞票送到他手中。在布鲁克林，伊万科夫成立了“斯拉夫”公司从事犯罪活动。他的两个儿子帮助他洗钱。在美国，他又干起了老本行——敲诈勒索。1997年，伊万科夫因勒索一位俄罗斯裔银行家350万美元和假结婚被判刑9年半。2005年，他被引渡回俄罗斯，原因是伊万科夫曾于1992年在一家莫斯科餐厅为先得到侍者的服务而枪杀了两名土耳其人。对其审判也颇具戏剧性：在12名陪审团成员中，7名曾有过犯罪记录或其亲友中有人犯罪，同时，关键证人又在最后一刻翻供，结果伊万科夫被无罪释放。[1]

重获自由的伊万科夫，变得低调起来，但好景不长，2009年被暗杀身亡。

二、苏联解体后俄罗斯有组织犯罪集团

（一）俄罗斯有组织犯罪集团的结构

在俄罗斯有组织犯罪集团内部，最上层的是“兄弟圈”，它是一个承担决策责任的精英团体，其权力只受“黑道守则”的约束，而其实际控制力是否真的存在不得而知。在组织严密的黑帮中，“老板”一般控制4个小队，每位队长领导一定数量的战士（见图3-2）。[2]

---

[1] МУХИН А А.Российская организованная преступность и власть: история взаимоотношений[M]. Москва: Центр политической информации, 2003:338-341.

[2] 兰德．有组织犯罪大揭秘 [M]. 北京：中国旅游出版社，2005：85.

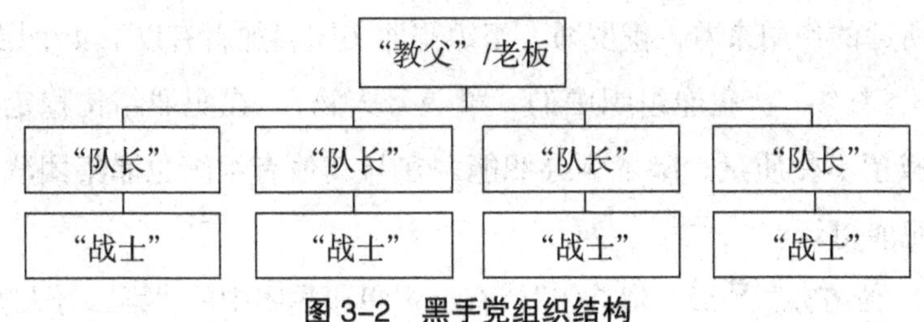

图 3-2　黑手党组织结构

俄罗斯学者 A．B．基斯利亚科夫（А. В. Кисляков）绘制的犯罪分子在服刑地的结构图也可以帮助我们对俄罗斯黑社会的结构有所了解（见图 3-3）。

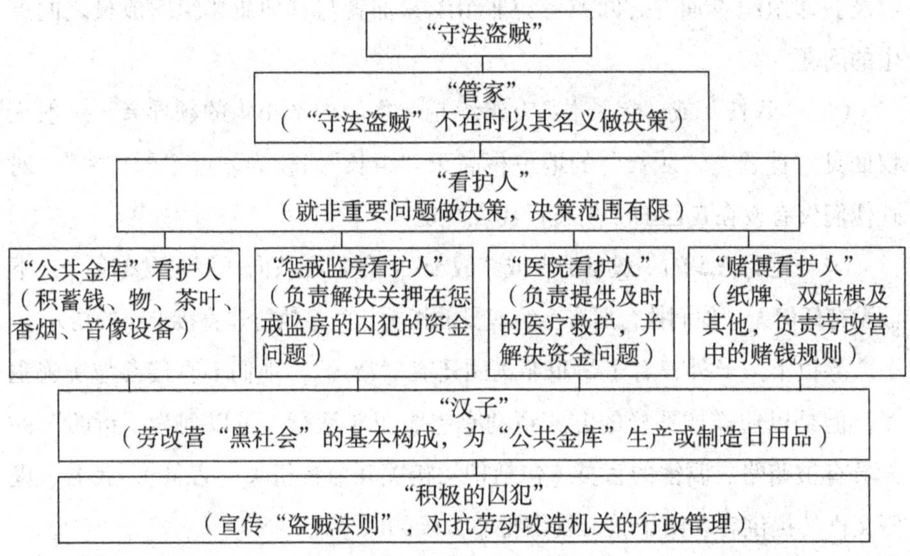

图 3-3　服刑地的黑社会结构[1]

该组织结构图也基本适用于狱外的黑社会，不过，体系会有些变化，各等级“掌权人”的职能也会更多。例如，“公共金库”的“看护人”会保留，但是“公共金库”及其用途可能会增加很多。[2]

---

[1] ДОЛГОВА А И. Криминология:Учебник для вузов[M].3-е изд.Москва: Норма, 2005: 513.

[2] ДОЛГОВА А И. Криминология: Учебник для вузов[M].3-е изд.Москва: Норма, 2005: 514.

从所起的作用来看，俄罗斯有组织犯罪集团参加者有以下 4 个层次。[1]

（1）“首领”：犯罪组织中的“第一号人物”，在犯罪结构稳定的条件下，其威望不受质疑；除了领导职能，在与其他有组织犯罪集团联系时还代表本犯罪组织。

（2）“维齐尔”[2]或“副首领”：有组织犯罪集团中的“第二号人物”，视有组织犯罪集团的大小不同，一个有组织犯罪集团中可能有几个“维齐尔”或“副首领”。“维齐尔”或“副首领”的职能包括向“首领”报告组织内部及周边的情况，充当犯罪组织“首领”和下层成员之间的中间人，单独解决犯罪组织参加者之间或者犯罪组织参加者与其他犯罪组织成员之间产生的问题。

（3）“队长”或“组长”：有组织犯罪集团内部小组的领导者，一般无权面见“首领”。“队长”的地位稍高于“组长”，较为靠近“副首领”。对外他们仅有权在自己的级别履行代表职能。

（4）犯罪组织的一般参加者或“战士”：他们无权向任何人发布命令，下面没有任何人。他们执行所有上级成员的指示，间接执行非直接上级的指示。

除以上人员外，有组织犯罪集团还有“帮凶”，他们不直接参与实施犯罪，但是以这样或那样的方式帮助有组织犯罪运行。可以列为“帮凶”的人员有被贿赂、腐蚀的官员（包括护法机关和监控机关的官员），武器、虚假文件的提供者，暗中救治受伤犯罪分子的医生。

以上俄罗斯有组织犯罪集团的 4 个层次是许多俄罗斯犯罪学家的共识。[3]

莫斯科松采沃犯罪集团领导层结构表可以帮助我们更深入地了解有组

[1] МОХОВ Е А.ФСБ:борьба с организованной преступностью[M].Москва: Вузовская книга, 2006: 54.

[2] “维齐尔”在伊斯兰国家尤指奥斯曼帝国的高官或大臣。

[3] ДАНН Г.Основные криминальные группировки современной России[C]// ВИЛЬЯМС Ф. Российская организованная преступность. Новая угроза? Москва: Крон-Пресс, 2000: 127-128.

织犯罪集团参加者的结构（见表 3–14）。❶

表 3–14　莫斯科松采沃犯罪集团的“权威”

姓名	绰号	地位
松采沃犯罪集团首领的“第一梯队”		
C. 米哈伊洛夫	米哈西	创始人之一，1999 年合法化
B. C. 阿韦林（В. С. Аверин）	大阿韦拉	首领之一，在国外（匈牙利）居住；已合法化（身份是生意人）
A. C. 阿韦林（А. С. Аверин）	小阿韦拉	“权威”，同时是合法商人，在国外（主要是匈牙利）居住
E. 柳斯特拉诺夫	柳斯塔里克	“权威”，首领之一
A. 塔姆（斯皮瓦科夫斯基）（А. Тамм，又称 Спиваковский）	松采沃的阿诺德	“权威”，在匈牙利居住；现在姓斯皮瓦科夫斯基，已合法化（身份是商人）；2002 年在莫斯科“玩偶”俱乐部被捕
A. 彼得罗夫（А. Петров）	傻瓜	“权威”，有资料表明，在米哈伊洛夫被捕后，曾是松采沃犯罪集团的首领之一，1997 年 9 月 15 日被捕
Д. К. 哈启则	贾迈勒	“守法盗贼”，松采沃犯罪集团的保护人和创始人之一，著名的“11 人家族”创始人之一，有资料表明已被害
C. 绍林（С. Шорин）	犹太佬	“守法盗贼”，松采沃犯罪集团的保护人
松采沃犯罪集团首领的“第二梯队”		
A. 别祖布金（А. Беззубкин）		“权威”，1990 年被害
阿布拉莫夫（Абрамов）	调度	“权威”，1993 年被害
	埃迪克 · 冰箱	“权威”，1993 年被害
塔拉斯金（Тараскин）		“权威”，1993 年被害
卡利斯特拉托夫（Каллистратов）		“权威”，1993 年被害
	瓦列拉 · 骗马	“权威”，1993 年被害

❶ МУХИН А А.Российская организованная преступность и власть: история взаимоотношений[M]. Москва: Центр политической информации, 2003:171-173.

续表

姓名	绰号	地位
松采沃犯罪集团首领的“第二梯队”		
	矮胖子	“权威”，1993 年被害
	列尼亚·乌兹别克佬	“权威”，1993 年被害
	沃洛佳·吃人者	“权威”，1993 年被害
Д. 沙拉波夫（Д. Шарапов）		“权威”，1993 年被害
С. 季莫费耶夫（С. Тимофеев）	西尔韦斯特尔	奥列霍沃犯罪集团首领和松采沃犯罪集团“权威”，1994 年被害
И. 马克西莫夫（И. Максимов）	马克斯	“权威”，1995 年 2 月被害
О. 博洛托夫（О. Болотов）		“权威”，1997 年被害
А. 卡塔耶夫（Катаев）	独眼龙	“权威”，1995 年 8 月被捕
А. 切尔诺夫（А. Чернов）	廖沙·那乃佬	“权威”
В. 霍姆丘科夫（В. Хомчуков）	下流胚	“权威”
А. 阿尼西莫夫（А. Анисимов）	布列利亚	“权威”
戈尔巴托夫（Горбатов）	罗锅儿	“权威”
切尔诺夫（Чернов）	黑人	“权威”
鲁萨科夫（Русаков）	莫普斯狗	“权威”
库金（Кудин）	克瓦金	“权威”
格拉西莫夫（Герасимов）	熏人	“权威”
坚加（Деньга）	钞票	“权威”
沙波瓦洛夫（Шаповалов）	帽子匠	“权威”

续表

姓名	绰号	地位
松采沃犯罪集团首领的“第二梯队”		
	博巴	“权威”，1998 年 10 月被捕
Н. 博京金（Н. Ботинкин）	鞋子	“权威”，“守法盗贼” А. 伊萨耶夫（А. Исаев）的朋友
	斯克雷利	“权威”
	尤拉·热情	“权威”
	谢苗	“权威”
Ю. 波尔德尼科夫（Ю. Полдников）		“权威”，保护“波罗的海”支派
Д. 罗扎诺夫（Д. Розанов）		“权威”，保护“摩尔多瓦”支派
С. 费季索夫（С. Фетисов）		“权威”
А. 科伊丘科夫（А. Койчуков）	意大利佬	“权威”，从 1997 年起与松采沃犯罪集团合作，2002 年被捕

（二）俄罗斯有组织犯罪的成员组织

在 21 世纪初的俄罗斯，大多数犯罪集团的参加者均来自下列社会群体[1]。

（1）过去的影子经济人，在苏联时期从事非法经济活动的人，他们在开展非法经济业务方面具有丰富的经验。

（2）过去的共青团和党的工作人员，他们没有在国家权力体系中占据新的岗位，但与国家机关和官员保持了联系。

（3）“俄罗斯新贵”，在经济改革时期积累了财富的年轻商人。

（4）过去的运动员和军人，他们走上犯罪道路是由于缺乏其他专长，所以也就缺乏合法赚钱的能力。

---

[1] АНТОНЯН Ю М, КУДРЯВЦЕВ В Н, ЭМИНОВ В Е. Личность преступника[M]. Санкт-Петербург: Юридический центр Пресс, 2004: 209.

（5）职业罪犯，累犯，犯罪权威，“守法盗贼”。

B. C. 奥夫钦斯基则把犯罪组织的参加者划分为以下5类。❶

（1）“伪企业家”，他们打着“合法经营活动”的幌子实施金融欺诈（非法取得贷款，虚假破产，造假报单和其他单据），从事国家财产的非法私有化业务，将专项预算资金据为己有，从事不动产和自然资源投机。

（2）“强盗”，从事敲诈勒索、匪帮行为、盗窃及其他“经典”的违法活动：如贩毒、赌博、卖淫等。在俄罗斯有组织犯罪形成的过程中，这类人一开始把前一类人作为获取犯罪收益的对象，但是后来他们又开始和影子经济的活动家合作，充当其下属的强力部门。

（3）“侵吞者”或者是“国家窃贼”，他们早在停滞时期就出现了，在改革时期主要从事买卖国家财产、原料、金属、木材交易，以及非法外汇交易。

（4）“腐败分子”，即国家公职人员，他们参与攫取国家财产的业务，为犯罪组织提供其他非法服务，保证犯罪分子不受到刑事追究机关的追查，并因此获得一份犯罪收益。

（5）“协调人”（“犯罪权威”“守法盗贼”），他们组织上述所有主体的活动，保证活动的系统性。他们还能用犯罪组织的公共金库资助犯罪行动。可能使用俄罗斯传统上存在的黑道惯例，以及国外犯罪组织的原则作为协调人活动的意识形态基础。

所有这些团伙的一般心理是追求致富，追求“大钱”是他们的主要生活动机。他们的典型素质是玩世不恭和残忍、贪婪和虚荣心强（首领）、自我封闭、两面性、见风使舵和冷漠（普通的参加者）。❷

从年龄上讲，有组织团伙的参加者总体上都是年轻人，70%的人在18～30岁。绝大多数组织者（“守法盗贼”除外）没被判过刑。有1/5～1/4的组织者受过高等教育、不完全高等教育或中等技术教育，具有一定的组织

---

❶ КУДРЯВЦЕВ В Н, ЭМИНОВ В Е. Криминология:Учебник[М]. 3-е изд.Москва: Юристь, 2004: 372-373.

❷ АНТОНЯН Ю М, КУДРЯВЦЕВ В Н, ЭМИНОВ В Е. Личность преступника[М]. Санкт-Петербург: Юридический центр Пресс, 2004: 211.

才能、业务能力和经济能力。

有组织犯罪集团成员一般有自己独特的“帮规”、语言和服饰。

由莫斯科“守法盗贼”A.切尔卡索夫（А. Черкасов）制定的盗贼法则理念有：要偷那些不会报案的人、那些与法律格格不入的人；盗窃的时候必须运用智慧，不能让“客户”陷入绝望境地；必须有护法机关工作人员或高级官员充当“保护伞”。

“本地”的黑手党组织主要根据地域原则来划分势力范围，一个匪帮成员一般都在一个区“工作”、放松和生活。每个犯罪家族都有自己的据点，以及自己喜欢的聚会地点，如宾馆、赌场、市场、餐厅、咖啡馆、桑拿房等。比如，科普捷沃犯罪集团喜欢在科普捷沃浴室。绝大多数犯罪集团有自己的公司，通过这些公司支配从自己“地盘”上收来的“贡品”。[1]

有组织犯罪集团成员之间一般使用专用的行话和隐语，一方面将其作为秘密联络的暗号，另一方面用其增强犯罪组织内部的向心力。他们较为常用的隐语如下。

（1）авторитет（“权威”）：在犯罪社会群体中拥有公认的权力、影响力的人。

（2）академия（“学院”）：指监狱，犯罪分子在监狱里可以学到更多的犯罪本领。

（3）барыга：转卖商，投机倒把分子。

（4）важняк：大案要案侦查员。

（5）дань（“贡品”）：黑帮敲诈勒索的钱财。

（6）крестный отец（“教父”）：源自英语 godfather，“教父”或者“老头子”。

（7）крыша（“屋项”）：保护，庇护，缴纳保护费以获得平安。

（8）наехать（“撞上”）：用暴力手段收取保护费。

---

[1] МАКСИМОВ А А. Российская преступность: кто есть кто[M/OL].Москва: ЭКСМО, 1997[2009-01-07]. http://www.lib.ru/POLITOLOG/r-prest.txt.

（9）панама（“巴拿马草帽”）：子虚乌有的虚拟公司。

（10）пахан：黑帮头目。

（11）сука（“母狗”）：婊子，贱人；告密者或叛徒，与当局合作的人。

（12）сходка（“集会”）：黑帮大会。

（13）торпедо（“鱼雷型汽车”）：职业杀手。

从服饰上看，从20世纪90年代起，像“俄罗斯新贵”一样，匪帮多身穿马林果色上装（这是因为20世纪70年代，苏联人在国外就是这种穿着，深红色在这些暴发户看来，是与“一帆风顺”联系在一起的。另外一种说法是由于苏联后期物资短缺，穿深红色上衣表示穿什么都可以）。一般成员则穿着随意，一般穿宽大的、方便行动的衣服，戴银饰品（戒指、项链），全部是短发。他们的制服是运动服和轻便的鞋子。这种时尚早在20世纪80年代中期就由柳别尔齐帮引入了。领带被视为警察服饰的一部分，所以中层和底层的犯罪分子一般不打领带。较高层人员则订购著名时装设计师的服装，请最好的发型师理发，戴粗大的金项链，地位越高，链子越粗。“守法盗贼”的穿着等一般与普通人并无二致（这是因为盗贼法则禁止奢侈），而匪帮则偏好黄金和奢侈品。[1]

（三）松采沃犯罪集团

莫斯科的松采沃犯罪集团（又称松采沃“兄弟会”）是俄罗斯最大、最著名的犯罪集团。了解松采沃集团，对我们认识俄罗斯有组织犯罪集团的构成、产生和发展有一定帮助。

20世纪90年代初，松采沃犯罪集团出现在莫斯科郊外的松采沃市（现在的莫斯科松采沃区），“创办人”是 C. 米哈伊洛夫和 B. C. 阿韦林。他们曾是餐厅服务生，坐过牢。松采沃犯罪集团是他们按照西方模式建立起来的。有资料表明，集团成员主要集会地是“哈瓦那”餐馆、乌达利佐夫街

[1] МУХИН А А. Российская организованная преступность и власть. История взаимоотношений[M]. Москва: Центр политической информации, 2003: 47, 48.

和马特维耶夫巷的啤酒屋。松采沃犯罪集团的总部在苏维埃饭店。

在成立之初，松采沃犯罪集团仅控制了几个地铁站附近的玩藏豆赌博的人，但慢慢地把莫斯科加加林区的赌博业也控制在手了。之后松采沃犯罪集团深入莫斯科南方港、西南区和奥运村。到 20 世纪 90 年代中期，松采沃犯罪集团掌握了莫斯科的 120 家公司和银行，控制了莫斯科西南区和西部区近 60% 的商业组织，且在莫斯科市和莫斯科州的其他城区也有自己的势力范围（见表 3–15）。

表 3–15　莫斯科松采沃犯罪集团势力范围[1]

项　目	时　期
西南区、卢日尼基的货物市场	自 20 世纪 80 年代末
列宁大街的家具大楼、地毯商店	自 20 世纪 80 年代初
松采沃的汽车市场	自 20 世纪 80 年代末
戈尔布诺夫文化宫附近的无线电市场	自 20 世纪 80 年代末，与伊斯梅洛沃犯罪集团一道
“庞贝”餐厅、“哈瓦那”餐厅、“波克罗夫卡”餐厅、“奥林匹克”餐厅、“旅游者”餐厅、“彗星”餐厅、“鹳”餐厅、“尼尔”餐厅、“锚”餐厅、“苏维埃”餐厅，“韵律”咖啡酒吧、“赛舟”咖啡酒吧、“山上”咖啡酒吧、“彩虹”咖啡酒吧	自 20 世纪 80 年代末
“瓦列里”“马克西姆”赌场、“大学”俱乐部	自 20 世纪 80 年代末
弗努科沃机场（包括“弗努科沃航站楼”公司、“弗努科沃投资”公司）、谢列梅捷沃 2 号机场、基辅火车站的汽车运输	自 20 世纪 90 年代初
昆采沃的沃尔沃汽车服务公司、梅季希的技术中心	自 20 世纪 90 年代初
旅游者中心大厦	自 20 世纪 90 年代初至 1996 年
“大学”饭店、“宇宙”饭店、“塞瓦斯托波尔”饭店、“礼炮”饭店、“乌克兰”饭店、“达戈梅斯”饭店	自 20 世纪 90 年代初
伙伴银行	自 20 世纪 90 年代初

[1] МУХИН А А. Российская организованная преступность и власть: История взаимоотношений[M].Москва:Центр политической информации,2003: 47, 48, 170, 171.

（续表）

项　目	时　期
莫斯科汽车服务生产联合企业	自 20 世纪 90 年代中
“加油公司”（弗努科沃机场）	自 20 世纪 90 年代中
莫斯科毒品市场的一部分	自 20 世纪 90 年代初
越南的犯罪团伙	自 20 世纪 90 年代初

为了生存发展，松采沃犯罪集团四处寻找“保护伞”——甚至想与苏共中央、苏联克格勃官员以及检察院拉上关系。他们还聘请了许多著名律师，据说其中一位还是莫斯科内务总局的官方律师。

除莫斯科以外，松采沃犯罪集团还向其他城市和国家拓展“业务”。从 1996 年起，松采沃犯罪集团在圣彼得堡、海参崴、萨马拉、秋明及其他城市发展犯罪生意。例如，他们在摩尔曼斯克和阿尔汉格尔斯克有几个赌场，在雅罗斯拉夫尔州（与昆采沃犯罪集团一道）控制着军工企业。1998 年前，一些在伏尔加汽车厂周边活动的犯罪集团也处于松采沃的控制之下。松采沃犯罪集团还在海外投资，其中包括：奥地利（维也纳）、拉脱维亚、希腊、西班牙、捷克斯洛伐克、匈牙利、法国、意大利、美国、波兰、摩尔多瓦和塞浦路斯等。例如，松采沃犯罪集团 20 世纪 90 年代中期在摩尔多瓦投资酒业。90 年代末，松采沃犯罪集团的生意已向纵深发展，以至于莫斯科到处充斥着来自摩尔多瓦的葡萄酒。

松采沃犯罪集团有着复杂的组织结构（见表 3-13）。集团“总部”有 5 ~ 6 位“权威”，有约 30 个“队”。在每个队中，有约 10 个小队，每个小队又有 12 名“战士”，这样，这个犯罪集团就有 3 000 名“战士”。其指挥系统非常强大，在紧急动员时，半小时之内就能纠集近 500 名荷枪实弹的人：相当于一个步兵营。[1]

[1] МАКСИМОВ А А. Российская преступность: кто есть кто[M/OL]. Москва:ЭКСМО, 1997[2009-01-07]. http://www.lib.ru/POLITOLOG/r-prest.txt.

松采沃犯罪集团自成立之后不断发展壮大，截至2000年，大约有4 000人[1]（官方统计有2 000人，见表3–16），成为俄罗斯规模最大的犯罪集团，远远超过第二大犯罪集团——伊斯梅洛沃（约为1 000人）。该犯罪集团不仅在俄罗斯臭名远扬，而且其恶名还远播美国、意大利等国家。

表3–16 松采沃犯罪集团人数

年份	人数
1993	230
1994	300
1995	250
1997	250
1998	1 800
2000	2 000

资料来源：俄罗斯联邦安全部莫斯科和莫斯科州局，转引自：В МУХИН А А. Российская организованная преступность и власть:История взаимоотношений[M]. Москва: Центр политической информации, 2003: 175.

近些年，松采沃犯罪集团控制着昆采沃犯罪集团、奥列霍沃犯罪集团、伊斯梅洛沃—戈利亚诺沃犯罪集团、希姆基犯罪集团、泽廖内哥罗德犯罪集团和科普捷沃犯罪集团。它的一项“新兴产业”是倒卖军火。据俄罗斯警方数据，由20人组成的“队”专门从事此项“业务”。武器来自波兰、波罗的海共和国和白俄罗斯，犯罪收益通过购买工业资产合法化。松采沃犯罪集团通过在俄罗斯和境外积极投资合法生意，将大部分犯罪收益已经合法化。松采沃犯罪集团及其生意完全可以称为一个“帝国”。[2]

[1] МУХИН А А. Российская организованная преступность и власть:История взаимоотношений[M].Москва:Центр политической информации,2003: 167-184.

[2] МУХИН А А. Российская организованная преступность и власть:История взаимоотношений[M]. Москва: Центр политической информации, 2003: 183.

三、苏联解体后俄罗斯黑手党在国外及族裔犯罪集团在俄罗斯

（一）俄罗斯黑手党在国外

1. 俄罗斯黑手党

俄罗斯黑手党的第一次犯罪“输出”浪潮发生于20世纪70年代初。第二次浪潮则伴随着苏联解体，这一次的规模是前一次所无法比拟的。俄罗斯黑手党走出国门，是政治、经济等方面诸多因素影响的结果：由于“铁幕”被打破，各国（包括独联体各国）相互依赖的程度增强，出国制度得以简化，国家边境“透明”程度得到提高，同时，民族矛盾地区有非法获取武器的需求。此外，国际金融网络形成合法产品及非法产品的世界销售市场，世界经济活动规模也使犯罪组织实施非法交易相对容易。这时，世界上已认识到俄罗斯犯罪的“力量”，并称之为“俄罗斯黑手党”。❶

俄罗斯的跨国有组织犯罪植根于苏联影子经济，产生于苏联党和国家的“在册权贵”❷之中，因为只有他们有权出国。❸这些权贵早在20世纪70年代中期就在苏联共产党和克格勃的掩护下做跨国生意。在苏联改革和向

❶ МУХИН А А. Российская организованная преступность и власть:История взаимоотношений[M]. Москва: Центр политической информации, 2003: 109.

❷ 1923年下半年，苏联中央组织局开始编制高级职务名册，一共制定了3个“职务名册”，规定这些职务的任免权归中央组织局及其分配登记部，这样就把当时叫作“负责工作人员”的高级干部明确化了，其人数起初在1万名左右。1922年4月—1923年4月为10 351人，1923年4月—1924年5月为6 088人，1924年5月—1925年12月为12 227人。苏联末期开始流行的“在册权贵”（номенклатура）一词指的就是登记在“职务名册”上的领导干部，这些人不仅拥有相应的权力，而且还享有明文规定或没有规定的各种特权。例如，莫斯科相当著名的特供商店——“小白桦”商店，就是专门为他们服务的，里面各种优质的国产和进口商品应有尽有且价格低廉。该词又译为“官僚等级名录制”“自上而下任命的官僚”“罗名制”等。

❸ ЛУНЕЕВ В В. Преступность XX века: мировые, региональные и российские тенденции[M]. 2-е изд. Москва: Волтерс Клувер, 2005: 617.

市场经济自发过渡时期，“在册权贵”们率先利用国门开放的机会，大肆将石油、黄金、金属、原料、军火、外汇、文物走私到国外，同时把俄罗斯所需商品免税运回国内。由于“在册权贵”们的跨国犯罪组织成立时间早（早在苏联时期就已成立），所以其手中所掌握的资源无人匹敌，在国外没有竞争对手；同时，俄罗斯国内尚未形成真正的市场关系，在他们的犯罪组织背后是党、国家、经营机构，往往还有苏联克格勃和内务部，所以在国内也无人能与之竞争。继“在册权贵”犯罪组织之后，一些由他们的“党羽”领导的半犯罪和犯罪商业企业也走向国际舞台，之后才是伊万科夫类型的犯罪组织和其他一些犯罪团伙纷纷登上“国际舞台”。

俄罗斯黑帮一流向海外，立即与美国、拉丁美洲、德国、意大利、中东欧国家的外国“同行”找到了共同语言。美国联邦调查局 2000 年 12 月给克林顿总统的报告——《欧亚有组织犯罪在美国》中称，俄罗斯有组织犯罪集团的主要活动地区是：美国的纽约、波士顿、迈阿密、洛杉矶、巴哈马，欧洲的布拉格、布达佩斯、斯德哥尔摩、日内瓦、华沙、伦敦、布鲁塞尔、柏林、罗马和安特卫普。在美国，俄罗斯有组织犯罪团伙主要从事敲诈勒索、金融欺诈、抢夺、伪造货币和有价证券、贩卖核材料、贩毒和雇佣杀人。在欧洲，他们的行当是洗钱、盗窃汽车、倒卖古玩、非法出口宝石和贵金属，进口伏特加，以及供应武器。[1]

现在，俄罗斯有组织犯罪已经成为世界犯罪体系中的一环：它在世界上 44 个国家有活动，在那里与当地的黑手党组织签订协议，共同开展倒卖石油产品、洗钱、建立非法移民通道、买卖人口、走私和贩毒等犯罪行为。[2]大多数俄罗斯犯罪集团（65%）与原苏联各加盟共和国的犯罪组织有联系，18% 与德国，12% 与美国和波兰，3% ~ 5% 与瑞典、芬兰、匈牙

[1] МОХОВ Е А. ФСБ: борьба с организованной преступностью[M]. Москва: Вузовская книга, 2006: 172.

[2] СУХАРЕВ А Я,ГИРЬКО С И.Состояние и тенденции преступности в Российской Федерации:Криминологический и уголовно-правовой справочник[C]. Москва: Экзамен, 2007: 27.

利、中国、韩国、以色列、保加利亚及其他国家有联系。[1]欧盟2004年、2005年和2007年的《有组织犯罪报告》都认为在欧洲活动的国际犯罪组织中，最危险的是阿尔巴尼亚犯罪组织（从事贩毒、贩卖人口、企图控制犯罪市场）和俄罗斯犯罪组织（从事经济犯罪、敲诈勒索、非法移民）。[2]俄罗斯黑手党的影响力可见一斑。

至于俄罗斯黑手党在各国的犯罪活动领域，正如保罗·兰德（Пол Ланд）所说，俄罗斯黑手党除了聚敛财富和攫取权力的欲望，人们很难从他们的活动中理出一条清晰的主线来。从盗窃艺术珍品到雇凶杀人，再到组织贩毒、卖淫和军火交易，他们简直无所不为。[3]不过，1996年在土耳其安塔利亚举行的国际刑警组织第62届大会上，还是划出了俄罗斯犯罪集团在世界的犯罪活动范围：

金融犯罪（德国、奥地利、瑞士、塞浦路斯、马达加斯加、乌拉圭、美国和英国）；

有组织卖淫（以色列、土耳其、日本、新加坡、西班牙和意大利等）；

走私原料（朝鲜、德国、波兰、伊朗和伊拉克等）；

走私武器（从德国经爱沙尼亚和波兰至俄罗斯，阿富汗和巴基斯坦等）；

走私盗窃的汽车（德国、意大利、芬兰、荷兰和南斯拉夫联盟共和国）；

购买不动产（波兰、德国、塞浦路斯、希腊、美国、匈牙利和乌拉圭）；

贩卖石油产品（美国、德国、波兰、南斯拉夫联盟共和国）；

走私古玩（德国）；

---

❶ КУДРЯВЦЕВ В Н, ЭМИНОВ В Е. Криминология: Учебник[M]. 3-е изд. Москва: Юристъ, 2004: 371.

❷ EUROPOL. European Union Organised Crime Report (2004, 2005)[M]. Luxembourg: Office for Official Publications of the European Communities,2004,2005.

❸ 兰德. 有组织犯罪大揭秘 [M]. 北京：中国旅游出版社，2005：91.

组织偷渡（越南等）；

传播假币（世界各地）；

走私烟酒（世界各地）；

走私毒品（世界各地）；

敲诈（世界各地）；

信用卡诈骗（世界各地）；

走私黄金和贵金属（世界各地）。

在美国的俄罗斯黑手党组织程度不高，成员的流动性大。俄罗斯黑手党的活动都是苏联和俄罗斯的侨民所为。他们按在苏联的居住地组成犯罪集团，形成基辅集团、敖德萨集团、格鲁吉亚集团等。很多来自乌克兰港口城市敖德萨的犹太移民在美国纽约布鲁克林区布莱顿海滩定居下来，他们以自己的犯罪亚文化著称。迈阿密被认为是俄罗斯有组织犯罪集团在加勒比地区的主要活动基地。来自俄罗斯的有组织犯罪分子中有很多犹太人，他们与以前来自欧洲的犹太侨民犯罪团伙不同的是，受教育程度相对较高，所以能够灵活地利用美国社会的弱点。

俄罗斯黑手党的代表人物是阿利姆占·托赫塔胡诺夫。他 1949 年生于乌兹别克塔什干，曾是一个足球运动员，担任过莫斯科中央陆军足球俱乐部的老板。20 世纪 80 年代，托赫塔胡诺夫与伊万科夫接近。他是“守法盗贼”在德国的全权代表（“欧洲的看护人”），俄罗斯黑手党的旁系顶尖人物。他先在德国领导一家做古董生意的企业，后又在巴黎落脚（创立境外俄罗斯文化基金会），再后来从事古董收购，大量购置地中海沿岸的不动产、宾馆饭店，投资朝阳产业。托赫塔胡诺夫是洗钱专家。为博取善意，他赞助体育事业，资助俄罗斯网球队和足球队，为俄罗斯运动员参加国际大赛“买单”，与著名歌星交往甚密。在 2008 年 4 月美国《福布斯》杂志评选的十大通缉要犯中，他位列第三［前两位分别是“基地”组织头目拉登（Laden）和墨西哥毒品大亨乔奎恩·古兹曼（Joaquín Guzmán）］，估计他的藏身地可能在俄罗斯。

2. 俄罗斯黑手党威胁问题

俄罗斯跨国有组织犯罪（俄罗斯黑手党）的活动能量令美国和西方谈虎色变，他们高呼“狼来了”，制造出“俄罗斯黑手党威胁论”。美国 2008 年 4 月通过的《打击跨国有组织犯罪执法活动战略》甚至将俄罗斯的有组织犯罪集团列为“头号敌人”。不过，这种做法遭到了俄罗斯国内学者的强烈反对。

В. В. 卢涅耶夫指出，俄罗斯跨国有组织犯罪（俄罗斯黑手党）之所以令西方谈虎色变，是因为欧洲和美国的过度渲染。同时，俄罗斯跨国有组织犯罪所造成的最大威胁不是西方国家，而是俄罗斯本国。[❶] 因为俄罗斯成了跨国有组织犯罪的“天堂”，许多国家（包括原苏联国家）的黑社会组织，还有一些不怎么光彩的西方公司，都想趁俄罗斯经济落后、法治不健全时大捞一笔。另外，在美国的俄罗斯黑手党问题被夸大了。在美国被判刑的只有个别俄罗斯族人，比如伊万科夫。一些来自俄罗斯的犯罪人，如来自莫斯科松采沃犯罪集团的 С. 米哈伊洛夫（米哈西），被无罪释放。美国之所以这样做，完全是别有用心，是为了证明他们没有白拿纳税人的钱，证明美国经济不景气都是俄罗斯的错，确切讲是俄罗斯黑手党的错，主要是不想让俄罗斯融入世界经济。美国联邦调查局和中央情报局原局长威廉·韦伯斯特（William Webster）在所提交的报告中，把 С. 莫吉列维奇（С. Могилевич）和 Н. 卡加洛夫斯卡娅（Н. Кагаловская）这两个人称为“俄罗斯黑手党党徒”，但实际上这两个人并没有被判刑。在这份报告的另一处称“俄罗斯黑手党的犯罪网络遍及美国有俄罗斯移民的 34 个州”[❷]，但并未举出任何证据、任何姓名和任何诉讼程序。在美国确有讲俄语的有组织犯罪在积极活动，但这些所谓的“黑手党”都是移民，是美国公民，另

---

❶ ЛУНЕЕВ В В. Преступность XX века: мировые, региональные и российские тенденции[M]. 2-е изд. Москва: Волтерс Клувер, 2005: 618.

❷ НОМОКОНОВ В А.Транснациональная организованная преступность: Дефиниции и реальность[M].Владивосток: Издательство Дальневосточного университета, 2001: 347-348.

外，讲俄语的黑手党并不像他们想证明的那样可怕。

А. И. 古罗夫认为，在外国，将乌克兰、格鲁吉亚、阿塞拜疆的犯罪团伙不加区分地都说成是俄罗斯黑手党，将他们当成俄罗斯族人的这种对待问题的方式于人于己都有害。他指出，找不到族裔上的俄罗斯黑手党。俄罗斯黑手党或是来自于其他国家，或是跨民族的。不但如此，在 1 800 个被查明的有组织犯罪首领中，俄罗斯族人仅占 30%。[1]

А. Н. 苏哈连科（А. Н. Сухаренко）认为，所谓的"俄罗斯"有组织犯罪在西方世界看来真实存在，其实它的规模与外国的犯罪组织无法相提并论。此外，"俄罗斯"有组织犯罪也不是能够影响西方国家法治状况的决定因素。俄罗斯人在国外实施的犯罪在犯罪总体结构中的比重较小。围绕着"俄罗斯"有组织犯罪的炒作只不过是西方周期性开展的反俄运动的结果。来自俄罗斯和原属于苏联的其他国家移民（выходцы）的有组织犯罪正在经历相对稳定的时期。欧盟的执法人员称，这些犯罪分子往往把欧盟当作休息、生活和子女受教育的地方。俄罗斯有组织犯罪集团目前正在继续寻找与国外犯罪组织的互利合作方式，目的是进入新的牟利性犯罪活动领域。他们一直都在寻找新的低风险、高回报犯罪活动方式。[2]

其实，对所谓的"俄罗斯黑手党"的理解，一般有两种：一种是作为国家概念的"俄罗斯"的有组织犯罪集团，另一种是作为民族概念的"俄罗斯族"的有组织犯罪集团。无论怎样理解，把来自俄罗斯和原属于苏联的其他国家移民的犯罪也认定为"俄罗斯"有组织犯罪集团所为的做法是有失偏颇的。西方和美国所称的"俄罗斯黑手党"不仅来自于俄罗斯一个国家，其民族也不仅限于俄罗斯一个民族，故将原属于苏联的任一国家、任一民族的犯罪都视为"俄罗斯黑手党"所为，进而构造出"俄罗斯黑手

---

[1] КУЗНЕЦОВА Н Ф, ЛУНЕЕВ В В. Криминология: Учебник[M].2-е изд.Москва: Волтерс Клувер, 2004: 403.

[2] СУХАРЕНКО А Н. Транснациональные аспекты деятельности российской организованной преступности[C]//ДОЛГОВА А И.Организованная преступность, терроризм, коррупция в их проявлениях и борьба с ними. Москва: Российская криминологическая ассоциация, 2005: 48-49.

党威胁论”“俄罗斯威胁论”，不是一种实事求是的科学态度，不仅不利于犯罪类型的区分和相应惩治对策的制定，而且不符合《联合国打击跨国有组织犯罪公约》倡导的国际合作精神，还可能是对世界和各地区和平与发展的一种“威胁”。

（二）族裔犯罪集团在俄罗斯

早在苏联时期，族裔犯罪集团就在俄罗斯出现了。族裔犯罪集团（特别是高加索人集团）把大部分合作社置于自己掌控之下。苏联解体后，俄罗斯与自己的近邻国家（原苏联各加盟共和国）保持着透明国界，于是来自独联体各国的人汹涌而入，非法移民现象非常严重[1]，加上独立后的俄罗斯周边国家有很多诱发犯罪的因素，如乌克兰是毒品原料和成品的“传统”供应国，吉尔吉斯境内有原苏联最大的罂粟种植区伊塞克湖盆地，稀有金属和有色金属走私也很猖獗，波罗的海国家是俄罗斯稀有金属和有色金属的消费大国，中亚国家与“金新月”国家接壤，等等，非法商品和服务在俄罗斯广为扩散，因此族裔犯罪现象猖獗。另外，由于生活在他人领地上，族裔帮派更加团结，深入其内部非常困难。族裔犯罪集团成为“最成功”的敲诈勒索者，并且最先掌握了现代化高层次诈骗方法（假报单、冒牌银行）以及战略原料、石油产品和武器的供给和销售渠道。他们的纪律性强、机动性好、组织化程度高，所以，在这个意义上，族裔犯罪集团对俄罗斯有组织犯罪“科学的组织”做出了“贡献”。

根据《独立报》援引的俄罗斯内务部的数据，2005 年 1—9 月，外国公民和无国籍人在俄罗斯联邦境内犯罪 3.93 万起，而主要由独联体公民犯下的共计 3.58 万起（占 91.1%）。据独立专家称，2004 年俄罗斯共发现

---

[1] 据俄罗斯联邦安全局 2008 年 10 月称，俄罗斯境内共有非法移民 1 000 万人，每年只能遣返 15 万人。根据移民局数据，在俄罗斯非法居住着 22 000 名阿塞拜疆人、22 000 名亚美尼亚人、24 000 名格鲁吉亚人。根据时任莫斯科内务总局刑事警察局副局长 M. 扎博特金（М.Заботкин）统计的数据，莫斯科有 100 多万外地人。另有 500 名阿塞拜疆人、300 名车臣人在内务部的“黑名单”上。

2 000 多个族裔犯罪集团，其中 516 个在莫斯科。[1]

近些年，在俄罗斯最有影响的 3 个族裔犯罪集团分别是格鲁吉亚、阿塞拜疆和塔吉克族裔集团。根据莫斯科、圣彼得堡、达吉斯坦共和国等 18 个联邦主体法院 2010—2016 年对族裔犯罪集团所做的 227 份判决、俄罗斯内务部信息分析总中心和俄联邦总检察院的统计数据，族裔有组织犯罪的主要实施地是中央联邦管区和伏尔加河沿岸联邦管区，占俄联邦全境的 76.5%，而发生在莫斯科的族裔犯罪占总数的 47.26%。从族裔犯罪的种类看，占比在前三位的分别是针对财产的犯罪（61.03%）、非法贩运麻醉药品和精神药物（20.3%）以及计算机犯罪（6.83%）。在所有族裔有组织犯罪中，亚美尼亚和阿塞拜疆族裔集团分别实施了 40% 和 20% 的诈骗犯罪（《俄罗斯联邦刑法典》第 159 条和第 159.1 条），格鲁吉亚、阿塞拜疆和塔吉克族裔集团分别实施了 45%、15%、15% 的抢夺犯罪（《俄罗斯联邦刑法典》第 161 条），塔吉克和北高加索族裔集团分别实施了 36.7% 和 23.39% 的抢劫犯罪（《俄罗斯联邦刑法典》第 162 条），阿塞拜疆和达吉斯坦族裔集团分别实施了 60% 和 33.33% 的勒索（《俄罗斯联邦刑法典》第 163 条）。[2]

塔吉克斯坦和乌兹别克斯坦犯罪集团主要从事毒品生意，格鲁吉亚犯罪集团从事入室盗窃，哈萨克斯坦犯罪集团从事诈骗。内务部的数据显示，人数最多的犯罪集团是阿塞拜疆集团，他们控制着毒品生意、从事外汇兑换诈骗、盗窃和转卖汽车，莫斯科有 30 多个阿塞拜疆集团；存在时间最长的是亚美尼亚集团，他们从事雇佣杀人、旅馆生意和赌博生意以及抢劫；格鲁吉亚—阿布哈兹集团的“守法盗贼”最多，他们主要从事抢夺、盗窃、敲诈勒索、抢劫和金融诈骗。在莫斯科黑道中，最不受欢迎的是车臣人团伙，其成员不承认“守法盗贼”，并且其行动总是“无法无天”。车臣人集团的违法犯罪活动多种多样：敲诈勒索，绑架，贩卖武器和毒品，控制银行、

[1] БЛИНОВА Е, СИМАКИН Д. Москва мигрантская[N/OL].Независимая газета, 2005-11-08[2009-03-10]. http://www.ng.ru/events/2005-11-08/1_moscow.html.

[2] Кузнецов К В. Криминологическая характеристика и предупреждение организованной этнической преступности[D]. Москва: Академия Генеральной прокуратуры Российской Федерации, 2018.

旅馆、赌场娱乐中心和交易场。而且车臣人集团团结得最紧密。[1]

在族裔集团经营的犯罪生意中，日用品交易市场占了很大部分。这是因为日用品交易市场有相当大的现金流转。在莫斯科市场上有约30个集团。阿塞拜疆人控制的范围最广，达吉斯坦人次之，其他犯罪集团也有自己的势力范围。[2]外高加索和高加索（阿塞拜疆、亚美尼亚、格鲁吉亚、车臣和达吉斯坦）人犯罪集团控制着俄罗斯中部和南部的食品市场：莫斯科、圣彼得堡、特维尔、弗拉基米尔、沃罗涅日、图拉、下诺夫哥罗德、摩尔曼斯克、阿尔汉格尔斯克、萨拉托夫、顿河畔罗斯托夫市、斯塔夫罗波尔。他们与中亚人犯罪团伙共同控制其他地区的市场：叶卡捷琳堡、彼尔姆、秋明、克拉斯诺亚尔斯克、海参崴和堪察加地区彼得罗巴甫洛夫斯克。中亚人（塔吉克和乌兹别克人）的影响力不够大。他们的“领地”是新西伯利亚、秋明、阿尔汉格尔斯克、叶卡捷琳堡、秋明和海参崴。

2008年1月，俄罗斯内务部时任副部长称，最危险的族裔匪帮来自北高加索（车臣人、达吉斯坦人和印古什匪帮）、外高加索（阿塞拜疆、亚美尼亚和格鲁吉亚匪帮）和中亚（乌兹别克和塔吉克匪帮）。[3]

四、苏联解体后俄罗斯有组织犯罪的基本特点及发展趋势

俄罗斯有组织犯罪与国外的有组织犯罪有所不同，国外的有组织犯罪是在法律禁止的服务种类（卖淫、敲诈勒索、操控赌博业、贩卖毒品）上发展起来的，而俄罗斯的有组织犯罪则产生于分配经济，并最终形成于市场经济。

俄罗斯有组织犯罪产生速度比其他国家要快得多，自20世纪80年代中期起，俄罗斯有组织犯罪发展得异常迅猛，在这一段时间经历了“西方

---

❶ БЛИНОВА Е, СИМАКИН Д. Москва мигрантская[N/OL].Независимая газета, 2005-11-08[2009-03-10]. http://www.ng.ru/events/2005-11-08/1_moscow.html.

❷ МУХИН А А. Российская организованная преступность и власть:История взаимоотношений[M]. Москва: Центр политической информации, 2003: 109.

❸ Россию осваивают этнические банды[N/OL].Дни,2008-01-31[2009-03-10]. http://www.dni.ru/news/russia/2008/1/31/128094.html.

模式”的有组织犯罪需要不止一百年才能走完的道路（实际上在许多方面更加超前）。而走完这段历程，意大利黑手党用了150多年，俄罗斯仅用了20~25年。[1]

（一）俄罗斯有组织犯罪的基本特点

当代俄罗斯有组织犯罪有以下四个基本特点。

第一，向政治领域渗透程度深。俄罗斯有组织犯罪集团介入政治的方法主要有两种。一种方法是斥巨资资助候选人参与竞选，把自己的人拉进国家杜马和地方立法会议，重金扶植资助一些党派和运动作为自己的政治代言人，令其运用国家权力服务于犯罪集团利益，左右国家政策，谋取巨大利润。据说，俄罗斯地方议员的位子价值几十万美元。[2]1996年，在俄罗斯总统竞选期间曾发生了“复印机箱子事件”，当竞选总部成员把50万美元装在复印机箱子里，打算从俄罗斯政府大楼搬出来时，被安全部门工作人员扣押。有消息表明，这些钱是用来支付竞选活动经费的。另一种方法是有组织犯罪集团首领自己参与竞选，通过这种手段成为政治家。黑社会头目自己参选有两个好处：一是可以给自己编织一个逃避打击的安全网，二是可以借助不可侵犯权逃避刑事责任。[3]1999年10月18日，俄罗斯内务部地区和社会联系局时任局长 A. 托尔卡切夫（A. Толкачев）称，在对竞选1999年国家杜马议员的4 948位候选人审核时发现，有25人有前科，有4人正在接受调查，有89人被追究过刑事责任。这些有犯罪背景的人多来自莫斯科，此外，还有人来自印古什、卡巴尔达—巴尔卡尔、鞑靼斯坦、伏尔加格勒州和马加丹州。[4]

有组织犯罪集团介入政治，导致俄罗斯“黑金政治”的出现，使许多

---

[1] КУЗНЕЦОВА Н Ф, ЛУНЕЕВ В В. Криминология: Учебник[M].2-е изд.Москва: Волтерс Клувер, 2004: 407.

[2] 李伟 . 国际有组织犯罪发展趋势 [J]. 现代国际关系，2001（3）：43.

[3] 俄罗斯法律规定，身居高位的官员不可侵犯，对他们提起刑事案件需要采用特别程序。

[4] АНДРУСЕНКО Л. Криминалитет штурмует Госдуму[N/OL]. Российская газета, 1999-10-19[2009-03-10]. https://www.ng.ru/events/1999-10-19/crime.html.

护法机关卷入有组织犯罪，1997 年，俄罗斯有 500 名官员因卷入黑社会犯罪而被捕。[1] 大量被拉拢腐蚀的工作人员为犯罪集团活动提供庇护，甚至出现法治机关工作人员直接参与犯罪的现象。有组织犯罪深入政治体系和国家体系，给政权机关和管理机关造成了混乱和破坏。他们腐蚀国家官员，败坏政府形象，使公民丧失对国家的信任，给政治体系和国家体系带来根本性的损害。

第二，对经济的控制力量强大。俄罗斯有组织犯罪的资金非常雄厚，多于国家给护法机关的拨款。在一些地区，有组织犯罪甚至变成了与官方抗衡的独特系统，将自己的价值观念灌输给民众。有组织犯罪把 80% 的中小企业处于自己的控制之下，导致经济犯罪化和偷逃税款，造成商品、服务价格的提高。根据俄罗斯联邦内务部的数据，在 20 世纪 90 年代中期，有组织犯罪集团控制了 4 万个经营主体，其中包括约 2 000 家国有企业、6 000 家小企业、160 个银行、19 个交易所、860 个市场。根据俄罗斯内务部估计，有组织犯罪控制着近 50% 的私人公司、33% 的国有企业（根据另外一些专家估计，约 60% 的国有企业受有组织犯罪集团控制[2]）、50% ~ 85% 的银行，没有一个部门能够幸免。[3] 陶里亚蒂市有 7 个犯罪团伙，人数达 800 人，他们使用恐怖手段完全控制了汽车的生产和销售，致使原来高盈利的企业变成了国家和地方财政的最大债务人，债务总额接近 20 万亿卢布。类似情况在海港地区（西北海港、亚速海—黑海流域和纳霍德卡市的海港）、远东、库兹巴斯煤矿开采部门、鞑靼斯坦的酿酒部门都有发生，涉及每个部门、每个大型企业。另外，许多寡头与有组织犯罪有关联，有组织犯罪也对旗舰型企业产生巨大影响。维姆—比尔—丹公司是俄罗斯最大的奶制品、饮

---

1. 李伟．国际有组织犯罪发展趋势 [J]. 现代国际关系，2001（3）：43.
2. БАРАННИК И Н. Транснациональная организованная преступность и сотрудничество стран Азиатско-Тихоокеанского региона в брьбе с ней[M]. Москва: Российская криминологическая ассоциация, 2007: 72.
3. САТАРОВ Г А. Тепло душевных отношений: кое-что о коррупции[J]. Общественные науки и современность, 2002(6): 19.

料和儿童食品生产商，拥有近 2 万名员工。据法新社报道，2002 年，俄罗斯维姆—比尔—丹食品公司在纽约上市，不得已公开一个内幕：它的主要股东是因黑手党犯罪而入狱多年的加·尤什瓦耶夫（Г. Юшваев）。而俄罗斯黑手党"教父"伊万科夫也暗中握有布拉茨克铝厂 25% 的股份。根据不同测算，2004 年以前的近 10 年有 2 500 亿 ~3 000 亿美元从俄罗斯转移到外国银行。俄罗斯公民在离岸金融地区注册的 6 万个商业企业在这方面起了很大的推动作用。数量庞大的资金通过专门成立的银行和蝴蝶公司（一日公司）转至国外，而这些蝴蝶公司仅在 1998—1999 年就有约 50 万个（俄护法机关数据）。[1] 目前在离岸金融区的 5 万亿美元（其中有 1 万亿美元外汇和 4 万亿美元有价证券）中，可以算到俄罗斯头上的有近 5 000 亿 ~ 7 000 亿美元。[2]

目前，有组织犯罪在俄罗斯已经"转型"，它们依然是国家经济的重要推动力量，将会继续在俄罗斯经济中发挥重要作用。路易斯·谢里认为，虽然这种现象不像以前那样明显或者普遍，但是不能说黑社会的影响已经成为过去。[3] 有组织犯罪分子使用非法手段迫使国家、银行和商业组织流通的物资和资金停止流通，对俄罗斯经济造成了颠覆性的破坏。有组织犯罪渗透到私有化和经营活动领域，对决定市场关系产生的过程、改革的主要方向均产生根本性的影响。

第三，俄罗斯犯罪集团的国际化水平很高，与独联体、东欧、亚洲国家和许多西方国家（特别是苏联侨民集中的国家，如美国、德国等）的犯罪分子有着广泛的联系。犯罪分子跨地区和跨国的紧密联系，导致有组织犯罪全球化的进程比打击有组织犯罪的全球化进程要快得多。据俄罗斯前内务部长 А. С. 库利科夫（А. С. Куликов）估计，约有 1/3 的犯罪团伙有

---

❶ КУЗНЕЦОВА Н Ф, ЛУНЕЕВ В В. Криминология: Учебник[M].2-е изд.Москва: Волтерс Клувер, 2004: 400.

❷ МОХОВ Е А. ФСБ: борьба с организованной преступностью[M].Москва: Вузовская книга, 2006: 169.

❸ ШЕЛЛИ Л. Русская мафия[N/OL]. Washington Profile, 2008-12-10[2021-11-29]. https://inosmi.ru/world/20081210/245971.html.

跨国联系。据专家分析，每个月从俄罗斯偷运出去的资本有 15 亿 ~ 20 亿美元。20 世纪 90 年代末，俄罗斯特工部门研究了 230 个犯罪有跨国联系的犯罪集团，结果表明，有 163 个犯罪集团在俄罗斯、独联体国家和波罗的海共和国实施严重犯罪，有 67 个在俄罗斯远邻国家（美国、英国、德国、奥地利、瑞士、芬兰、意大利、波兰、希腊、叙利亚、阿拉伯联合酋长国和塞浦路斯等）。[1] 目前已知的 70 多名有组织犯罪集团的组织者和积极参加者在 22 个国家居住或往返，其中有 8 名受到全球通缉。[2]

俄罗斯有组织犯罪集团首领常常拥有别国国籍［如传媒大亨古辛斯基（В. Гусинский）就有俄罗斯和以色列双重国籍］，在国外购置房产，往返于俄罗斯和外国之间。即使在国外，他们也继续领导着犯罪集团，成立合资公司来清洗收入。他们从俄罗斯输出资本，保障自己在他国经济和政治上的未来。这样，他们就有可能发展犯罪活动，包括针对俄罗斯国家利益的犯罪活动，给俄罗斯造成外在威胁。

第四，有组织犯罪恐怖主义和民族矛盾相联系，危害甚大。有组织犯罪与恐怖主义联系的表现是：①有组织犯罪自身发动了所谓的商业恐怖主义（每年有 700 ~ 1 000 人死于雇佣杀手的手中）；②有组织犯罪助长北高加索地区的国际恐怖主义。来自高加索的犯罪集团在俄罗斯控制着 73 家银行和 2 500 个商业企业，目的是给车臣的恐怖分子提供物质和资金支持。许多贩毒集团用毒资购买武器运至“热点地区”，实施恐怖活动。在许多民族关系紧张的地区，犯罪集团首领和参加者的利益与一些帮派、社会群体、社会团体的政治利益一致，导致他们利用政治斗争作为反对俄罗斯联邦宪法工具的风险大大提高了。俄罗斯最大的武器流失地是车臣和达吉斯坦，仅 1994—1996 年车臣军工厂仓库就有 4 万支枪失窃。1999 年，俄罗斯联邦

---

❶ МОХОВ Е А. ФСБ: борьба с организованной преступностью[M].Москва: Вузовская книга, 2006: 175.

❷ КУЛИКОВ А С. Организованная преступность в России и проблемы совершенствования борьбы с ее проявлениями[EB/OL].[2009-1-10]. http://www.waaf.ru/cgi-bin/index.cgi?r=6&r_1=7.

安全局与内务部联手破获了位于图拉州的一起重大伪造货币案件。收缴了非法流通的价值 18 万美元的假币，逮捕了正在印钞的车臣人、印古什人等犯罪分子，缴获印刷设备、模具、枪支弹药和假美元共计几万美元。经查，这个犯罪团伙已存在多年，其将伪造美元所得收入资助车臣非法武装。[1]

总之，俄罗斯有组织犯罪的“发达”已经到了危及俄罗斯国家安全的程度，这不仅是学者们的共识[2]，也得到了官方的承认。俄罗斯总统普京在 2004 年的《国情咨文》中称，“……有组织犯罪的增多、恐怖主义规模的扩大……都对俄罗斯国家安全构成了广泛的内部和外部威胁”[3]。

（二）俄罗斯有组织犯罪的发展趋势

俄罗斯有组织犯罪的发展趋势如下。

第一，有组织犯罪集团将会在质和量两方面进一步“完善”，其在俄罗斯的犯罪活动也将会增加，组织结构将会更加复杂化，犯罪集团在物质、技术及财政基础方面也将继续增强，参加者的“业务水平”将会更高，跨地区联系将会更紧密。

第二，有组织犯罪将会出现一体化的趋势，会逐步走向联合。由此可以推测，在未来 10 年，俄罗斯将会有几个相当大的犯罪性联合组织出现。[4]

第三，传统的刑事型有组织犯罪将会与经济型有组织犯罪进一步结合，经济型有组织犯罪将会进一步占据优势地位。

第四，随着国家权力的加强，有组织犯罪将会进一步向合法经济渗透。目前，这一趋势已很明显，一些著名的犯罪团伙的头目也已在电视上以专

---

[1] МОХОВ Е А. ФСБ: борьба с организованной преступностью[M].Москва: Вузовская книга, 2006: 74.

[2] КУЗНЕЦОВА Н Ф, ЛУНЕЕВ В В. Криминология: Учебник[M].2-е изд.Москва: Волтерс Клувер, 2004: 399.

[3] ПУТИН В. ПосланиеФедеральному Собранию Российской Федерации[EB/OL].(2006-06-21)[2008-12-20].https://docs.cntd.ru/document/901899013.

[4] КУЗНЕЦОВА Н Ф, ЛУНЕЕВ В В. Криминология: Учебник[M].2-е изд.Москва: Волтерс Клувер, 2004: 403.

业人士的身份露面，被人们称为“大企业家”。上文提到的莫斯科松采沃犯罪集团大部分也已合法化。

第五，俄罗斯有组织犯罪加强与国际犯罪组织之间的联系，同时，重要的是，他们不会仅限于在国外成立分支机构，还会与“定居”在那里的国际犯罪辛迪加争夺领地和销售市场，并试图将他们排挤出去，这可能会导致把“战斗”行为转移到欧洲、亚洲，甚至是美国。俄罗斯有组织犯罪已经具备了这种能力，他们有智力潜能，有在任何社会条件下存活下去的能力，有非传统的犯罪思维，有大量的人力资源，也有用于黑色服务和黑市的原料储备。❶

第六，有组织犯罪将加强对国家机关的贿赂、腐蚀，在立法、行政、司法部门安插自己人，以实现自己在政治上和经济上的诸多图谋。

第七，从犯罪活动领域来讲，有组织犯罪在恐怖主义、非法贩运武器和毒品、贩卖人口等领域的活动将会加强；由于金融系统利润空间巨大，俄罗斯有组织犯罪将会更深层次地进军这一领域。同时，有组织犯罪集团试图控制最为重要的经济领域，如石油业、铝业。此外，他们还会在新的领域拓展自己的活动空间，如窃取信息技术，走私核武器，向国外输出专家、学者等智力型人才，销售人体器官，搞土地投机等。

第八，由于活动范围缩小和领地划分，族裔有组织犯罪会继续发展。黑手党战争的扩大将有现实的前景，犯罪集团争夺势力范围的形式和方法更加残酷。

第九，俄罗斯有组织犯罪还会不断“创造”出新的犯罪形式，如上文提到的有组织腐败和恶意并购就是近些年出现的。

1997 年，美国战略与国际问题研究中心提交给国会的一份关于俄罗斯有组织犯罪的报告指出：“如果不遏制有组织犯罪，俄罗斯就会有变成犯罪辛迪加国家的危险，亦即变成一辆由匪帮、腐败的政府官僚主义者和在一

---

❶ КУЗНЕЦОВА Н Ф, ЛУНЕЕВ В В. Криминология: Учебник[M]. 2-е изд.Москва: Волтерс Клувер, 2004: 404.

定程度上不诚实的有时相当知名的商人组成的三套马车，这些商人鼓励和利用处于转型时期的社会所特有的腐败和薄弱点，继续积累大量财富。”[1]该报告还指出了两种威胁：一种威胁是战术威胁，或称执法威胁，与俄罗斯有组织犯罪登上国际舞台有关；另一种威胁包括与美国国家安全有关的极其重要的两个问题。第一个问题是俄罗斯有组织犯罪对俄罗斯政治稳定的有害影响，第二个问题是俄罗斯有组织犯罪团伙有获得核武器、生物武器或化学武器或材料的风险。俄罗斯有组织犯罪的这些动向也是我国需要密切注意的。

五、苏联解体后俄罗斯有组织犯罪产生的主要原因

2000 年《俄罗斯联邦国家安全构想》的第三章“对俄罗斯联邦国家安全的威胁”指出：在社会政治体制和经济活动的改革进程中所形成的社会关系趋于犯罪化的这种威胁尤其尖锐。经济、军事、执法及国家活动的其他领域的改革在初期阶段造成的严重失误，国家调控系统的弱化，法律基础不完善，社会的精神–道德潜力下降都是促使犯罪，特别是有组织形式的犯罪，以及腐败增长的主要因素。[2]

的确，有组织犯罪由复杂的综合原因导致，由社会生活中的政治以及社会和精神领域最严重的变形所导致。[3]随着苏联解体，俄罗斯社会开始急速转型，这其中既有政治转轨，也有经济转型，还有全球化进程的发展，以及人们观念的转换和生活方式的转变。在俄罗斯社会转型期，发生了极

---

[1] БОСХОЛОВ С С. Законодательное обеспечение борьбы с организованной преступностью[J]. Журнал российского права, 1998(9): 16-23.

[2] ПУТИН В. Концепция национальной безопасности Российской Федерации[EB/OL].(2006-06-21)[2008-12-20].https://legalacts.ru/doc/ukaz-prezidenta-rf-ot-10012000-n-24/.

[3] НОМОКОНОВ В А. Особенности политики борьбы с организованной преступностью и коррупцией в России[C]//ДОЛГОВА А И. Организованная преступность, терроризм, коррупция в их проявлениях и борьба с ним. Москва: Российская криминологическая ассоциация, 2005: 29.

其严重的社会失范情况，给有组织犯罪的生长创造了条件。社会管理控制能力削弱[1]，官员腐败盛行，领导者意志和决策的失误[2]，给有组织犯罪以可乘之机；市场经济发育不完善[3]，贫富分化现象严重，失业率高[4]，都成为诱发有组织犯罪的因素；精神道德崩溃，不良的社会文化环境，对个人的犯

---

❶ А. И. 多尔戈娃指出，在有组织犯罪中，最危险的是其经济犯罪活动，即其导致了巨额资本的集中。巨额资本开始越来越多地影响社会的政治、精神和其他领域，导致多数阶层（甚至可以说是整个民族）的赤贫。可是，并没有有效的法律措施将有组织犯罪攫取的财富归还给合法所有者，所以犯罪行为聚敛来的财产事实上是处于受保护的状态，这为有组织犯罪人依靠犯罪资本进入政治和国际舞台提供了可能。（参见：ДОЛГОВА А И. Криминология: Учебник для вузов[M]. 3-е изд.Москва: Норма, 2005: 537.）

❷ А. И. 多尔戈娃将其归纳为：政治家把居民看作消极客体，而不是积极主体，认为他们没有能力从根本上校正改革，不能对生活方式的变化做出特殊反应（特别是没有料到犯罪现象的犯罪性反应的可能性）；在社会转型过程中忽视犯罪的特殊性，没有把犯罪看作相对独立的和独特的社会现象，没有认识到它能够破坏形形色色的社会关系，能够攻击社会中由法律规制的部分。（参见：ДОЛГОВА А И. Криминология: Учебник для вузов[M].3-е изд.Москва: Норма, 2005: 537.）

❸ А. И. 多尔戈娃将其归纳为：在发展自由竞争的同时，没有引入限制和遏制竞争的机制；把市场当成社会关系的调节器，指望市场自足；几乎所有领域，包括医疗、教育等，全面引入市场机制，却没有遏制和补偿机制；社会关系转型缺乏系统性——单方面和机械地解释经济对其他领域的影响。（参见：ДОЛГОВА А И. Криминология: Учебник для вузов[M].3-е изд.Москва: Норма, 2005: 536-537.）

❹ 根据俄罗斯联邦国家统计局的最新统计数字，最穷的人收入仅占总收入的 2%，最富的人和最穷的人平均收入差距已扩大到 15 倍，是西方发达国家相应指标的 2 倍多［张锐 . 俄罗斯经济转型中的贫富分化 [J]. 俄罗斯中亚东欧市场，2008（2）：19］。据 А. И. 古罗夫的数据，财产私有化造成的资本积累给居民造成了损失，使他们丧失了所有积蓄，近 5 000 万人处于贫困线以下（参见：КУЗНЕЦОВА Н Ф, ЛУНЕЕВ В В. Криминология: Учебник[M].2-е изд.Москва: Волтерс Клувер, 2004: 407）。根据对萨拉托夫州法院和检察院共计 76 名工作人员的调查，有 68% 的被调查者认为，失业者和未成年人有被卷入有组织犯罪的危险。这类人占加入犯罪集团总人数的 70%（参见：ГИЛИНСКИЙ Я И. Криминология: Курс лекций[M]. Санкт-Петербург: Питер, 2002: 208.）。

罪心理[1]和犯罪组织的形成和发展产生重要影响[2]；法制滞后和不健全[3]，护法机关的弱化[4]，使有组织犯罪具备了生存的条件和土壤。

俄罗斯有组织犯罪产生的原因林林总总，难以尽述，为突出俄罗斯的“特色”，笔者重点介绍其中两个极为重要的原因——腐败现象和影子经济。

（一）俄罗斯腐败现象严重

1. 腐败涉及范围广

腐败已经渗透至几乎俄罗斯所有的国家权力机关，从执行权力机关到立法权力机关再到司法机关，甚至被称为“第四权力”的大众传媒也受到了腐败的侵蚀。孩子上幼儿园要行贿，逃避兵役仍要行贿。腐败甚至波及国家最高领导层，连国家最高官员也曾受贿。腐败范围广的另一个表现是行贿人数多。根据全俄民意调查中心于2006年5月27—28日的调查，居民中有53%的人有行贿经历。最普遍的行贿对象是医务工作者（51%）、交通警察（31%）、警察（16%）、兵役委员会（7%）、教育系统工作人员

---

❶ А. И. 多尔戈娃将其归纳为：忽视人民的历史传统、价值取向、道德立场；割裂正在成长的一代与东西方文化最高成就的联系；向青年人灌输的行为范例中断几代人的精神联系，从而阻碍民族和人类精神发挥作用（参见：ДОЛГОВА А И. Криминология: Учебник для вузов[M].3-е изд.Москва: Норма, 2005: 537.）。20世纪90年代中期，在俄罗斯内务部全俄研究所展开的一项调查中，有70%的中小学女生想成为高级妓女，40%的男生想当杀手和黑社会“权威”（参见：КУЗНЕЦОВА Н Ф, ЛУНЕЕВ В В. Криминология: Учебник [M].2-е изд.Москва: Волтерс Клувер, 2004: 401.）。

❷ 据说，俄罗斯的每个城市都有“权威”因看了弗朗西斯·福特·科波拉的电影《教父》而模仿美国—西西里黑手党样式“构建”自己的犯罪集团。（参见：МУХИН А А. Российская организованная преступность и власть. История взаимоотношений[M]. Москва: Центр политической информации, 2003: 25.）

❸ 如本书在“俄罗斯有组织犯罪集团的主要犯罪种类”部分提到的“贩卖人口”和“组织非法移民”条款写入《俄罗斯联邦刑法典》的滞后，以及在“俄罗斯对有组织犯罪的法律调整”部分阐述的俄罗斯关于有组织犯罪立法的种种不足。

❹ 1990—2000年，仅俄罗斯内务部系统就解雇了约100万名工作人员，特工部门也出现了专业人员的流失，6次机构改革加速了这种现象。

（20%），居民连在办理产权登记（10%）和找工作（10%）时也要行贿。[1]

2006—2014 年，依照《俄罗斯联邦刑法典》第 291 条登记的行贿犯罪和被提出指控的人（行贿者）分别为：2006 年 4 517 件（3 648 人），2007 年 4 828 件（4 003 人），2008 年 5 381 件（4 602 人），2009 年 5 285 件（4 553 人），2010 年 4 265 件（3 855 人），2011 年 4 005 件（3 655 人），2012 年 3 182 件（2 726 人），2013 年 4 811 件（4 461），2014 年 5 913 件（5 603 人）。[2]

2. 腐败涉及程度深

据《俄罗斯报》2006 年 11 月 7 日的报道，俄罗斯腐败市场规模超过 2 400 亿美元。[3] 而民主信息学基金会（ИНДЕМ）估计的比这个值还要高：仅在俄罗斯实业界，2001 年和 2005 年之间的腐败容量就从每年 330 亿美元增加到了 3 160 亿美元（不包括联邦政治家和商业精英的腐败）。与此同时，俄罗斯商人行贿的平均数额从 1 万美元增加到了 13.6 万美元。[4]

根据俄罗斯科学院通讯院士 И. И. 叶利谢耶娃（И. И. Елисеева）博士的调查，2005 年，俄罗斯的国内生产总值是 216 650 亿卢布，其中的影子成分是 173 320 亿卢布，腐败收入占到 155 988 亿卢布，其中商业腐败 110 777

---

❶ АВДИНСКИЙ В И, ДАДАЛКО В А, СИНЯВСКИЙ Н Г. Теневая экономика и экономическая безопасность государства: учебное пособие[M].Москва: ИНФРА-М, 2010:96; ВЦИОМ. Каждый второй россиянин дает взятки[EB/OL].(2006-06-21)[2008-12-20].https://www.rbc.ru/society/21/06/2006/5703c5d49a7947dde8e0dd1b.

❷ СЕНЦОВ А С, ВОЛКОЛУПОВА В А.Вопросы квалификации дачи взятки и посредничества во взяточничестве возникающие в современной правоприменительной практике[J].Уголовное право и криминология,2016(1):181.

❸ ШАРОВ А. Ни дать, ни взять: Генпрокуратура начала новое наступление на коррумпированных чиновников[N].Российская газета: Федеральный выпуск, 2006-11-07(4215).

❹ Коррупция в России достигла наивысшего уровня за последние восемь лет[EB/OL]. (2008-10-24) [2009-01-10].https://www.newsru.com/russia/24oct2008/corrupt.html.

亿卢布。[1]

美国国家情报委员会提出的《2015 年全球趋势：围绕未来与非政府专家对话》报告中称，根据欧洲复兴开发银行的数据，在俄罗斯做生意的公司把年收入的 4% ~ 8% 用于行贿。[2] 根据俄罗斯总检察院侦查委员会的数据，俄罗斯腐败官员的收入占国家预算的 1/3，俄罗斯商人每年向政府官员行贿 330 亿美元，还有 30 亿美元的贿赂发生在日常生活中。[3] 根据俄联邦最高法院司法总局的数据，2019 年俄罗斯在贪腐方面共做出超过 15 000 个有罪判决，有 1 742 人被判受贿，418 人被判介绍贿赂，2 671 人被判小额受贿。[4]

3. 腐败趋于“稳定化”

腐败现象是俄罗斯社会的顽疾。2007 年 12 月 12 日，普京在接受《时代周刊》记者采访时坦言，俄罗斯对腐败问题解决得并不好，对腐败形势的控制也不利。[5] 此外，腐败在俄罗斯在一段时间内也处于“稳定化”

---

❶ ЕЛИСЕЕВА И И, КАПРАЛОВА Е Б, ЩИРИНА А Н. Коррупция и теневая экономическая деятельность[С]//СУЛАКШИН С С, БАГДАСАРЯН В Э, ВИЛИСОВ М В и др. Государственная политика противодействия коррупции и теневой экономике в России: Материалы Всероссийской научной конференции. Москва: Научный эксперт, 2007: 3.

❷ НАЦИОНАЛЬНЫЙ РАЗВЕДЫВАТЕЛЬНЫЙ СОВЕТ США. Глобальные тенденции развития человечества до 2015 года: Диалог о будущем с неправительственными экспертами[EB/OL]. (2000-12-01) [2009-03-10]. https://b-ok.as/book/3076152/351a96?regionChanged.

❸ МУХАМЕТОВ Р. В России бизнесмены тратят 33 млрд. долларов на взятки чиновникам[EB/OL].(2008-06-06)[2009-01-10].https://www.tatar-inform.ru/news/v-rossii-biznesmeny-tratyat-33-mlrd-dollarov-na-vzyatki-chinovnikam-117719.

❹ 见俄联邦最高法院司法总局网站对 2019 年腐败案件的统计数据 :СУДЕБНЫЙ ДЕПАРТАМЕНТ ВС. Данные судебной практики по делам коррупционной направленности за 2019 год[EB/OL]. (2020-04-30) [2021-12-23].http://www.cdep.ru/index.php?id=150.

❺ ПУТИН В. Интервью журналу «Тайм»[EB/OL].(2007-12-19)[2008-12-20].http://www.kremlin.ru/events/president/transcripts/24735.

状态。[1]

在苏俄时期受贿曾被认定为反革命，1922年刑法典将受贿定为枪决。不过现在俄罗斯人对受贿人的态度缓和了，容忍度提高了，大多认为腐败是自然而然的现象，不可避免，很大一部分居民甚至不认为腐败是犯罪。根据全俄民意调查中心2006年6月24—25日的调查，超过1/3的居民对受贿者不持否定态度，只有29%的居民赞同把自己同事受贿的事实通知护法机关。不到30%的人认为，在生产或贸易中的盗窃需要严惩，其他人倾向于轻缓的行政措施（罚款或是警告）。腐败已成为俄罗斯所有社会阶层习以为常的组成部分。时任俄罗斯总统的梅德韦杰夫曾称，腐败在俄罗斯已经成为许多人的生活方式。而俄罗斯学者认为，国内甚至出现了社会悲观主义：只有16.5%的被调查公民认为腐败现象可以得到遏制。这种悲观主义反映了反腐败低效：在俄罗斯，只有2%的腐败犯罪被查明，从事腐败活动的人实际被追究刑事责任的不超过0.2%。[2]

在俄罗斯，行贿受贿额度甚至已“明码标价”。俄联邦总检察院附属研究所的犯罪学问题和打击犯罪研究室在1998年就行贿问题对224名护法机关的专家进行了问卷调查，94%的人做了如下回答：不提起刑事案件——1万～50万美元；采取逮捕以外的强制措施——0.1万～5万美元；终止刑事案件——0.2万～15万美元；减刑——0.1万～1.5万美元；宣告无罪——0.1万～20万美元；税务检查人员对不支付税款不做反应——应缴税额的50%；对海关违法行为不做反应——海关规费的20%；不查封财产——未被列入拆封财产的10%（行贿数额与案件具体情况和行贿人状况有关）。[3]

---

❶ ШОХИНА Е. Коррупция тает[EB/OL].(2012-05-30)[2021-12-18].https://expert.ru/2012/05/30/korruptsiya-taet/.

❷ ПОПОВ В И. Противодействие организованной преступности, коррупции, терроризму в России и за рубежом[M]. Москва: Издательство СГУ, 2007: 143.

❸ ВАНЮШКИН С В. Организованная преступность в реформируемой России и направления борьбы с ней[D]. Москва: Научно-исследовательский институт проблем укрепления законности и правопорядка, 1998: 68.

4. 腐败案件的隐蔽性很强

俄罗斯官方数据显示，2007 年，俄罗斯在反腐领域提起了 1.05 万件刑事诉讼，因腐败造成的损失共计 10.1 亿卢布。但当地舆论认为，俄罗斯腐败的实际情况还远不止于此。❶

腐败与有组织犯罪是互相联系、互相作用的，它们之间存在着互动关系。腐败是有组织犯罪产生的“温床”，难怪有组织犯罪将自己近一半的犯罪收益用于收买公职人员。❷腐败与有组织犯罪的犯罪动机相同，都具有贪利性。腐败与有组织犯罪破坏国家的经济和政治稳定❸，动摇社会体制，是最大的社会罪恶。腐败既是有组织犯罪的结果，也是有组织犯罪发展的原因，有组织犯罪集团的壮大只有一个原因，那就是官黑勾结。

俄罗斯腐败的特点和腐败与有组织犯罪的互动关系，决定腐败必定会被俄罗斯有组织犯罪所利用，成为其“保护伞”，甚至直接进入政权机关。

俄罗斯政治腐败与有组织犯罪相互勾结的特点如下。

（1）官黑勾结现象严重。俄罗斯黑手党出巨资资助一些人参加俄罗斯杜马议员选举，从而使这些人为他们的犯罪组织服务。据说，俄罗斯地方议员的职位值几十万美元。1997 年，俄罗斯有 500 名官员因卷入黑社会犯罪而被捕。1998 年，俄罗斯一位知名人士称，国家杜马至少有 20 人与黑手党有这样或那样的关系。❹

（2）充当有组织犯罪“保护伞”的官员级别高。1994 年 4 月 8 日，时任运动员社会保障基金会主席的黑社会首领奥塔里 · 克万特里什维利（Отари Кватришвили，其兄弟是“守法盗贼”）举行葬礼时，时任莫斯科市

❶ 俄罗斯时任总统梅德韦杰夫在 2008 年 5 月主持的一次相关会议上对 1.05 万件这个数字的准确性表示怀疑，他认为这个数字只是“冰山一角”；俄罗斯检察院下属侦查委员会资料显示，腐败实际损失可能是 10.1 亿卢布这个数字的 2 000 倍，甚至更高。

❷ БОСХОЛОВ С С. Законодательное обеспечение борьбы с организованной преступностью[J]. Журнал российского права, 1998(9): 16-23.

❸ 俄罗斯著名民意调查分析机构列瓦达中心于 2006 年 6 月 10—14 日的调查表明，50% 的被调查者认为，腐败是当前俄罗斯经济增长的主要制约因素。

❹ 李伟 . 国际有组织犯罪发展趋势 [J]. 现代国际关系，2001（3）：43.

市长尤·卢日科夫（Ю. Лужков）、俄罗斯工业企业家联盟副主席 А. 弗拉季斯拉夫列夫（А. Владиславлев）、俄罗斯国家杜马议员 И. 科布索恩（И. Кобзон）等许多政要出席。❶

（3）许多有组织犯罪集团的首领混入俄国家机关，且其职位较高。俄罗斯有组织犯罪集团的首领把自己的人拉进国家杜马和地方立法会议，资助政客，以建立自己的院外“游说团”。在 1999 年秋的竞选活动中，内务部、联邦安全局和中央选举委员会曾查明和侦破几百起这样的事件。甚至许多地区选出代表候选人就是为了让他们与黑手党集团推出的候选人抗衡。2008 年年底远东地区发生的事件更加耸人听闻——海参崴市市长 В. 尼古拉耶夫（В. Николаев，绰号“维尼熊”）原是黑帮“老大”。❷

（4）国家官员参加甚至领导有组织犯罪集团的情况较多。据俄罗斯《商人报》报道，1996 年，有组织犯罪集团首领 А. 莫罗佐夫（А. Морозов）为了进入政治领域，实现其向上爬的目的，同时竞选车里雅宾斯克州议员和兹拉托乌斯特市长。在选举前三天，莫罗佐夫犯罪集团占领了市政府，向前来上班的市长宣布权力已更替。虽然最后莫罗佐夫没有当成市长，不过他还是进了立法议会，领导车臣受害者康复委员会，并着手成立车里雅宾斯克州反腐败委员会。他被捕入狱后，В. 日里诺夫斯基（В. Жириновский）、Т. 格德良（Т. Гдлян）、И. 科布索恩、Л. 罗赫林（Л. Рохлин）等许多政治家都曾全力搭救。❸

（5）出现有组织腐败现象。在俄罗斯国家机关内部形成有组织的犯罪集团，其结构、犯罪活动方向和最终目的等方面都具有组织犯罪的所有特

❶ МУХИН А А. Российская организованная преступность и власть.История взаимоотношений[M]. Москва: Центр политической информации, 2003: 55.

❷ МАРКИН Д. Медвежий угол для Винни-Пуха: история о том, как и с чьей помощью приходят к власти чисто конкретные пацаны[N/OL]. Московский комсомо лец,2004-06-09[2009-01-10].https://www.mk.ru/editions/daily/article/2004/06/09/111261-medvezhiy-ugol-dlya-binnipuha.html.

❸ ГЕРМАН Г. Смелый, решительный, достойный: Александр Морозов получил 20 лет[N/OL].Коммерсантъ,2001-03-29[2009-01-10].https://www.kommersant.ru/doc/251939.

征。1999年4月初，俄罗斯总统离开中央临床医院来到克里米亚，只为解决一个问题——在总检察长Ю. И. 斯库拉托夫（Ю. И. Скуратов）的辞呈上签字。斯库拉托夫曾向总统致信，信中开列了在瑞士银行有4 000万美元个人账户的20位官员的名单（后来瑞士总检察长也承认此为事实）。就在该信件发出的最近一个晚上（甚至没有等到早晨），莫斯科市检察院的副检察长就绕过他的顶头上司，匆忙地对Ю. И. 斯库拉托夫提起刑事案件。4月2日清晨，总统就签署总统令解除了Ю. И. 斯库拉托夫总检察长的职务。[1] 2004年，有41人因受有组织团伙或犯罪联盟贿赂而被追究刑事责任。[2]

（二）俄罗斯影子经济猖獗

俄国的影子经济由来已久，它在苏联新经济政策时期就迅速发展。[3] 苏联国民经济比例严重失调、商品短缺现象严重，影子经济进入了自己的“黄金”时代。其规模庞大，发展迅速，隐藏在每一个国民经济部门中。官方承认的影子经济领域就有1 500亿卢布。[4] 它把经济犯罪、中央计划经济体制和市场经济体制三者的特点有机地结合在一起，其主要表现形式是：用截留和转移的国营经济的资金和物资搞地下交易、地下生产和地下服务，从事犯罪性生产和服务、黑市贸易、非法出口业，影子经济收入再分配及地下投资等。

苏联解体后，影子经济规模依然庞大。根据俄罗斯内务部的数据，1993年的影子经济是国内生产总值的27%，1994年是39%，1995年是45%，1996年是46%。根据俄罗斯纽带网2003年9月17日的报道，俄罗斯联邦安全会议副秘书的 В. 索尔塔加诺夫（В. Солтаганов）在反洗钱会议

❶ НОМОКОНОВ В А. Организованная преступность: тенденции, перспективы борьбы[M].Владивосток:Издательство Дальневосточного университета, 1999: 131.

❷ АСТАНИН В В. Организованная коррупция[C]//ДОЛГОВА А И. Организованная преступность, терроризм, коррупция в их проявлениях и борьба с ним. Москва: Российская криминологическая ассоциация, 2005: 158.

❸ 舒鲁斯．俄国的影子经济：形式、规模和威胁[J]. 国外社会科学，1994（8）：50.

❹ 侯宝泉．苏联影子经济的现状及走向[J]. 俄罗斯中亚东欧研究，1991（5）：56.

上称，俄罗斯的影子经济是 20% ~ 25%（国际上是 5% ~ 10%）。俄罗斯影子经济的规模是 2 万亿 ~2.5 万亿卢布，与联邦财政收入几乎持平。在 1.25 亿劳动人口中，在影子经济领域工作的人有 900 万。但是，据调查，27% 有劳动能力的俄罗斯公民（2 100 万人）都有未经登记的第二职业，其中约 1/2 的人从事"中介活动"，1/3 的人从事零售，其余的人从事倒买倒卖。但是，有俄罗斯学者认为，这些数字明显偏低，其原因是没有把庞大的犯罪经济作为影子经济成分全部或者部分考虑进去。[1] 俄罗斯联邦国家统计局估计，未被观察经济占国内生产总值的 22% ~ 25%。而根据俄罗斯内务部的数据，超过 40% 的国内生产总值是在影子经济和非法经济的框架内生产的。[2] 根据俄罗斯国家战略研究所援引世界银行的数据，俄罗斯影子经济占国内生产总值的 49%。2004—2007 年，隐蔽的劳动报酬平均占所有工资的 44.1%。2007 年，达到 6.55 万亿卢布。未上缴联邦财政的自然人收入税达 8 520 亿卢布，未缴纳强制社会保险 1.7 万亿卢布。国家养老基金少收了 1.3 万亿卢布，比 2007 年支付的养老金总额还多。如果把灰色成分合法化，养老金就会加倍。而据俄罗斯科学院通讯院士 И. И. 叶利谢耶娃领导的圣彼得堡财经大学的专家小组进行的分析测算，圣彼得堡影子经济的规模极为惊人，达到了地区生产总值的 80%。[3] 可见，俄罗斯影子经济的规模十分庞大。

俄罗斯学者认为，影子经济的危害在于导致"影子司法"和"影子政治"。在苏联时期，"地下车间主任"就是影子经济人，由于受害时无法寻

---

❶ ЛУНЕЕВ В В. Эпоха глобализации и преступность[М]. Москва: Норма, 2007: 157.

❷ ШИРЯЕВА Я Д. Теневая экономическая деятельность в России:её распространённость и статистическая диагностика[С]//СУЛАКШИН С С, БАГДАСАРЯН В Э, ВИЛИСОВ М В и др. Государственная политика противодействия коррупции и теневой экономике в России: Материалы Всероссийской научной конференции. Москва: Научный эксперт, 2007: 199.

❸ ШИРЯЕВА Я Д.Теневая экономическая деятельность в России: её распространённость и статистическая диагностика[С]//СУЛАКШИН С С, БАГДАСАРЯН В Э, ВИЛИСОВ М В и др. Государственная политика противодействия коррупции и теневой экономике в России: Материалы Всероссийской научной конференции. Москва: Научный эксперт, 2007: 200.

求司法机关的保护，因此只好求助于敲诈勒索者和其他贪利犯罪分子，于是“影子司法”、雇佣杀人就产生了。同时，影子资本幕后操控立法（如《俄罗斯联邦刑法典》最终取消了没收财产刑，其他诸如破产法、土地法、劳动法等）和政策，导致“影子政治”的产生。而近10~15年，影子政治实际上决定着俄罗斯无限度的影子经济的存在。影子经济与影子政治按“钱—权—钱”的公式运作。这样，俄罗斯就形成了“影子政治”“影子经济”“影子司法”3T并存的“格局”。[1]“影子司法”的存在，在2001年总统给俄罗斯议会的咨文中也有反映。普京认为，除了影子经济，在俄罗斯正在形成的独特“影子司法”，破坏了人民对国家的信任。[2]

俄罗斯影子经济最重要的趋势就是犯罪化，而有组织犯罪对其的影响不断增加。影子经济的犯罪成分占国内总产值的40%。[3]对俄罗斯内务部专家进行的一项调查中，在被问及“经济领域的有组织犯罪与影子经济互相影响的哪些过程在近年来表现得最为突出”时，专家们如此作答：有组织犯罪集团的犯罪活动（贩毒、倒卖汽车、贩卖军火、色情业）的收入被投入到影子经济各领域——69%的被调查者；影子经济的货币资金被用于资助有组织犯罪集团（上缴“公共金库”，购买武器和专门的技术设备，等等）——31%的被调查者；有组织犯罪集团被影子经济从业人员利用，用以实现经济利益和解决经济纠纷（雇佣杀人，免除债务，压制竞争对手，等等）——30%的被调查者。[4]

有组织犯罪与影子经济的共生具有两个方面。一方面，影子经济人利

---

❶ ЛУНЕЕВ В В. Эпоха глобализации и преступность[M]. Москва: Норма, 2007: 189.

❷ ПУТИН В В. Послание Президента Российской Федерации от 03.04.2001 г. б/н[EB/OL].(2000-12-01)[2009-03-10].http://www.kremlin.ru/acts/bank/36350/page/1.

❸ ЭМИНОВ В Е. Концепция борьбы с организованной преступностью в России[M]. Москва: Издательство Проспект, 2007: 24.

❹ 结果大于100%是因为很多情况下被调查者选择了不止一个答案。具体参见：МОЛОКОЕДОВ В В. Сращивание организованной и экономической преступности–новая форма криминальной активности[EB/OL].(2005-01-01)[2009-03-10].https://zh.kr1lib.org/book/524302/a97bc8.

用有组织犯罪维护经济利益，解决经济纠纷。另一方面，有组织犯罪利用影子经济人达到两个目的：一是把非法活动所得投入合法生意；二是资助有组织犯罪。

正如学者的形象比喻，俄罗斯的影子经济如同一座房子，它的基础是地下资本家，四壁是有组织的犯罪集团，而房顶则是腐败的国家官员。这三股势力结成罪恶同盟，被称为“影子经济黑手党”，对国家和社会构成了严重威胁。从俄罗斯国内来看，它使政局不稳并瓦解了国家权力机构；它在很大程度上破坏着国家经济改革的进行；它垄断市场、篡改经济指标并扰乱信贷和金融体系，使新的中产阶级无法正常发展；它使物价以天文数字飞涨，伪劣产品泛滥，加重了人民的贫困化。从国际来看，它动摇着俄罗斯的外交地位，使西方对俄罗斯的改革失去信心，阻碍外资流入，减少了外国对俄罗斯的人道和经济援助。[1]

影子经济危害国家的经济发展和社会管理秩序，是滋生有组织犯罪与腐败的温床，我国应借鉴俄罗斯的教训，采取有效措施，防止影子经济的规模过于庞大，对其坚决予以铲除，进而彻底遏制有组织犯罪。

[1] 舒鲁斯. 俄国的影子经济：形式、规模和威胁 [J]. 国外社会科学，1994（8）：51.

第四章 俄罗斯对有组织犯罪的法律调整

俄罗斯反有组织犯罪立法基础的建立和发展始于20世纪90年代初。那时，苏俄最高苏维埃代表首次制定了《“反有组织犯罪法”草案》《“反腐败法”草案》，并开始起草“法官、护法和监控机关[1]公职人员国家保护法”“被害人、证人和刑事诉讼的其他协助人国家保护法”等重要法律，但受国内政局的影响，这一工作进展不大。之后，第一届国家杜马依照新宪法并根据当时刑事政策的需要，在两年时间内对这4部法律草案均进行了大幅度修订。在采取何种刑事政策的问题上，极端自由主义和极端保守主义两派意见针锋相对。前者同情犯罪人，完全不顾受害人、国家和社会的权利和合法利益，而后者则认为，打击犯罪和其他违法行为措施的重点是镇压。

1995年4月和7月，俄罗斯分别通过了《法官、护法和监控机关公职人员国家保护法》和《侦缉活动法》。[2]到1997年，俄罗斯反有组织犯罪的局势大为好转。在当年公布的《俄罗斯联邦国家安全构想》中直接指出：“俄罗斯在打击犯罪和反腐败领域的国家利益要求集中社会和国家的力量，要求严格限制这些违法现象的经济基础和社会政治基础，要求制定法律、专门的和其他性质的措施系统以便有效制止犯罪和违法行为，保护个人、

[1] 俄罗斯的监控机关是俄罗斯中央银行、国家统计委员会、联邦税务局、俄罗斯养老基金、社会保险基金、注册局、国家贸易、质量和消费者保护监察局，等等。

[2] оперативно-розыскная деятельность 被多数人按字面意思译为“侦缉活动”，但其真正含义为“秘密侦查”，为不引起混淆，本书亦采用此译法。另外，本书使用的词中含有“侦缉”二字的，如“侦缉行为”“侦缉局”，亦取“秘密侦查”之意。

国家和社会不受犯罪侵害，建立犯罪监控体系。”[1] 打击有组织犯罪被提高到国家安全的高度。2001 年和 2004 年俄罗斯先后通过了《反洗钱法》和《证人保护法》，并根据现实情况，不断修订其《俄罗斯联邦刑法典》和《俄罗斯联邦刑事诉讼法典》。2008 年 12 月《反腐败法》的通过，应该是俄罗斯反有组织犯罪法律体系全面建立的标志。

目前，俄罗斯关于有组织犯罪的立法形式是综合式的，即由刑事法律、专门法律与其他法律三部分组成。

一、俄罗斯规制有组织犯罪的刑事法律

在俄罗斯，规制有组织犯罪的刑事法律主要由《俄罗斯联邦刑法典》《俄罗斯联邦刑事诉讼法典》和俄罗斯联邦最高法院为细化这两部法典的相关规则发布的全体会议决议组成。

（一）《俄罗斯联邦刑法典》对有组织犯罪的规制

自苏联解体后至 1996 年《俄罗斯联邦刑法典》出台前，俄罗斯规制有组织犯罪适用的是 1960 年《苏俄刑法典》。该法典 1994 年 7 月修订时加入的第 17.1 条提出了有组织团伙的概念，同时规定：成立或领导有组织团伙的人，除了要为成立或领导行为承担责任外，如果其意图导致了团伙实施犯罪，他还要为这些具体的犯罪承担责任。这是俄罗斯反有组织犯罪法律的第一次完善。

1.《俄罗斯联邦刑法典》对有组织犯罪的一般规定

1996 年出台的《俄罗斯联邦刑法典》将有组织犯罪的规制提高到了一个新的高度。该法典第 35 条给出了有组织团伙和犯罪联盟（犯罪组织）的

---

[1] ЕЛЬЦИН Б. Концепция национальной безопасности Российской Федерации[EB/OL].(2006-06-21)[2008-12-20].https://legalacts.ru/doc/ukaz-prezidenta-rf-ot-17121997-n-1300/.

定义，第210条规定了成立、领导和参加犯罪联盟（犯罪组织）的刑事责任，并有70多个条文（如第105条第2款第7项、第112条第2款第4项、第117条第2款第6项等）将有组织团伙犯罪作为犯罪构成的法定刑升格要件。

根据《俄罗斯联邦刑法典》第35条，不经通谋参与犯罪的两个或两个以上的人，是团伙（第1款）；事先就共同犯罪达成协议的团伙，是事先通谋的团伙（第2款）；为实施一个或几个犯罪而组织起来的稳定的团伙，是有组织团伙（第3款）；有组织结构的有组织团伙或者有统一领导的有组织团伙的联合组织，其成员是为实施一项或多项严重犯罪或特别严重的犯罪以直接或间接获得金钱或其他物质利益联合起来的，是犯罪联盟（犯罪组织）（第4款）。此条从《俄罗斯联邦刑法典》施行以来只于2009年11月3日修订了一次、一处（第4款），修订前后的内容比较及分析见本书第六章。

根据第210条“组织或参加犯罪联盟（犯罪组织）”（2019年4月12日修订），为实施一项或多项严重或特别严重的犯罪成立犯罪联盟（犯罪组织），或领导犯罪联盟（犯罪组织）或其分支机构，以及协调有组织团伙的行动，建立有组织团伙间的稳定联系，为其实施犯罪制定计划和创造条件，在有组织团伙间划分势力范围和（或）犯罪收益，处12~20年剥夺自由，选处500万卢布以下或被判刑人5年以下的工资或其他收入的罚金，并处1~2年限制自由（第1款。犯本条所有款之罪均附加1~2年限制自由，其选处的罚金，除有具体数额外，均是被判刑人5年以下的工资或其他收入）。为实施本条第1款规定的犯罪中至少一项犯罪而参加犯罪联盟（犯罪组织）和（或）有组织团伙的组织者、领导者（首要分子）或其他代表人物的会议，处12~20年剥夺自由，选处100万卢布以下罚金（第1.1款）。参加犯罪联盟（犯罪组织）的，处7~10年剥夺自由，选处300万卢布以下罚金（第2款）；利用公职实施前面诸款犯罪，处15~20年剥夺自由，选处500万卢布以下罚金（第3款）。犯罪等级最高的人犯本条第1款或第1.1款之罪，处15~20年剥夺自由，选处500万卢布罚金，或处终身剥夺自由（第4

款）。[1] 此条从法典施行以来一共修订了 5 次，修订前后的内容比较及分析见本书第六章。

为了打击“犯罪大佬”，《俄罗斯联邦刑法典》在 2019 年 4 月 1 日修订时加入了第 210.1 条：在犯罪等级中占据最高地位的，处 8~15 年剥夺自由，选处 500 万卢布以下或被判刑人 5 年以下工资或其他收入的罚金，并处 1~2 年限制自由。

《俄罗斯联邦刑法典》总则部分对有组织犯罪规定的量刑原则是：犯第 210 条第 4 款、第 210.1 条等罪在数罪并罚时最高可判 30 年剥夺自由，数个判决合并时，最高可判 35 年（第 56 条第 5 款）[2]；犯第 210 条第 4 款、第 210.1 条等罪时，不得在法定量刑幅度以下量刑，不得判处轻于法定刑的刑种，也不得对其不适用作为必要附加刑规定的附加刑（第 64 条第 3 款）；对犯第 210 条第 4 款、第 210.1 条等罪的犯罪人不适用缓刑（第 73 条第 1 款第 1 项）；犯第 210 条之罪时，实际服满 3/4 刑期才能适用假释（第 79 条第 3 款）和改判较轻的刑种（第 80 条第 2 款）；对犯第 210 条第 2 款之罪的未成年人，不得免除刑罚（第 92 条第 5 款）。

2.《俄罗斯联邦刑法典》规制有组织犯罪的没收财产制度

没收财产刑，是一种将犯罪人的私有财产的一部分或者全部收归国有的刑罚方法，也称一般没收。没收财产作为一个刑种，在俄罗斯是 1922 年

[1] 该条末尾还有两条附注：1. 注册为法人组织的创始人、参加者、管理人员、管理机构成员和工作人员，和（或）其结构单位的管理人员、工作人员不应仅凭借该组织和（或）其结构单位的组织人员结构和他们因行使管理该组织的权力或因该组织进行经营或其他经济活动实施犯罪而依照本条承担刑事责任，除非该组织和（或）其结构单位是为实施一项或多项严重或特别严重的犯罪而故意创建的；2. 至少犯有本条规定的一项罪行，自愿停止参与犯罪联盟（犯罪组织）或其结构单位，或举报即将召开的犯罪联盟（犯罪组织）和（或）有组织团伙的领导人（首要分子）或其他代表人物的会议并积极协助揭露或制止犯罪联盟（犯罪组织）或其结构单位的活动，和（或）揭露和（或）制止犯罪联盟（犯罪组织）或其结构单位所犯罪行的，免除刑事责任，如果他的行为不包含另外的犯罪构成（附注为 2020 年 4 月 1 日修订）。

[2] 《俄罗斯联邦刑法典》中剥夺自由刑的期限是 2 个月至 20 年，一般情况下，数罪并罚的最高刑期是 25 年，数个判决合并时最高刑期是 30 年。

由《苏俄刑法典》引入的，虽然之后该刑法典经过了多次修订，甚至重新制定（1960年），但一直将其作为刑罚种类之一，如1960年《苏俄刑法典》第35条就规定："没收财产是把被判刑人个人所有财产的全部或一部分强制地无偿收归国有。"

在1996年的《俄罗斯联邦刑法典》中，没收财产仍是一个刑种。第210条对"成立犯罪联盟（犯罪组织）"的成立和领导行为，规定的法定刑是7年以上15年以下剥夺自由，选处没收财产；对参加行为人处3年以上10年以下剥夺自由，选处没收财产。

2003年12月刑法典修订时，"没收财产"被废除，用罚金刑取而代之。例如，第210条中原来作为法定刑的"没收财产"被"选处数额为100万卢布以下或被判刑人5年以下的工资或其他收入的罚金"代替。这引起了俄罗斯国内许多学者的反对。B．B．卢涅耶夫指出，没收财产是一种有效的、人道的和传统的刑罚，在许多民主国家的刑法中都有，俄罗斯打着"人道的旗号"废除没收财产毫无道理，这实质上是那些参与洗劫俄罗斯的人授意所为。[1]B．E．埃米诺夫教授认为，没收财产被视为一种重要的打击有组织犯罪的有效手段，必须予以恢复。[2]俄罗斯远东大学有组织犯罪研究中心主任B．A．诺莫科诺夫教授认为，在《俄罗斯联邦刑法典》中取消没收财产的规定，降低了刑事法律在打击有组织犯罪方面的预防作用。将罚金作为法定刑不能总是完全保障对犯罪收入的没收。应该在刑罚体系中恢复没收财产，应将其作为严重的毒品犯罪、成立犯罪集团和实施恐怖主义行为的附加刑。[3]

2006年7月修订《俄罗斯联邦刑法典》时，第六编"医疗性强制措施"被改为"其他刑法性质措施"，在第15章"医疗性强制措施"之后加入第15.1章"没收财产"，规定没收财产是根据法院判决将财产强制无偿收归国

---

[1] ЛУНЕЕВ В В. Эпоха глобализации и преступность[M]. Москва: Норма, 2007: 189.

[2] ЭМИНОВ В Е. Концепция борьбы с организованной преступностью в России[M]. Москва: ТК Велби, Издательство Проспект, 2007: 16.

[3] НОМОКОНОВ В А. Особенности политики борьбы с организованной преступностью и коррупцией в России[C]//ДОЛГОВА А И. Организованная преступность, терроризм, коррупция в их проявлениях и борьба с ним. Москва: Российская криминологическая ассоциация, 2005: 31.

家所有。“财产”包括：实施法典列举的45种犯罪（包括第210条，截至2022年7月14日最新一次修订时共涉及82个法条）所获得的资金、有价物及其他财产以及由其产生的所得，但应返还合法所有人的财产及由其产生的所得除外；来自犯罪的财产及由其产生的所得部分或全部转变或转化成的资金、有价物及其他财产；用于或拟用于资助恐怖主义和极端主义活动、有组织团伙、非法武装部队、犯罪联盟（犯罪组织）的资金、有价物及其他财产；犯罪工具、设备或属于被告人的其他工具。如果犯罪所得财产及（或）由其产生的所得已与从合法来源获得的财产相混合，则应没收这类财产，没收价值可达混合于其中的财产及由其产生的所得价值。由被判刑人转移给其他人（组织）的本条第1款和第2款所列财产，如果接受财产的人知道或应该知道这类财产为犯罪所得，应予没收。由此可见，学者们的意见没有被立法者采纳，“没收财产”已不再作为刑种的一般没收，而是特别没收。对此，В. Е.埃米诺夫教授认为，在刑法典中把没收财产作为刑事责任的其他措施加以恢复，并没有解决在打击有组织犯罪中遇到的问题，这一新措施的法律性质不明确，而且适用的犯罪非常有限。[1]俄罗斯国家杜马安全委员会原副主席 С. С.博斯霍洛夫（С. С. Босхолов）认为，铲除有组织犯罪经济基础方面的立法是最为薄弱的地方。[2]

2008年12月25日修订《俄罗斯联邦刑法典》时，主张恢复没收财产的意见仍未被立法者采纳，没收财产仍被视为一种刑法性质的措施，只是其适用罪名的范围扩大了，由原来的45种扩大到52种。

没收财产能够铲除犯罪分子的经济基础，对犯罪收益加以没收，一方面能在一定程度上遏制他们的犯罪动机，另一方面可以直接使其丧失再犯能力。在《联合国打击跨国有组织犯罪公约》中以较大篇幅规定了没收及其相关事宜，规定了犯罪所得或价值与其相当的财产、用于或拟用于犯罪的财产、设备或其他工具以及犯罪所得的替代物、混合物及相关收益的没收情形。俄罗斯将刑罚意义上的一般没收改为特别没收，并不违反《联

[1] ЭМИНОВ В Е. Концепция борьбы с организованной преступностью в России[M]. Москва: Издательство Проспект, 2007: 16.

[2] БОСХОЛОВ С С. Законодательное обеспечение борьбы с организованной преступностью[J]. Журнал российского права, 1998(9): 16-23.

合国打击跨国有组织犯罪公约》(相反，1996年《俄罗斯联邦刑法典》第104.1～104.3条关于没收的规定与公约第12～14条几乎完全一致)，也符合绝大多数资本主义国家的做法，符合“私有财产神圣不可侵犯”的基本理念。不过，如果采用一般没收，对犯罪人的合法财产予以没收，则可能更具有威慑力，更利于完全斩断其再犯能力，从而能更有力地打击有组织犯罪。

(二)《俄罗斯联邦刑事诉讼法典》对有组织犯罪的规制

1.《俄罗斯联邦刑事诉讼法典》对有组织犯罪的侦查和审判

根据2002年《俄罗斯联邦刑事诉讼法典》,《俄罗斯联邦刑法典》第210条和第210.1条规定的犯罪案件由俄罗斯内务机关的侦查人员负责侦查，也可由发现这些犯罪的机关侦查人员负责侦查(第151条)。《俄罗斯联邦刑法典》第210条第4款和第210.1条规定的犯罪案件，一审法院是联邦主体(共和国、边疆区、联邦直辖市、自治州、自治区)法院(第31条第3款),《俄罗斯联邦刑法典》第210条第1款、第1.1款，第3款，第4款和第210.1条犯罪的案件，由联邦普通法院的3名法官组成合议庭审理(第30条第2款)。

2.《俄罗斯联邦刑事诉讼法典》中的审前合作协议制度

俄罗斯的审前合作协议制度是2009年6月以立法形式确立的。当时，俄罗斯在修订《俄罗斯联邦刑事诉讼法典》时，在第10编“特别审判程序”中加入了第40.1章“订立审前合作协议时法院裁判的特别程序”[1]。在对这次修订的说明中，国家杜马民事、刑事、经济和诉讼法委员会的代表们指出，被告人认罪时的特别审判程序(《俄罗斯联邦刑事诉讼法典》第40章规定)在打击犯罪方面的作用是积极的，2006年大约有40%的案件依照这一程序审理，但是该程序在打击有组织犯罪、腐败犯罪和调查犯罪联盟

[1] 按照俄罗斯刑事诉讼法的规定，特别程序是被告人承认指控，控方不举证，不进行法庭调查，不核实证据，所处刑罚不高于最高刑罚2/3的程序。

（犯罪组织）方面收效甚微，因为犯罪集团成员往往拒绝对共犯和组织者、领导者的犯罪活动作证。代表们认为，在雇佣杀人、匪帮行为、毒品犯罪和受贿犯罪的调查取证过程中，鼓励犯罪集团成员与护法机关合作、降低其刑罚幅度并对其提供国家保护，具有至关重要的意义。[1] 由此可见，俄罗斯立法者对审前合作协议制度设立的必要性具有充分认识。

审前合作协议是控辩双方就犯罪嫌疑人或被告人在立案或者提出指控后的行为所承担责任的条件达成的协议（《俄罗斯联邦刑事诉讼法典》第 5 条第 61 款）。从立案到侦查终结这段时间，被告人都有权提出订立协议的申请，由辩护律师参与。申请由被告人自愿向检察官以书面形式提出，并通过侦查人员提交。在申请中，被告人写明他在协助侦破和调查犯罪、揭露和追究共犯、查获犯罪所得财产方面采取何种行为提供了侦查协助。侦查人员对申请无异议时，在 3 日内连同自己的同意决定书一并移交检察官。侦查人员否决申请时，被告人可以向侦查机关领导申诉。

对被告人的申请和侦查人员的决定书检察官应在 3 日内审查，并做出拒绝或者同意的决定。拒绝时，侦查人员、被告人可以向上级检察官申诉。同意申请时，检察官邀请侦查人员、被告人和律师参与制作审前合作协议书。协议书内容：①协议日期和地点；②控方信息；③辩方信息；④对犯罪的描述，时间、地点、方式，被告人的罪过程度、性质及动机，具有被告人身份特征的情况，造成损害的性质和程度；⑤其所犯之罪在《俄罗斯联邦刑法典》中的具体条款；⑥被告人为履行协议的承诺应采取的行动；⑦被告人履行协议时适用的减轻情节及《俄罗斯联邦刑法典》条款。检察

[1] КУЛАКОВ А А. Виды групповых преступлений, расследуемых с применением досудебного соглашения о сотрудничестве[J].Весник Российской таможенной академии, 2016(4):162; 另见 ВАСИЛЬЕВ В А ЛЕБЕДЕВ А Е ПЛИГИН В Н.Проект федерального закона № 485937-4 «О внесении изменений в Уголовный кодекс Российской Федерации и Уголовно-процессуальный кодекс Российской Федерации» (о введении особого порядка вынесения судебного решения при заключении досудебного соглашения о сотрудничестве)»[EB/OL].(2008-02-27)[2022-01-02].https://www.garant.ru/products/ipo/prime/doc/3035226/.

官向被告人解释：如果被告人在法庭上拒绝对共犯和其他犯罪人作证，他的证词可以作为案件的证据；如果在判刑后发现他故意提供虚假信息或者对侦查人员故意隐瞒任何实质性信息，没有遵守协议规定的条件和义务，可能会重新审查对他的判决；在他的案件分案审理后，他可能被要求参与共犯和其他犯罪人的案件。协议须由检察官、被告人和律师签字。

之后，对被告人的案件做分案处理。被告人的申请、侦查人员同意申请的决定书、检察长批准申请的决定书和审前合作协议须附在案卷材料中。如果订立协议的被告人及其近亲属、亲属和亲近的人的安全受到威胁，这些材料要放在单独的信封中，并加盖印章封存。侦查终结后，案件移交检察官。如果被告人只报告了自己参与的犯罪或侦查机关已知的信息，或拒绝揭发其他共犯，或者有事实证明被告人未遵守协议或没有履行义务，检察官有权决定变更或终止协议。变更时，按照上述内容制作新的协议；终止时，案件按一般程序审理。反之，检察官则决定启动特别审判程序。检察官决定的副本送达被告人和律师，后者有权提出意见，意见有正当理由时检察官应予考虑。在被告人和律师知悉检察官决定之时起 3 日内，检察官应将决定移送法院。

如果法官确信：①公诉人证实被告人在侦破和调查犯罪、揭露和追究共犯、查获犯罪所得财产方面提供了积极的侦查协助；②审前合作协议是自愿订立，并有律师参与，才对被告人适用庭审和判决的特别程序，反之，适用一般程序。如果被告人仅提供他本人参与的犯罪信息，则不适用特别程序。

适用特别程序时，案件不进行实质审理。庭审时仅调查：①被告人在侦破和调查犯罪、揭露和追究共犯、查获犯罪所得财产的方面提供侦查协助性质和范围；②在上述工作中被告人合作的意义；③因合作而发现的犯罪或立案的案件；④因合作被告人及其近亲属、亲属和亲近的人的安全受威胁的程度；⑤说明被告人情况的情节以及减轻或加重刑罚的情节。法官确信被告人遵守了协议条件和履行了协议义务后，根据与《俄罗斯联邦刑事诉讼法》第40.1章配套修订的《俄罗斯联邦刑法典》第62条第2款和第4款做出有罪判决，有自首，积极协助揭露和侦查犯罪、揭露和追究共犯、查获犯罪所得财产且没有加重情节的，刑罚的期限或数额不得超过所犯之罪最重刑罚的最高刑期或数额的1/2。如果犯有可能终身剥夺自由或死刑的罪行，则不适用这两种刑罚，刑罚的期限或数额不得超过对其罪规定的最重的剥夺自由刑的最高刑期或数额的2/3。法官还可以判处低于法定刑的刑罚、缓刑或者免除处罚。宣判后，法官向控辩双方解释其权利和上诉/抗诉的程序。如果处刑后发现被告人故意提供虚假信息或故意隐瞒重要信息，则可对其案件启动再审程序。另外，为保障被告人及其近亲属、亲属和亲近的人的安全，对他们采取国家保护措施。如果被告人违反协议，提供虚假信息或者向侦查人员/检察官隐瞒犯罪的重要情节，法院按一般程序处刑，不适用前述有减轻情节的处刑，也不得判处低于法定刑的刑罚（《俄罗斯联邦刑法典》第63.1条）。

至于案件因订立合作协议而被分案处理的当事人，依照2018年10月30日修订的《俄罗斯联邦刑事诉讼法典》，属于其他诉讼参与人，是参与针对共犯人刑事案件诉讼程序的人（但是俄罗斯也有学者和实务工作者认为其属于特殊证人，是控方证人，建议将其地位放在《俄罗斯联邦刑事诉讼法典》"刑事诉讼的控方参加人"一章[1]）。该当事人享有做证人的权利，但无权在侦查人员和法官传唤时不到案，也无权泄露他参与共犯调查时知悉的侦查信息[2]。如果拒绝作证，则发生第40.1章规定的不遵守审前合作协议规定的条件和义务的后果。

（三）俄罗斯联邦最高法院全体会议决议

在打击有组织犯罪的实践中，《俄罗斯联邦最高法院全体会议关于组织

[1] ПИЛЮШИН И П. Свидетель обвинения[J].Научный вестник Омской академии МВД России, 2020(1):57.

[2] ТИСЕН О Н, БАГАУТДИНОВ К Ф. Актуальные вопросы досудебного соглашения о сотрудничестве[J].Вестник Казанского юридического института МВД. 2017(1):96.

或参加犯罪联盟（犯罪组织）刑事案件审判实践的决议》（第12号，2010年6月10日发布，以下简称“第12号决议”）无疑是最重要的一个司法解释。该决议共分29点，为《俄罗斯联邦刑法典》第35条第4款和第210条中规定的组织或参加犯罪联盟（犯罪组织）案件的审理提供了指导意见，明确了一些具体问题。在这份决议中，较为重要的且对我国“反黑”实践有借鉴意义的意见和解释如下［第12号决议对“有组织结构的有组织团伙”“直接获得金钱或其他物质利益”“间接获得金钱或其他物质利益”“犯罪联盟（犯罪组织）的结构单位”等概念的解释详见本书第六章］。

> 犯罪联盟（犯罪组织）与其他类型的犯罪团伙包括有组织团伙的区别在于其内部结构更为复杂，具有共同实施严重或特别严重的犯罪以直接或间接获得金钱或其他物质利益的目的，以及两个或两个以上有组织团伙为此目的联合的可能性。
>
> 有组织团伙的联合意味着在独立运作的有组织团伙之间具有统一的领导和可持续的联系，共同策划和参加一项或多项严重或特别严重的犯罪，并共同采取与该联合组织运作有关的其他行动。
>
> “领导犯罪联盟（犯罪组织）或其所属结构单位”，应当理解为在实施具体犯罪和支持犯罪联盟（犯罪组织）活动时，对犯罪联盟（犯罪组织）及其结构单位、参加者行使组织和（或）管理职能。这种领导尤其可以体现在为犯罪联盟（犯罪组织）的活动设定目标、制定总体计划，准备实施具体的严重犯罪或特别严重的犯罪，采取其他旨在实现犯罪联盟（犯罪组织）及其结构单位既定目标的行动（如在犯罪联盟成员之间分配角色，后勤保障，制定犯罪和隐瞒犯罪的方法，对犯罪联盟成员采取安全措施，共谋和分配从犯罪活动中获得的资金）。犯罪联盟（犯罪组织）领导者的职能还应包括对犯罪收益分配、犯罪收入合法化（洗钱）、招募新的参加者、将犯罪联盟（犯罪组织）的成员引入国家机关包括护法机关等问题做出决定并向犯罪联盟（犯罪组织）的成员发出指令。

"协调犯罪活动"应理解为为共同实施计划中的犯罪在犯罪联盟（犯罪组织）的若干有组织团伙之间进行协调。

在各独立活动的有组织团伙之间建立稳定的联系，应理解为如行为人为策划、实施一项或多项严重或特别严重的犯罪而将这些团伙联合起来的行为。

参加犯罪联盟（犯罪组织）（《俄罗斯联邦刑法典》第 210 条第 2 款）应理解为加入犯罪联盟（犯罪组织），以及为准备一项或多项严重或特别严重的犯罪制定计划和（或）直接实施这些犯罪，或为保障犯罪联盟（犯罪组织）的活动履行职责（资助、提供信息、保存文件、寻找犯罪对象、与政府官员及在商业或其他组织中担任管理职务的人建立联系、创造犯罪条件等）。

在解决《俄罗斯联邦刑法典》第 210 条第 4 款中的犯罪主体问题时，法庭应确定该人在犯罪等级中的地位，特别是该人建立或领导犯罪联盟（犯罪组织）或协调犯罪活动的行为，在各独立活动的有组织犯罪团伙之间建立稳定的联系或划分势力范围和分配犯罪收益的行为，以及其他能证明其在犯罪联盟（犯罪组织）中的权威和领导地位的行为。与极端主义和（或）恐怖主义组织有联系，或存在腐败关系等，都可以证明该人在犯罪等级中的领导地位。在判决书中，法庭必须说明是根据上述依据中的哪一条得出结论，证明该人的行为含有第 210 条第 4 款规定的犯罪构成。

"第 12 号决议"还对公职人员利用职务地位实施犯罪（《俄罗斯联邦刑法典》第 210 条第 3 款）、犯罪既遂标准、共同犯罪人的作用及分工、罪数形态等问题提供了指导性意见。

在打击有组织犯罪实践中，另一个比较重要的司法解释是《俄罗斯联邦最高法院全体会议关于法院在订立审前合作协议时适用特别审判程序实践的决议》（第 16 号，2012 年 6 月 28 日发布，以下简称"第 16 号决议"），但因其多为对审前合作协议所做的程序性规定，故只在本书第六章结合我国的司法实践介绍其对"反黑"工作有参考价值的部分，这里就不再赘述。

二、俄罗斯规制有组织犯罪的专门法律

在是否制定反有组织犯罪专门法律的问题上，俄罗斯学者进行了广泛争论。

一种观点是：要制定一部统一的、综合性的联邦法律——反有组织犯罪法，不仅要包括打击有组织犯罪刑事法律方面的内容，而且还要涵盖行政、民事法律、刑事诉讼、刑事执行和其他方面的内容。持这一观点的人认为，只有在统一的、综合性的法律框架内才能建立一套由相互联系的、互不抵触的法律规范构成的体系，只有这样才能使打击有组织犯罪这种具有社会危害性的现象保持在应有的水平[1]和富有成效[2]。打击有组织犯罪的法律基础应该包括的法律范围十分广泛，不仅应包括个别的部门法，而且还应包括综合性法律，应该把打击该犯罪的各种不同的法律（包括《打击有组织犯罪法》《反腐败法》《反洗钱和反恐怖融资法》等专门法和《俄罗斯联邦刑法典》《俄罗斯联邦刑事诉讼法典》《俄罗斯联邦民法典》《俄罗斯联邦行政违法法典》等相关规定以及其他的立法文件）联结成一个统一整体。A. И. 多尔戈娃教授则进一步认为，有组织犯罪的特点——直接实施犯罪的职能与组织指挥职能相分离，深层的社会渗透、广泛的传播范围——决定有必要采取全新的法律对策。这些决策包括综合性的专门法律，这些法律不断地发展和补充，就有可能在将来构成新的非传统法律部门——反腐败

---

❶ ТОПИЛЬСКАЯ Е В. Организованная преступность[М].Санкт-Петербург: Юридический центр Пресс, 1999: 137.

❷ БЕЛОЦЕРКОВСКИЙ С Д. Уголовно-правовые аспекты борьбы с организованной преступностью[С]//КОМИССАРОВ В И. Противодействие преступности: уголовно-правовые, криминологические и уголовно-исполнительные аспекты: материалы III Российского конгресса уголовного права. Москва: Проспект, 2008: 348-349.

和打击有组织犯罪的法律部门。[1]

反对者则认为，反有组织犯罪法将会与《俄罗斯联邦刑法典》和《俄罗斯联邦刑事诉讼法典》不一致，将会损害人权，因为该法对一类人设置了特殊的、比现行审判制度更为严格的诉讼条件，违背法律面前人人平等的原则。另外，制定综合性的跨部门法律不符合俄罗斯现行的法律制度。而赞同制定综合性法律的学者认为，违背俄罗斯法律制度的论据不具有说服力。因为在俄罗斯已经运行着综合性的联邦法律，如《反恐怖主义法》《打击极端主义活动法》。[2]至于无法做到法律面前人人平等的问题也涉及少年司法，少年司法为未成年人设置了减轻责任的原则以及特殊的诉讼程序。

另一种观点是采取折中方法：把反有组织犯罪的综合性法律作为临时措施，在法律中加入一条规范——该法在对现行立法做出修订和补充之前适用。这种观点提出了一种从法律角度来说是现实的和经过权衡的解决方法，可使打击有组织犯罪工作摆脱无法可依的困境，较具建设性。[3]不过，这种观点的弊病在于：这种法律是过渡性的，而直接修订刑法、刑事诉讼法及其他适用反有组织犯罪的法律，将会简化立法程序。

在俄罗斯，支持制定反有组织犯罪的综合性法律基本上是主流观点。如本书第一章所述，在俄罗斯规制有组织犯罪的专门法律（法律草案）中，有3个草案和一部“法律”值得关注，分别是：1994年草案、1996年草案、2007年工作草案以及1995年“法律”。在这4份文件中，对我国“反黑”立

---

❶ ДОЛГОВА А И. Криминологические оценки организованной преступности и коррупции, правовые баталии и национальная безопасность[M]. Москва:Российская криминологическая ассоциация, 2011: 381-385.

❷ БЕЛОЦЕРКОВСКИЙ С Д. Уголовно-правовые аспекты борьбы с организованной преступностью[C]//КОМИССАРОВ В И. Противодействие преступности: уголовно-правовые, криминологические и уголовно-исполнительные аспекты: материалы III Российского конгресса уголовного права. Москва: Проспект, 2008: 348-349.

❸ ТОПИЛЬСКАЯ Е В. Организованная преступность[M].Санкт-Петербург: Юридический центр Пресс, 1999: 138.

法更有借鉴意义的是1995年“法律”和2007年工作草案，因此下面着重介绍这两个文件。

（一）1995年“法律”

1995年“法律”明确了有组织犯罪、犯罪活动、有组织团伙、匪帮、犯罪组织和犯罪联盟等概念，规定了有效的组织措施，如在总检察院、内务部、联邦安全局等机关设立反有组织犯罪的专门机构，这些专门机构直接对机关最高领导负责；由检察机关负责协调护法机关打击有组织犯罪活动，内务部反有组织犯罪专门机构负责秘密侦查协作的组织工作（这部“法律”的其中一个方案，是按照美国联邦调查局的模式成立专门的部门，其负责人经总统提名由联邦会议任命）。这部法律草案还规定了特殊侦查手段（卧底侦查、控制下交付等）。刑法学和犯罪学专家认为，它为打击有组织犯罪提供了有效手段。

虽然该《“反有组织犯罪法”草案》最终没有出台，但是作为一种妥协，该草案对有组织犯罪活动刑事责任的许多重要规定都在1996年的新刑法典中得到了体现。如1996年的《俄罗斯联邦刑法典》第35条对有组织团伙和犯罪联盟（犯罪组织）进行了界定，同时，在分则的许多条款中，有组织团伙实施的犯罪都被作为法定刑升格要件加以规定。再如，其将洗钱行为规定为犯罪，对匪帮行为的刑事责任进行了区分。当然，最重要的是，关于理论和实务界讨论很久的成立犯罪联盟（犯罪组织）的刑事责任问题，1996年的《俄罗斯联邦刑法典》也参照1995年“法律”做出了规定（第210条）。

（二）2007年工作草案

2007年工作草案即 А. И. 多尔戈娃和 С. Д. 别洛采尔科夫斯基2007年起草的《“反有组织犯罪法”工作草案》，代表了俄罗斯联邦总检察院、内务部反有组织犯罪和恐怖主义司以及联邦刑事执行局三个机关的意见。

该草案共分6章。第一章“总则”部分规定了本法的目的、主要概念、效力问题和适用范围、反有组织犯罪的基本原则、反有组织犯罪合法与安全的保障；第二章“反有组织犯罪的主体和组织”部分规定了反有组织犯罪的主体和专门机构的组成，内务机关、联邦安全部门、联邦麻醉药品和精神药物监管部门专门机构的权限，反有组织犯罪检察官、专门法官的权限，有组织犯罪及反有组织犯罪数据的统计方法，反有组织犯罪专门机构情报分析的保障方法，犯罪记录的使用方法，对反有组织犯罪专门机构的资金和物资技术保障内容，人员培训程序，调取涉及国家秘密、商业秘密或个人隐私材料的方法，实行紧急状态的时机，国际合作的形式和内容；第三章“专门预防措施”部分规定了专门预防措施的内容和适用依据，提供社会和法律援助的程序，正式警告措施，传唤不到或不遵守正式警告的后果，法院赋予的义务，反有组织犯罪专门机构参与履行法院赋予的义务；第四章“反有组织犯罪秘密侦查活动”部分规定了秘密侦查措施的特点，成立和利用企业、机关、组织和分支机构的方式，利用侦查陷阱的程序，对有组织犯罪集团参加者的监视和秘密侦查结果提交的特点；第五章“损失赔偿和有组织犯罪活动其他后果的消除”部分规定了通过撤销国家机关或地方自治机关因有组织犯罪活动而产生的法律行为和文件并使其无效来保护民事权利的方式，迅速审理赔偿有组织犯罪集团及其参加者犯罪活动造成损失的民事诉讼程序，有组织犯罪集团参加者的连带责任，财产的没收和冻结条件，对非法收入的追缴程序；第六章“对联邦法律的修订和补充”部分规定了《俄罗斯联邦刑法典》《俄罗斯刑事诉讼法》《俄罗斯联邦刑事执行法典》《国家秘密法》需要修订的内容以及本法生效的时间和程序。

2007年工作草案使用了《联合国打击跨国有组织犯罪公约》和俄罗斯缔结的其他国际条约的规定（如关于没收财产的规定），也采用了俄罗斯议会上下两院通过但被叶利钦总统否决的1995年“法律”的规定和犯罪学的研究成果，也借鉴了国外最先进的经验、美国司法部对1995年“法律”的建议、欧洲法院的裁判文书以及其他文件。

该草案第 2 条对有组织犯罪、犯罪活动、有组织犯罪集团、有组织犯罪活动、有组织犯罪人、有组织团伙、匪帮、犯罪组织、犯罪联盟、犯罪所得等概念做出了明确规定。这些概念中，最重要的是“犯罪组织”和“犯罪联盟”这两个概念。

依据 2007 年工作草案，犯罪组织是指在共同犯罪、犯罪活动的基础上结成的有组织结构的有组织团伙、匪帮、非法武装或其他犯罪集团，目的是获取犯罪收益，或确保分离主义或民族主义或宗教或政治利益，或一定阶段内的其他利益；与之相关的是有组织团伙的概念，它是两个或两个以上的人为实施一项或几项犯罪事先联合起来组成的稳定团伙，而犯罪联盟是正在实施犯罪者、已实施犯罪者和其他人的联合组织，目的是巩固黑社会；维护其规范和习俗；对不同群体、设施、活动领域和地域进行非法控制；发展犯罪圈子（криманальная среда）中的相互联系，包括在刑事执行机构、审前拘留所和临时拘留所服刑或羁押的罪犯之间的相互联系；在国家权力机关、其他国家、公共机构、地方自治机关、任何所有制形式的组织中提供或用非法手段提供非法利益。

可见，犯罪组织与犯罪联盟之间有着根本区别，关键在于成立的目的不同（见本书第一章）。2007 年工作草案区分了这两个概念，遗憾的是这一点在 2009 年修订《俄罗斯联邦刑法典》时仅被立法者部分采纳（仅采纳了犯罪组织的“组织结构性”和“牟利性”等特征）。而最近一次修订的《俄罗斯联邦刑法典》也没有区分这两个概念，仍旧并行使用“犯罪联盟”和“犯罪组织”两个概念，这在俄罗斯理论界和实务界引起了论战。

刑法的精确化和明确性是刑法发展过程中的重要课题，2007 年工作草案用定义的方式对有组织犯罪集团的表现形式，如有组织团伙、匪帮、犯罪组织、犯罪联盟等问题做出了明确规定，这些做法为完善我国的《反有组织犯罪法》提供了良好的范式，而“犯罪组织”和“犯罪联盟”的内涵及区分更值得我国的学者和立法者借鉴。

2007 年工作草案规定了打击有组织犯罪的原则，包括保障、保护宪法的权利和自由原则、法制原则、被害人权益优先原则、违法必究原则、预防优先原则、公开与秘密侦查相结合原则、信息保密原则、犯罪后果最小化原则等。这些原则反映了2007年工作草案的内容和本质，对打击有组织犯罪工作具有导向作用。

2007年工作草案承袭并发展了1995年“法律”，致力于消灭有组织犯罪集团，切断其相互联系，阻断犯罪所得和资本的流动渠道，揭露有组织犯罪集团的头目并绳之以法，鼓励犯罪人合作，保护有组织犯罪集团普通参加者和证人，赔偿有组织犯罪集团活动造成的损失等，规定了打击有组织犯罪的主要方向。

在没收制度上，2007年工作草案参考了《联合国打击跨国有组织犯罪公约》的没收范围，除了规定直接针对犯罪物品的没收外，还规定了针对犯罪所得的替代物、混合物及相关收益的没收，以期从经济上有力打击有组织犯罪集团，达到特殊预防和一般预防的目的。同时，2007年工作草案第35条还规定银行及其他掌握银行单据、金融单据或商业单据的组织不得以保守银行秘密为由拒绝提交或冻结上述文件。

与1995年“法律”不同的是，2007年工作草案增加了反有组织犯罪国际合作的内容，规定了俄罗斯反有组织犯罪专门机构与国外同级同类机构的合作问题，合作内容包括：信息情报交流；有组织犯罪侦破；跨国有组织犯罪调查和审判的司法协助；犯罪所得财产的没收和扣押；提供犯罪记录；引渡；反有组织犯罪专门人员的培训和提升。2007年工作草案同时还规定，各国执法机关应通过缔结双边或多边条约或协定开展国际合作。应该说，2007年工作草案对国际合作的规定满足打击逐步国际化的俄罗斯有组织犯罪集团的需要，符合《联合国打击跨国有组织犯罪公约》的精神，其中不少的国际合作内容如针对犯罪所得财产的没收和扣押的规定，在我国新出台的《反有组织犯罪法》中还没有得到体现，值得我们学习、研究和借鉴。

2007年工作草案还对反有组织犯罪的专门机构做了规定，由检察院、内务机关、安全机关、禁毒机关、刑事执行机关的所有警务机构负责打击有组织团伙，由这些机关的专门机构负责打击犯罪组织、犯罪联盟和与犯罪组织、犯罪联盟合作的有组织团伙以及实施恐怖主义、极端主义和腐败犯罪的有组织团伙。俄罗斯建立反有组织犯罪专门机构的经验和教训对我国打击有组织犯罪工作有比较大的借鉴意义，本书将在第五章进一步展开讨论。

与世界许多国家和地区对有组织犯罪集团实施的犯罪加重处罚的规定相同，2007 年工作草案对组织、领导和参加犯罪联盟（犯罪组织）的行为规定了相当严厉的刑罚。以组织和领导行为为例，2007 年工作草案的法定刑是 10 年以上 20 年以下剥夺自由，而当时适用的《俄罗斯联邦刑法典》（2003 年 12 月版）第 210 条规定的自由刑是 7 年以上 15 年以下，且直到 2019 年修订《俄罗斯联邦刑法典》时第 210 条才将法定刑提至 12 年以上 20 年以下剥夺自由。同时，2007 年工作草案规定的罚金刑是“并处”，而非《俄罗斯联邦刑法典》第 210 条规定的“选处”，数额也远高于《俄罗斯联邦刑法典》的规定。仍以组织和领导行为为例，2007 年工作草案规定的是并处 200 万以上 1 000 万卢布以下罚金，而当时适用的 2003 年《俄罗斯联邦刑法典》第 210 条规定的是选处 100 万卢布以下罚金，2019 年修订的《俄罗斯联邦刑法典》第 210 条规定的也不过是选处 500 万卢布以下罚金，可见 2007 年工作草案对铲除有组织犯罪经济基础的决心。此外，2007 年工作草案还规定，组织、领导和参加行为伴有预备或实施带有恐怖主义、收买、行贿特征的犯罪或针对宪法基本制度和国家安全的犯罪或针对人类和平和安全的犯罪时，处 10 年以上 20 年以下剥夺自由，并处 500 万卢布以上 1 000 万卢布以下的罚金或终身剥夺自由。当前，有组织犯罪与恐怖主义等犯罪合流并相互渗透，对国际和平与安全构成了严重威胁[1]，而 2007 年工作草案早就将这些犯罪规定为法定刑升格要件，由此可见其前瞻性。

---

[1] БОГДАНОВ А В, ЕГОРОВ С А, ХАЗОВ Е Н. Коррупция как один из элементов организованной преступности[J] Вестник Московского университета МВД России, 2016(2):68; 马朝旭 . 马朝旭大使在国际恐怖主义与有组织犯罪关联问题安理会公开辩论会上的发言 [EB/OL].(2019-07-09)[2022-06-20].https://www.mfa.gov.cn/ce/ceun/chn/hyyfy/t1679982.htm.

2007年工作草案是一部跨部门的综合性反有组织犯罪单行法律草案，它符合打击有组织犯罪集团及其犯罪活动的特殊性要求，也符合国际通行做法，其中的不少规定对我国的打击有组织犯罪工作和反有组织犯罪立法具有较大参考价值，值得我们进行认真研究。

三、俄罗斯规制有组织犯罪的其他法律

（一）反洗钱法

为防治有组织犯罪的下游行为——洗钱犯罪，进而铲除有组织犯罪的经济基础，2001年8月，俄罗斯通过了联邦《反犯罪收益合法化（洗钱）和恐怖主义融资法》。其实，早在1999年6月国家杜马就通过了“反犯罪收益合法化（洗钱）法”草案，并于同年由联邦委员会批准。这部法律给金融业务设置了相当严格的强制监管制度。草案规定金融业务资料要提交给联邦税务局（外汇业务要提交给联邦外汇和出口监督局）进行总结和整理，以便发现其中的非法业务。从事金融业务的组织（银行和其他信贷组织除外）向法院、仲裁法院（法官）、审计院、检察长、侦查机关和调查机关、国家税务局、税务警察局、外汇和出口监督机关、海关机关、联邦中央银行机构提交非法金融业务和或应受强制监管的金融业务资料（文件、材料、其他数据），不算侵犯银行秘密。这一规范激起了俄罗斯银行家们的强烈反对，他们担心这条规定会危及整个俄罗斯银行体系的前途。所以，必须在强制监管和保守银行秘密之间保持一定的平衡。这部法律草案最终被总统否决了，否决的原因是该草案与许多联邦法律、国际条约以及俄罗斯签署的《欧洲理事会关于清洗、搜查、扣押和没收犯罪收益的公约》相抵触。另外，报告可疑金融交易义务是否违反银行秘密也引起了银行等部门相当大的争议。而2001年，这部法律在通过时除了考虑总统的上述意见以及《欧洲理事会关于清洗、搜查、扣押和没收犯罪收益的公约》外，还参考了反洗钱金融行动特别工作组（FATF）的建议。

该法规定，无论是法人还是自然人，其办理的金融业务（包括现金、

账户资金、动产、数字金融资产交易等）金额只要超过 60 万卢布（2022 年 7 月修订为 100 万卢布），不动产交易额只要超过 300 万卢布（2022 年 7 月修订为 500 万卢布）都将受到监控。如发现疑点，必须向金融监控部门汇报。信贷机构、证券公司、保险和租赁公司以及办理汇款业务的非信贷机构应积极配合金融监管部门开展反洗钱行动。2002 年 12 月 11 日，俄罗斯通过对《法官、护法和监控机关公职人员国家保护法》的补充修改，将联邦金融监管委员会（2004 年更名为联邦金融监管局）工作人员列为提供国家保护和社会保障的对象。2003 年 1 月，俄罗斯立法增加了反恐怖主义融资条款，金融监管委员会获得了对涉嫌恐怖主义活动相关人员的交易进行监控的补充权力，有权按照国际标准在 7 天内终止恐怖分子的账户资金流动。2003 年之后，根据 FATF 通过的 40 条反洗钱建议，又先后对《俄罗斯联邦刑法》《俄罗斯联邦行政法》等做了相应修改和补充。[1]

（二）证人保护法

证人、被害人等对查明案件真相具有特别重要的作用，俄罗斯国家杜马于 1994 年 9 月 23 日通过了“被害人、证人及其他刑事诉讼参与人国家保护法”，但又于 1995 年 1 月 19 日被俄罗斯联邦总统否决。后来，这部“法律”几经周折，于 1997 年 5 月 14 日被俄罗斯国家杜马再次通过，并于同年 6 月 10 日被联邦委员会批准（此前，两院对该法有重大分歧）。但是，总统再次行使了否决权。总统的反对意见是：第一，根据该法草案第 6 条第 1 款，侦查和调查机关有权在侦查行为的笔录中不写明被害人和证人的情况，有权给他们取假名，有权以他们的名义签署诉讼文件。按照总统的意见，这一程序可能为滥用权力大开方便之门。因为不仅是受审人、他的辩护人和其他诉讼参与人，还有法院（法官）都有可能不了解假名背后隐藏的是谁。第二，总统坚决反对的条款有：允许在被告和其律师缺席时讯问被害人和证人的条款，允许被保护人免于出庭的条款，允许秘密辨认犯罪嫌疑人或被告人。对此，俄罗斯的一些学者认为，对总统的反对意见只

---

[1] 唐朱昌．俄罗斯经济转型中的政府反洗钱措施评析 [J]. 俄罗斯研究，2007（2）：26.

能部分同意。被保护人出庭作证的义务不能免除，只需给他提供可靠的保护即可。一些国家（意大利、法国、美国等）的立法和司法实践都允许在一定条件下被害人和证人匿名。俄罗斯的立法者只不过是利用了国外打击有组织犯罪的经验。[1]

2004 年 7 月 31 日，俄罗斯国家杜马通过了第一部保护证人的法律——《被害人、证人及其他刑事诉讼参与人国家保护法》（2004 年 8 月 8 日联邦委员会批准，2005 年 1 月 1 日生效）。该法第 2 章第 6 条规定了对被害人和证人的保护措施，诸如人身保护，住宅及财产保护，更新身份资料，改变容貌，改换工作或学习地点及居住地等。（该法对中国完善反有组织犯罪相关法律制度有借鉴意义的部分将在本书第六章阐述）这部法律的通过在打击有组织犯罪方面迈出了重要的、必需的一步。但是，证人保护需要雄厚的财力支持，需要证人对国家护法机关的高度信任，而这两点在俄罗斯目前还难以达到。

（三）法官、护法和监控机关公职人员国家保护法

1995 年 4 月 20 日，通过《法官、护法和监控机关公职人员国家保护法》。为了保障这些人员的安全，为他们提供国家保护，为审判创造应有的条件，为打击犯罪和其他违法行为，首次在立法层面设立了如下安全措施体系：

（1）住所和财产的私人警卫；

（2）发放武器、专门的个人防护装备和个人报警器材；

（3）安全地点的临时场所；

（4）对被保护人资料保密；

（5）变更工作（服役）和学习地点；

（6）安置到其他居住地；

（7）更换证件，改变容貌。

该法的第 20 条规定了社会保护措施，特别是由于进行公务活动所造成

---

[1] БОСХОЛОВ С С. Законодательное обеспечение борьбы с организованной преступностью[J]. Журнал российского права, 1998(9): 16-23.

的公职人员死亡、健康受损、财产灭失或损坏时的物质补偿。虽然自1996年1月1日该法生效时该条即生效，但由于国库缺乏必要的资金，所以该规定至今没有得到真正实施。而且，随着时间的推移，该法应该根据实践的需要进行修订和补充，特别是要扩大被保护人的范围。❶

（四）侦缉活动法

俄罗斯国家杜马于1995年7月通过了《侦缉活动法》。这部法律立法者的出发点是应该符合有组织犯罪的特点。有组织犯罪具有不同于一般普通犯罪的诸多特征，因此，有组织犯罪的侦查也必将不同于一般普通犯罪的侦查。有组织犯罪的组织化、隐蔽化和智能化的程度都很高，为逃避打击，往往背后有“保护伞”作支撑或者一些犯罪分子直接进入了政权机关，因此调查此类犯罪必须采用特殊的秘密侦查措施。《侦缉活动法》针对秘密侦查措施问题，做了如下规定：

（1）赋予了内务机关享有卧底侦查、控制下交付等侦查的特殊权力；

（2）可以控制邮件、电报等通信及电话窃听、秘密搜查；

（3）设立了在刑事诉讼中使用侦缉活动结果和侦缉机关信息保密的制度；

（4）加强了对秘密提供协助的工作人员和公民的法律和社会保护；

（5）完善了对侦缉活动的拨款、控制和检察长监督。

这些革新可以提高侦缉活动的效率、扩大了侦缉活动解决问题的范围，从而保障了社会和国家免受犯罪侵害。

不过，《侦缉活动法》并没有涉及侦缉活动的方方面面，如秘密侦查时，对侦查人员违法行为的容许度就是一个重要且严肃而又必须解决的问题，而该法对这一问题只做了原则性规定：“在保护公民的生命与健康及其宪法权利和合法利益时，以及为了保障社会和国家安全不受犯罪侵害，允许秘密侦查机关的公职人员及其协助者在合法履行其公务或公共职责的情

---

❶ БОСХОЛОВ С С. Законодательное обеспечение борьбы с организованной преступностью[J]. Журнал российского права, 1998(9): 16-23.

况下，不得已损害受法律保护的利益”。（第16条第4款）

与此相关的是对基干秘密情报人员的社会保护和法律保护问题，这一问题应该用法律加以规定，其中包括赋予他们自行处理权等。而这对打击犯罪集团和犯罪组织的成效具有非常重要的意义。

（五）反腐败法

第一届俄罗斯国家杜马就通过了“反腐败法”，被联邦委员会否决后，经过协商程序，得到了联邦委员会批准，但总统行使了否决权。议会两院代表重新修改了“反腐败法”，并再次通过，后总统又行使了否决权。总统主要反对的原因是新法律限制了人权。然而众所周知，根据《俄罗斯联邦宪法》第55条，在捍卫宪法制度的基本原则、道德、权利和合法利益，保障国防和国家安全的必要限度内，可以限制公民的权利。1997年12月，俄罗斯联邦总统再次否决“反腐败法”草案后，于1998年4月向国家杜马提出了自己的“反腐败法”，但议会未予通过。一番“拉锯”后，国家杜马议员2001年11月又拟定了新的《“反腐败法”草案》（第148067-3号），但2002年11月才提交议会一读，到2005年11月才进行二读，进展得极为缓慢。

经历了多年多部草案的反复后，俄罗斯议会两院终于通过了“反腐败法”，2008年12月25日俄罗斯总统梅德韦杰夫签署了该法律。该法刚出台时，一共有14条，分别是：①腐败和反腐败的概念；②反腐败的法律基础；③反腐败的基本原则；④反腐败的国际合作；⑤反腐败的组织基础；⑥防止腐败的措施；⑦国家机关提高反腐败效率的主要活动；⑧提交收入、财产和财产性债券的义务；⑨国家和市政公职人员对有贿赂倾向请求的通告义务；⑩利益冲突；⑪公职的利益冲突以及预防和调整的程序；⑫对担任国家或市政职务的公民签订劳动合同或民事合同时的限制；⑬自然人腐败违法行为的责任；⑭法人腐败违法行为的责任。后来，《反腐败法》历经多次修订，增加了因失信而被解职的人员登记册，禁止个别人在俄罗斯联邦境外的外国银行开设和拥有账户（存款）、储存现金和贵重物品、拥有和

（或）使用外国金融工具，提交支出报告，对收受资金的合法性进行监督等内容。

《反腐败法》最关键的规定是有关腐败的定义和公务员申报收入和财产信息的义务。根据该法，所谓腐败，是“自然人为自己或第三人获得金钱、有价物、其他财产或财产性服务、其他财产权，违背社会和国家的法定利益，滥用职务地位、行贿、受贿、滥用职权、实施商业贿赂或者其他非法利用职务地位或其他自然人向其非法提供这种好处；以法人的名义或为法人的利益实施前述行为”。该法要求公务员汇报所有与涉腐行为和与潜在腐败行为有关的情况。为避免公务员隐瞒财产，该法规定公务员配偶、子女也有申报财产收入的义务。此外，政府官员须在离职两年以后方可前往相关商业或非商业机构任职。俄罗斯公民、外国人和无国籍人如果涉嫌腐败都将受到追究。

《反腐败法》的通过标志着俄罗斯反腐败工作取得了实质性进展，虽有一些不足之处，但确是俄罗斯反腐败立法体系开始建立的标志。《反腐败法》通过以后，俄罗斯又通过了一系列相关法律，如《关于规范性法律文件及其草案反腐败审查的法律》（2009 年）、《关于监督公职人员及其他人支出与收入相符的法律》（2012 年）、《关于加入《禁止在国际商业交易中贿赂外国公职人员公约》的法律》（2012 年）、《关于禁止个别人在俄罗斯联邦境外的外国银行开立和拥有账户（存款）、储存现金和贵重物品、拥有和（或）使用外国金融工具的法律》（2013 年）等，反腐败的法律体系逐步得到完善。

第五章　俄罗斯打击有组织犯罪的政策措施

一、建立专门的反有组织犯罪机构

（一）内务部系统的反有组织犯罪机构

国际经验表明，当职业犯罪上升到有组织犯罪的水平时，为了对其进行有效打击，一般要成立专门的打击机构，如美国的“反有组织犯罪调查委员会”、意大利的“反黑手党调查局”、日本的“暴力驱逐运动推行中心”等。

“反黑”机构体系在俄罗斯的建立始自苏联时期。1988 年 11 月 15 日，苏联内务部系统建立了独立的反有组织犯罪局，即第六局，共有工作人员 32 名。成立第六局的主要目的，不是查明业已实施的犯罪，而是预防严重犯罪，将其消灭在预备状态，遏制黑社会首领的活动、影子经济和贩毒。第六局的成立得到了犯罪学家的肯定，В. С. 奥夫钦斯基甚至将其称为“内务系统的一场革命”。这等于承认有组织犯罪并非虚构，而是现实存在的（当时，许多人否认苏联存在卖淫、吸毒现象，更别说有组织犯罪），对这种严重犯罪应该进行专业化的打击。由于各级各部门（包括内务部）官员与犯罪组织相勾结的情报纷至沓来，第六局组建伊始就遭受到了各方的攻击。苏联内务部前领导人 Б. К 普戈（Б. К. Пуго）就曾提议把它们的职能转移给刑事侦查和反盗窃社会主义财产和投机倒把局，但并未被采纳。

根据 1991 年 2 月 4 日的《关于采取措施加强打击最危险的犯罪及其有组织形式的总统令》，苏联内务部第六局改组为打击最危险的犯罪、有组织犯罪、腐败和贩毒总局。根据这一总统令，苏联的10个加盟共和国均成立了相应的分支机构（总人数约为3 000人），接受两个上级单位的领导：一是莫斯科的总局，二是内务部的地方机关。

苏联内务部被撤销后，1992年2月，在俄罗斯内务部建立了独立的有组织犯罪总局，1998年该局又变为反有组织犯罪总局，任务是打击匪帮行为，具有加重责任的诈骗、腐败、普通刑事犯罪集团和经济犯罪集团以及黑社会首领。2000年，俄罗斯政府决定在内务部系统内成立联邦刑事警察勤务，打击有组织犯罪、恐怖主义、贩毒和其他严重犯罪，实行垂直管理。2001年，反有组织犯罪总局被纳入俄罗斯内务部刑事警察勤务，2004年改名为内务部反有组织犯罪和恐怖主义司。打击有组织犯罪勤务包括反有组织犯罪和恐怖主义司、各联邦管区内务部总局的侦缉局[1]，以及俄联邦各主体内务部、内务总局和内务局下设的打击有组织犯罪分局（处），其体系庞大，功能多样，人员素质高，侦察经验丰富。

反有组织犯罪专门机构在不同内务部长接手后经历了不同改革。如В.叶林（В. Ерин）在地方成立了反有组织犯罪地区局，它们不隶属于地方内务部（局）领导，而直接接受俄罗斯内务部的领导。在国内有分离主义倾向的情况下，成立垂直管理的强力部门，在遏制离心倾向方面起到了很大作用。这个垂直管理的强力部门被А. С.库利科夫、С.斯捷帕申和В.鲁沙伊洛（В. Рушайло）部长保留并加强。2001年，Б.格雷兹洛夫（Б. Грызлов）在内务部长的任期内，改组了反有组织犯罪地区局，并在联邦主体的所有内务部、内务局成立了反有组织犯罪专门机构，强化了其职能。随后接替格雷兹洛夫任内务部长的Р.努尔加利耶夫（Р. Нургалиев）一直支持并加强了这些专门机构。根据他的提议，在内务部制定并实施了《打击有组织犯罪构想》，在该构想中，这些机构被赋予了重要意义。

反有组织犯罪专门机构的主要工作方向由俄罗斯内务部的指令确定，首先是反恐，打击非法贩卖毒品和武器，打击有组织犯罪和反腐败；揭露

---

[1] 侦缉局的任务是发现、预防和制止绑架，敲诈勒索，劫持人质，恐怖主义，匪帮行为，非法贩运武器等犯罪。

和调查严重犯罪和特别严重的犯罪；完善预防工作，制定和通过打击有组织犯罪和反腐败措施。此外，其还负责组织和直接实施预防、制止和侦破具有国际和跨地区性质的有组织团伙实施的犯罪。为打击武装犯罪，支持侦查工作，反有组织犯罪专门机构中还成立了快速反应部队。

这些专门机构曾查处了许多有组织犯罪团伙。仅在2000年，就追究了2 500多名犯罪团伙或犯罪集团组织者的刑事责任。正是反有组织犯罪专门机构的力量摧毁了俄罗斯最强大的犯罪组织“奥布夏克”，逮捕了坦波夫有组织犯罪集团首领——库马林。2008年，俄罗斯内务部的领导人声明，他们控制着400个大型犯罪组织的活动。

不过，这些专门机构的工作也存在着一些问题：由于它们经常要执行其他任务（如参加北高加索的军事行动、打击极端主义等），缺乏打击有组织犯罪的明确思想，追求统计数据，打击有组织犯罪的效果严重下降。分析表明，近几年反有组织犯罪专门机构的任务应该在以下方面得到加强：铲除犯罪集团，分离瓦解犯罪集团成员，摧毁犯罪集团的经济基础，打掉其“保护伞”。❶

В. Е. 埃米诺夫教授等许多学者提议成立俄联邦总统（具体指俄联邦安全委员会）支持下的独立联邦局，以打击特别危险的有组织犯罪集团，即有国际联系、具有全国性质的和有跨地区联系的有组织犯罪集团。该局应该有权不受限制地起诉和调查权力机构、法院、护法机关人员的刑事案件，以及开展相应的预防活动。该局还应有分析中心、教学中心和科研中心。❷

但是，2008年9月6日《关于俄罗斯联邦内务部问题的总统令》（第1316号）让这种想法落空了。根据该总统令，在反有组织犯罪专门机构的基础上，成立反极端主义机构和应受国家保护人员的安全保障机构。由刑侦机构负责打击普通刑事型的有组织犯罪，由反经济犯罪机构负责反腐败

❶ КУЗНЕЦОВА Н Ф, ЛУНЕЕВ В В. Криминология: Учебник[M]. 2-е изд.Москва: Волтерс Клувер, 2004: 412.

❷ ЭМИНОВ В Е. Концепция борьбы с организованной преступностью в России[M]. Москва: Издательство Проспект, 2007: 40.

和反经济型有组织犯罪。这就意味着，运行了20年的反有组织犯罪专门机构遭到解散，其职能由两个机构来履行。

这一决定遭到了学者的普遍反对。B.C.奥夫钦斯基甚至认为，这完全是反革命的举措，因为它破坏了打击有组织犯罪的所有战略、组织和战术。的确，有组织犯罪与普通刑事犯罪和经济犯罪的区别就在于既包括了普通刑事犯罪，也包括了经济犯罪。有组织犯罪是整体现象，其中包括暴力犯罪、诈骗、敲诈勒索，匪帮行为、非法贩运毒品和武器、造假、走私、洗钱、腐败等。因为犯罪组织和犯罪集团实施的许多互相联系的犯罪错综复杂地纠结在一起，故对有组织犯罪应进行综合性打击，而不能把它分成普通刑事犯罪和经济犯罪。同时，反有组织犯罪要想取得胜利，就不能由具体的犯罪或具体的经济对象开始着手，而应从具体的犯罪组织或从来自打入犯罪组织内部的特工和警察所获得的情报开始工作，而刑侦机关恰恰相反，它是从犯罪入手，即在案件登记后开始工作——发现犯罪人（或犯罪集团），反经济犯罪机关应服务于具体的国民经济部门和具体的企业。打击有组织犯罪、消灭犯罪集团和犯罪组织是整体性、全局性的工作，如果把它们分由两个部门来做，就会造成责任不明、互相扯皮的情况发生。如果分成两个机构，那么消灭犯罪集团、打击普通刑事犯罪与经济犯罪不可分割的恶意并购以及“守法盗贼”和“犯罪权威”的活动（他们一直在大型工业城市巩固自己的阵地）将无人可做。此外，撤掉有组织犯罪专门机构的动机令人十分费解。如果认为反有组织犯罪专门机构已被犯罪集团腐蚀，那么不必撤销该机构，只需撤换领导人即可。如果想在内务部之外成立一个机构，那么就应该先成立这个机构，而不应该先撤销现存的机构。[1]

（二）其他系统的反有组织犯罪机构

除内务部系统建立了反有组织犯罪机构外，俄罗斯的安全机关系统也相应地建立了类似的反有组织犯罪部门。按照《俄罗斯联邦安全保卫机关

---

[1] 在“反黑”机构的设立及工作绩效问题上，П. А. 斯科布利科夫教授与之观点相同，详见本书第六章第二节。

法》的规定，内务部机关和安全保卫机关的职权范围是有区别的。1995年，检察机关、内务部机关、安全机关和税务警察机关为了调查和遏制有组织犯罪集团的活动，成立了联合技术侦查组（队）。为了监督反有组织犯罪法律的执行情况，1997年在检察机关内部成立了专门的监督部门，对地区有组织犯罪局所解决的有关犯罪的申诉和报告的合法性，对他们进行的侦查活动和调查以及对地区有组织犯罪局和其他同有组织犯罪做斗争的护法机关进行协调等的合法性担负着监督义务。❶

俄罗斯于2001年成立了专门负责反洗钱工作的联邦护法机关——联邦金融监管委员会，归俄罗斯联邦财政部管理（2012年改为由总统直接领导），并在西北联邦区、乌拉尔联邦区、伏尔加河沿岸联邦区、远东联邦区、西伯利亚联邦区、中央联邦区、南方联邦区等联邦大区设立相应的监管分局。该局的主要职能包括：对法人和自然人履行《反洗钱法》实施监管，将违法者绳之以法，收集、整理和分析应予监督的资金交易信息；根据法律，宣布中止资金交易的决定；对获取的公务、银行、税务、商业秘密、通信秘密或其他机密情报提供相应的保管和保护制度；在反洗钱和反恐怖主义融资领域建立统一的情报系统；在职权范围内成立科学咨询与专家委员会；在确保遵守国家法律的条件下，建立金融信息监控系统；开展反洗钱和恐怖主义融资领域的国际合作活动。为加强联邦各部门在反洗钱领域的协调行动，2005年11月，俄罗斯成立了反洗钱部门间委员会。委员会成员来自财政部、内务部、外交部、司法部、联邦安全局、联邦金融监管局和中央银行等。在加强各部门协调的基础上，于2005年11月通过了为期5年的落实反洗钱国家战略行动计划，强调进一步完善反洗钱领域的法律体系，加强金融调查机构与护法机关的联系，加大对反洗钱领域工作人员的再培训力度，扩大反洗钱领域的国际合作。❷

❶ 周纪兰．评国外反有组织犯罪的措施系统[J]. 中国人民公安大学学报，2000（4）：54.

❷ 唐朱昌．俄罗斯经济转型中的政府反洗钱措施评析[J]. 俄罗斯研究，2007（2）：26.

各部门（机关）打击有组织犯罪的工作由检察院负责协调，并制定统一的应对有组织犯罪的刑事政策。其实，这是不正确的，因为检察院的义务是监督联邦宪法和法律的遵守，改由安全会议担当此工作可能更为妥当。不过，目前安全会议仅是咨议机关，所以应该制定关于安全会议在国家管理机关体系中的地位和作用的政策。依照《俄罗斯联邦宪法》第 83 条，俄罗斯联邦总统组织并领导联邦安全会议。《俄罗斯联邦安全法》（2010 年 12 月出台）第三章规定了联邦安全会议的地位，它的主要任务和职能、组成等。

二、俄罗斯反有组织犯罪的国际合作对策

在长篇小说《战争与和平》中，作家列夫·托尔斯泰（Лев Толстой）借主人公皮埃尔（Пьер）说道："凡是有伟大影响力的思想总是简单的。我的全部思想只是，如果坏人能聚合在一起并形成一种势力，那么好人也应该这样做。要知道，道理就是这么简单。"打击有组织犯罪方面的国际合作也具有如此重要的意义和必要性。❶

目前，俄罗斯在打击跨国有组织犯罪、开展国际合作的法律基础如下。❷

（1）国际公约，《欧洲引渡公约》（1957 年）、《欧洲刑事司法协助公约》（1959 年，俄罗斯于 1999 年 10 月 25 日加入）、《欧洲理事会关于清洗、追查、扣押和没收犯罪收益的公约》（1990 年）、《关于刑事判决国际效力的欧洲公约》（1970 年）、《麻醉品单一公约》（1961 年）、《关于防止和惩处侵害应受国际保护人员包括外交代表的罪行的公约》（1973 年）、《反对劫持人质国际公约》（1979 年）、《联合国禁止非法贩运麻醉药品和精神药物公约》（1988 年）、《制止恐怖主义爆炸的国际公约》（1997 年）、《联合国打击跨国

❶ 康树华．当代有组织犯罪与防治对策 [M]. 北京：中国方正出版社，1998：277-228.

❷ ЯБЛОКОВ Н П. Транснациональная организованная преступность и некоторые формы международного сотрудничества в борьбе с ней[J]. Вестник Московского университета (Право), 2001(4) : 17-26.

有组织犯罪公约》(2000年)。

(2)地区性的国际法文件，如签订于2001年6月15日的《打击恐怖主义、分裂主义和极端主义上海公约》及作为上海合作组织成员国之一于2002年6月7日在圣彼得堡签署的《关于地区反恐怖机构的协定》。

(3)双边条约，包括与阿尔巴尼亚、中国、美国、加拿大等国签订的刑事司法协助条约，如1999年6月17日俄美两国在莫斯科签署的《俄罗斯联邦和美利坚合众国刑事司法互助条约》。

(4)非规范性国际文件，如2003年5月29日在莫斯科通过的《上海合作组织成员国元首宣言》。

俄罗斯开展反有组织犯罪的国际合作途径主要有两种：一是国际刑警组织系统，二是刑事司法协助系统。1990年9月27日，在加拿大渥太华举行的国际刑警组织第59届大会上，苏联(苏联解体后为俄罗斯)被接纳为该组织成员国。1991年1月1日，苏联内务部系统内的国际刑警组织国家中心局开始运行。2003年11月6日，俄罗斯与欧洲刑事警察组织在罗马签订了合作协议。合作内容涉及严重犯罪，包括侵犯生命和健康的犯罪、恐怖主义及资助恐怖主义、贩毒、伪造货币、金融犯罪(包括洗钱)、盗抢汽车等。2004年年底，在国际刑警组织国家中心局的机构中建立了负责与欧洲刑警组织合作的俄罗斯国家联络点。[1]在刑事司法协助方面，俄罗斯不仅在国内立法中增加了刑事司法协助的内容，而且还与一些国家订立了涉及刑事司法协助内容的双边条约和多边条约，并加入了一些含刑事司法协助内容的国际条约。例如，1996年3月25日在莫斯科签署的《俄罗斯联邦和西班牙王国关于刑事司法协助的条约》、1996年9月16日在华沙签署的《俄罗斯联邦和波兰共和国关于民事和刑事司法协助及法律关系的条约》等。根据公约、双边条约或协定的规定，俄罗斯进行国际刑事司法合作的主要内容有引渡、送达刑事司法文书和调查取证、外国刑事判决的承认与

[1] МВД. Взаимодействие с Европолом[EB/OL]. (2008-06-25)[2021-11-29]. https://xn--b1aew.xn--p1ai/mvd/structure1/Upravlenija/Nacionalnoe_centralnoe_bjuro_Interpola/Vzaimodejstvie_s_Evropolom.

执行、刑事司法程序的转移等。此外，2007 年工作草案第 18 条“国际合作”中还有交换情报信息资料（包括分析信息）、查明有组织犯罪集团实施的犯罪、犯罪收益的没收和扣押、提供有组织犯罪集团参加者的犯罪记录、人员培训等规定。

近年来，在俄罗斯的缔约实践中广泛使用的是签署关于打击犯罪的政府间框架协议，在协定中规定缔约国警务机关协作的主要问题（交流情报、交流工作经验、执行侦缉行为请求）。俄罗斯已有的此类协议是：在独联体和黑海经济合作组织框架内签署的协议，以及与 10 个国家（芬兰、瑞典、美国、乌兹别克斯坦、以色列、匈牙利、英国、埃及、南非、挪威）签署的警务合作协议。

至于俄罗斯与他国反有组织犯罪国际合作中存在的问题，从俄罗斯联邦安全局阿穆尔州局原副局长 И. Н. 巴兰尼克（И. Н. Баранник）对远东联邦区护法机关（来自俄罗斯内务部、国家海关委员会 / 联邦海关总署、联邦安全委员会、检察院、国家麻醉药品和精神药物监管委员会 / 联邦麻醉品监管总局）389 名工作人员的问卷调查[1]可以看出一二。在 И. Н. 巴兰尼克的调查中，有 52.3% 的被调查者认为，俄罗斯远东护法机关与亚太地区毗邻国家的国际合作总体上并不令人满意；绝大多数被调查者（76.7%）对亚太国家打击有组织犯罪的做法表现出兴趣，对各国刑法（78.2%）和刑事诉讼法（72.9%）的兴趣非常浓厚；有 93.9% 的被调查者认为，自己所掌握的其他国家的法律条文不足。在被调查者看来，在案件侦破过程中，最需要以下形式的司法协助：获取证据（85.5%），提供文件的原件或经核证的副本（63.2%），确定有关人员的所在地（58.3%），以及提供物证（44.4%）。至于侦缉活动中的司法协助形式，则较为需要的是确定有关人员的所在地（72.2%），实行控制下交付（56.4%），确定或调查犯罪所得、财产、工具或其他物品（43.6%），实行联合抓捕（41%）。从此次的调查可以推知，从总

[1] БАРАННИК И Н. Транснациональная организованная преступность и сотрудничество стран Азиатско-Тихоокеанского региона в брьбе с ней[M]. Москва: Российская криминологическая ассоциация, 2007: 188-193.

体上说，俄罗斯在反有组织犯罪方面的国际合作总体满意度不高，还有很多潜力可挖。另外，俄罗斯护法机关与国外同行的直接接触范围需要扩大。因为国际刑警组织无法解决护法机关面临的所有问题，特别是受追诉时效限制的刑事案件。俄罗斯与各国不仅在交流理论经验、通报本国刑法和诉讼法方面的时机已经成熟，而且在互相协作和更积极地使用诸如控制下交付、卧底侦查等方式上也具有了直接可能。

在国际合作打击洗钱犯罪方面，俄罗斯作为反洗钱金融行动特别工作组的正式成员，积极倡导和参与反洗钱的国际合作。例如，2004 年 10 月，俄罗斯发起成立了以反洗钱金融行动特别工作组为模板的欧亚反洗钱与反恐融资组织（EAG），并分别于 2004 年和 2005 年在莫斯科和上海举行了第一次和第二次全会。该组织已被国际金融行动特别工作组确认为 7 个地区性反洗钱与反恐融资国际组织之一，俄罗斯、中国、哈萨克斯坦、塔吉克斯坦、吉尔吉斯斯坦、白俄罗斯共同成为该组织创始成员方。此外，还包括意大利、英国、美国及金融行动工作组、日本、德国、世界银行、国际货币基金组织、上海合作组织、独立国家联合体等 19 个观察员，是目前世界上覆盖面积最大、涉及人口最多的地区性反洗钱和反恐融资国际组织。2006 年 10 月，普京总统在“反洗钱和反恐怖”国际会议上的演说指出，俄罗斯不仅愿与世界各国一起努力反洗钱和反恐怖，而且还希望俄罗斯成为打击洗钱和恐怖活动的中心。他提议国际货币基金组织及其在各地的分支机构建立一套国际通用的标准，以打击洗钱的活动。他主张成立一个欧亚货币基金组织，以促进各国间的合作，并表示愿意为此拨款 200 万美元。鉴于俄罗斯在反洗钱方面采取了一系列措施，2002 年 10 月，“金融行动特别工作组”决定把俄罗斯从打击洗钱活动不力国家的“黑名单”中删除。[1]

在开展禁毒工作方面，俄罗斯联邦麻醉品监管总局与联合国毒品和犯罪问题办公室（UNODC）有很好的合作关系。该办公室在莫斯科设立了办事处，任务是提供贩卖毒品、跨国有组织犯罪和洗钱方面的技术援助，协助卫生机关治疗成瘾者，帮助其康复；向预防麻醉药品和精神药物滥用的

---

[1] 唐朱昌．俄罗斯经济转型中的政府反洗钱措施评析 [J]. 俄罗斯研究，2007（2）：27.

国家和非政府组织提供支持；在制定和完善毒品监管、预防犯罪国家立法方面提供技术和法律鉴定。

下面着重就俄罗斯与独联体国家、中国在反有组织犯罪方面的国际合作加以阐述。

（一）俄罗斯与独联体国家在打击有组织犯罪方面的合作

俄罗斯已成为跨国有组织犯罪的“靶场”，所以俄罗斯与他国尤其是独联体国家的护法机关建立起一个可靠的协作体系是一项特别重要的任务。[1]俄罗斯与其他独联体国家在打击有组织犯罪方面的合作主要表现在国家间和部门间协议框架下的合作。

独联体国家间最初涉及有组织犯罪的法律文件当属《独联体宪章》（1993 年 1 月），宪章中将打击有组织犯罪作为独联体成员国通过共同协调机制在平等基础上开展联合行动的领域之一（第 4 条）。之后的《独联体未来发展构想》（2007 年 10 月）认为，安全领域的合作、打击犯罪等事务是独联体工作的优先方向，是最需要互动的领域之一。独联体成员国需要进一步加强努力，以打击国际恐怖主义、极端主义、有组织的国际犯罪，其包括非法贩运武器、麻醉药品和精神药物，打击腐败、洗钱、贩卖人口等犯罪（第 4.6 条）。

从 2014 年至 2019 年的 5 年间，以这两份文件为基础，独联体国家间就深化打击犯罪的合作问题通过了约 30 份文件。其中，直接关系到跨国有组织犯罪的重要文件有：《独联体国家民事、家庭和刑事案件司法协助和法律关系公约》（2002 年 10 月），其第 63 条规定：为快速和全面调查犯罪，各方可以成立联合侦查行动小组，被请求的一方应在收到成立联合侦查行动小组的建议后 15 日内将决定通知给到提出请求的一方，如果同意，应同时提供加入该小组的人员名单。联合侦查行动小组的成员直接协作互动，就调查的主要方向、侦查、通缉或秘密侦查的内容达成一致，并交换收到

[1] КУЗНЕЦОВА Н Ф, ЛУНЕЕВ В В. Криминология: Учебник[M].2-е изд.Москва: Волтерс Клувер, 2004: 412.

的信息。之后，2015年10月在独联体元首理事会会议上签署的《关于在独联体成员国建立联合侦查行动小组及其活动程序的协定》进一步完善了这些规定。根据协定，请求方护法机关和其他主管机关的代表可以在执行请求时在场，也可以在被请求方境内参加诉讼和（或）进行秘密侦查活动，此外，协定各方互相承认独联体境内调查取得的证据。为了细化有组织犯罪具体表现形式的侦查和取证合作，2017年10月独联体国家元首理事会签署了《关于作为刑事案件物证的麻醉药品、精神药物及其前体、枪支及其主要部件、弹药、爆炸物和爆炸装置移交程序的议定书》，这份议定书对打击非法贩运毒品和武器犯罪的国家间合作做出了重要规定。根据这份议定书，缔约各方互相承认在议定书框架内获得的物证的法律效力。议定书还有关于优先转移物证的创新性规定，包括从国家（海关）边界过境，在很大程度上简化了物证流动程序，加快了犯罪调查和起诉速度。

除了国家间的协议外，俄罗斯和独联体国家还有部门间的协议，例如独联体成员国内务部长理事会通过的《独联体成员国内务（警察）部至2030年合作构想》(2019年5月)，对各国内务（警察）部协作的目标、原则、支持机制做了方向性规定。

在独联体国家合作打击有组织犯罪立法方面，值得单独一提的是独联体议会间大会在圣彼得堡通过的《反有组织犯罪建议性法案》(1996年11月)。该法除总则部分外，共5章35条，规定了打击有组织犯罪的刑法措施、反有组织犯罪机关的权限、打击有组织犯罪的秘密侦查措施、对反有组织犯罪机关活动的控制和监督。该法根据有组织犯罪的特点对刑法、刑事诉讼法和秘密侦查法的基本原则和规定做了补充，并将其具体化，既是一部统一的、完整的立法文件，又有其独特的结构，其组成部分在不影响立法体系完整性的情况下，可以融入各国相应的部门法，而且每个国家保有根据国情选择打击有组织犯罪规范的最终决定权。该法第2条给出了一些术语的定义，如有组织犯罪是有组织犯罪集团的成立和运行及其犯罪活动；犯罪活动是以事先谋划的故意预备、未遂、实施刑事法律的分则条款的一项或多项犯罪，以及使犯罪所得合法化和增殖的行为系统等。这些定义与俄罗斯 1995 年"法律"的定义相吻合。该法还对国际合作做出了规定，规定各国根据国际条约或对等原则打击有组织犯罪，而打击有组织犯罪的一般国际合作问题通过外交部协调。该法特别规定了侦查活动的依据和程序，以及控制下交付、诱惑侦查、监听、监视、邮件检查、卧底侦查等秘密侦查措施。《反有组织犯罪建议性法案》对独联体国家有组织犯罪的重要问题达成共识和以此为基础协作打击有组织犯罪具有重要意义。

除了各个级别的协议外，独联体国家也建立了相应的机构，将打击有组织犯罪的合作落到实处，如独联体成员国打击有组织犯罪和其他危险犯罪协调局（1993 年 9 月）、独联体成员国总检察长协调理事会（1995 年 12 月）、独联体成员国打击有组织犯罪和其他危险犯罪协调局（1993 年 9 月）、独联体成员国内务部长理事会（1996 年 1 月 19 日，独联体国家打击犯罪的主要协调机构）、独联体成员国安全和情报机关负责人理事会（1997 年 3 月，下设打击有组织犯罪联合数据库技术委员会）等。

近些年，俄罗斯和独联体国家在打击有组织犯罪方面的合作取得了显著效果。根据独联体执行委员会信息分析部的数据，在 2018 年开展的 13 次警务预防联合行动和专项行动中，查明了 2.1 万起犯罪，防止了 20 起恐怖活动，查明了 111 人涉嫌参与资助恐怖主义金融交易，超过 10 500 人被追究刑事责任，约 9 500 名通缉犯被捕，发现了 605 辆被盗车辆，消灭了 150 个有组织犯罪集团，斩断了 20 个非法移民渠道和 5 个贩毒收益合法化渠道，捣毁了超过 22 公顷非法含毒作物和野生含毒植物，查获了 130 个秘密加工点。[1]

（二）俄罗斯与中国执法机关在打击有组织犯罪中的合作

俄罗斯与中国在打击有组织犯罪方面的合作进展非常顺利。在亚太国家中，中国与俄罗斯是最早签订双边国际条约的国家之一，双方早在 1992

[1] ИСПОЛКОМ СНГ. О деятельности СНГ в сфере борьбы с преступностью[EB/OL].(2019-07-19)[2021-12-18]. https://cis.minsk.by/news/11633/o-deatelnosti-sng-v-sfere-borby-s-prestupnostu.

年6月19日就于北京签订了《中华人民共和国和俄罗斯联邦关于民事和刑事司法协助的条约》（俄罗斯1993年2月26日批准）。1995年6月25日，双方在莫斯科签订了《中华人民共和国和俄罗斯联邦引渡条约》。1996年4月25日，双方在北京签署了《中华人民共和国政府和俄罗斯联邦政府关于禁止非法贩运和滥用麻醉药品和精神药物的合作协议》。根据该协议，中俄双方可以交换的情报有：麻醉药品和精神药物走私、非法麻醉药品和精神药物过境时所采取的隐藏方法及发现这些药物的方法、非法运输麻醉药品和精神药物的人员及其运输路线等，该协议对中俄司法协助制度的发展起到了重要作用。除此之外，2002年12月，中俄双方在北京签署了《中华人民共和国和俄罗斯联邦关于移管被判刑人的条约》《关于打击危害税收征管犯罪和经济犯罪协议》《关于在反洗钱、打击向恐怖主义融资、外汇监管方面开展信息交流和人员培训的协定》等文件。2008年5月23日，中俄两国又签署了《中华人民共和国和俄罗斯联邦关于重大国际问题的联合声明》，双方指出，恐怖主义同跨国有组织犯罪和贩毒的联系越来越紧密，双方将坚定不移地在地区组织和论坛及其他多边机构框架内加强合作，打击恐怖主义、贩毒和犯罪。

除了国家间、政府间的条约和协议外，中俄中央机关之间也签署了一系列文件，如2001年11月的《中华人民共和国公安部和俄罗斯联邦内务部合作协议》，2002年6月的《中华人民共和国公安部和俄罗斯联邦内务部关于边境地区公安、内务机关的合作协议》等，并以这些文件为基础展开反有组织犯罪的合作，建立了明确、现实和有效的协作机制。除了警务机关的合作，两国的检务合作也在不断推进，中俄两国最高检察机关签订的合作协议以及在协议基础上的双边检务合作机制已经成为中俄检察机关联合打击有组织犯罪的重要手段。2010年10月，最高人民检察院检察长曹建明与俄罗斯联邦总检察长柴卡（Ю. Я. Чайка）在厦门签署了《中华人民共和国最高人民检察院和俄罗斯联邦总检察院2011至2012年合作计划》。曹建明说，自2009年4月上海合作组织成员国第七次总检察长会议以来，中俄检察机关之间的刑事司法协助案件数量不断增加，协作更加务实，效率日渐提高，程序也更趋规范，对合作打击跨国有组织犯罪具有重要意义。[1]

此外，中俄毗邻地区执法机关在打击跨国有组织犯罪、保障地区安全方面的合作也逐年取得进展。中俄两国具有漫长的共同边界，随着中俄两国的开放和人员流动的增加，两国边境地区的非法贩运毒品和武器、杀人、抢劫、劫持人质、非法移民等严重跨国、跨地区有组织犯罪活动不断加剧。为携手打击有组织犯罪，加强毗邻地区的警务合作，早在1993年8月，我国黑龙江省公安厅和俄罗斯滨海边疆区内务局就签署了合作议定书。由此，黑龙江省公安厅与俄罗斯远东联邦区护法机关也建立了比较紧密的合作关系，双方签订了多个地方性合作协议和会谈纪要，并建立了定期会晤机制、办案协作机制、情报信息交流制度、联络机构和联络官制度等四项机制，为中俄毗邻地区的国际警务合作提供了制度保证。[2]

有了法律基础和制度基础，中俄两国在打击有组织犯罪方面的合作取得了显著成效。例如，1993年9月22日，应俄罗斯滨海边疆区内务局的邀请，黑龙江省公安厅派出55名干警赴俄，与俄滨海边疆区警察混合编队，展开第一次集中抓捕行动。同年12月15日，又组织了第二次统一行动。两次共抓捕犯罪嫌疑人85名，一举摧毁了以中国籍人为主组成的黑社会性质的犯罪团伙，极大地震慑了犯罪分子，使一度恶化的边境地区治安秩序恢复了正常。[3] 2006年，黑龙江省、内蒙古自治区等地又配合俄罗斯等国开展了"通道—2006"行动，集中开展了查缉毒品专项行动，破获毒品案件14起，缴获各类毒品4.9千克。[4] 中俄两国毗邻地区的执法机关在打击有组织犯罪方面的合作为维护地区安全做出了贡献。

---

❶ 隋笑飞，郑良．最高检与俄罗斯联邦总检察院签署合作计划 [N/OL]. 中国新闻网，2010-10-24[2021-12-18].https://www.chinanews.com.cn/gn/2010/10-24/2607845.shtml.

❷ 周静茹．"一带一路"背景下中俄毗邻黑龙江区域警务合作研究与实践 [J]. 齐齐哈尔大学学报（哲学社会科学版），2018（7）：22.

❸ 靳会新．中俄毗邻地区跨国犯罪问题及中俄警务司法合作 [J]. 西伯利亚研究，2010，37（3）：63.

❹ 苑兴宇．中俄边境毒品犯罪的现状及采取的措施 [J]. 黑龙江科技信息，2008（27）：250.

尽管如此，两国毗邻地区执法机关在打击跨国有组织犯罪工作方面仍有需要完善的地方。目前存在的突出问题是两国存在着法律制度方面的差异，从而导致执法合作遇到困难。И. Н. 巴兰尼克对俄罗斯远东联邦区护法机关工作人员进行问卷调查[1]时，被调查的389人中有295人希望了解亚太地区毗邻国家（包括中国）的刑法，占被调查者总数的75.8%；有275人希望了解亚太地区毗邻国家（包括中国）的刑事诉讼法，占被调查者总数的70.7%；认为所掌握的亚太地区毗邻国家（包括中国）的刑法和刑事诉讼法资料不足的多达363人，占被调查者总数的93.3%；仅有26人认为掌握了这些资料，占被调查者总数的6.7%。虽然在毗邻俄罗斯的国家（中国、日本、韩国、美国）中，俄方对与中国合作水平的满意程度最高（35人，占被调查者总数的近9%），但是不满意程度也最高（209人，占被调查者总数的53.7%），可见双方努力的空间还很大。另外，有高达342名的被调查者认为俄罗斯护法机关有必要发展区域国际关系（占被调查者总数的87.9%），有307人对中国打击有组织犯罪方面的做法感兴趣，在俄罗斯毗邻国家中所占比例最高（占被调查者总数的78.9%）。可见，中俄两国在毗邻地区的合作有着巨大潜力。

此外，技术手段的落后也制约着中俄两国毗邻地区的执法合作。当前，中俄两国跨界有组织犯罪活动日趋科技化和现代化，新型犯罪不断出现，而两国警务部门（尤其是俄方）的技术装备和手段较为落后，导致对犯罪的打击力度下降，也给执法合作造成了一定困难。

只有看到了问题所在并积极采取应对措施，才能将中俄两国打击有组织犯罪的合作推向深入，从而为维护地区乃至世界和平做出应有的贡献。

---

[1] БАРАННИК И Н. Транснациональная организованная преступность и сотрудничество стран Азиатско-Тихоокеанского региона в брьбе с ней[M]. Москва: Российская криминологическая ассоциация, 2007: 188-193.

第六章　研究俄罗斯有组织犯罪对我国的启示

中国的有组织犯罪起源于旧社会的帮会。在旧社会，有青帮、红帮、袍哥会等黑社会帮派组织。中华人民共和国成立后，党和政府在全国范围内开展清除黑社会的运动，严厉打击并最终彻底铲除了黑社会犯罪。在短短几年的时间内，猖獗泛滥的有组织犯罪便销声匿迹。然而，自改革开放以来，在多种因素的综合作用下，有组织犯罪又死灰复燃、沉渣泛起。改革开放后，中国[1]有组织犯罪组织经历了20世纪70年代末至80年代末、20世纪90年代初至21世纪初、21世纪初至今的三大发展阶段，由一般犯罪团伙演变为黑社会性质的犯罪组织，再由黑社会性质组织向黑社会组织转变。[2]

从我国有组织犯罪的规模来看，2000年12月至2005年12月，中国各地共打掉黑社会性质组织700个，铲除恶势力团伙16 800个，抓获涉黑、涉恶犯罪嫌疑人10万余人，破获刑事案件15万起，缴获各类枪支近5 000支。2006年2月至2009年6月，共打掉黑社会性质组织1 221个，铲除恶势力团伙12 850个，抓获涉黑、涉恶犯罪嫌疑人近9万人，破获刑事案件10万起，缴获各类枪支2 586支。[3]由此可以看出，2000—2005年间，中

---

[1] 本章所涉中国及其相关数据不涵盖我国香港、澳门、台湾地区及其同类数据。

[2] 李文燕，柯良栋．黑社会性质犯罪防治对策研究[M]. 北京：中国人民公安大学出版社，2006：35–52.

[3] 陆剑君．中国内地及跨境有组织犯罪现状、原因与打击对策[C]// 何秉松．全球化时代有组织犯罪与对策．北京：中国民主法制出版社，2010：107.

国警方平均每年侦办黑社会性质案件 140 起，而 2006—2009 年，平均每年侦办 406 起。[1]公安部 2020 年 9 月发布的一组数据显示，自扫黑除恶专项斗争开展以来，全国公安机关共侦办涉黑案件 3 100 余起、恶势力犯罪集团案件 9 800 余起，“逃犯清零”行动中的 1 712 名目标在逃人员已到案 1 526 名。[2]这些数据固然展示了我国打黑除恶工作的成绩，同时也反映出我国有组织犯罪的状况并不容乐观。从地域上看，中国的有组织犯罪已经遍布全国各省、市，有的省份甚至遍及城乡，分布十分广泛。从团伙的名称看，有“×× 帮”“×× 会”“×× 队”“×× 盟”等，名目繁多。从犯罪类型上看，具有地域型、亲缘型、流动型、帮会复辟型、境外渗透型五大类型。[3]从有组织犯罪组织实施的违法犯罪活动看，其范围非常广泛，几乎涉及所有领域的违法犯罪。其中，较为常见的违法犯罪活动有：暴力犯罪、贩毒、非法制造和贩运枪支、偷渡、贩卖人口、洗钱。

与俄罗斯相比，我国有组织犯罪的特点如下。

（1）有一定的势力范围，但规模较小。目前，中国具有黑社会性质的组织，规模大的有几百人，规模小的有几人，但成员人数主要集中在 10 人以上 50 人以下（50 人以上的为规模组织）。而俄罗斯的大型犯罪集团，如前文提到的松采沃犯罪集团人数已达到 4 000 人，伊斯梅洛沃犯罪集团在 20 世纪 90 年代末已达到 1 000 人。

（2）存在时间较短。《黑社会性质犯罪防治对策研究》一书的作者 2006 年对我国 32 例黑社会性质组织进行了分析，发现这些黑社会性质组织存在时间最长的为 10 年，最短的为 3 个月，一般的为 4 ~ 7 年。[4]笔者认为，这些案例具有普遍性，能够反映我国黑社会性质组织存在的一些特点。而俄

---

❶ 陆剑君 . 中国内地及跨境有组织犯罪现状、原因与打击对策 [C]// 何秉松 . 全球化时代有组织犯罪与对策 . 北京：中国民主法制出版社，2010 ：102.

❷ 张子扬 . 公安部：扫黑除恶以来共侦办涉黑案件 3 100 余起 [EB/OL].(2020-09-01)[2022-07-10]. https://baijiahao.baidu.com/s?id=1676606049463379784&wfr=spider&for=pc.

❸ 康树华 . 当代有组织犯罪与防治对策 [M]. 北京：中国方正出版社，1998 ：101-112.

❹ 李文燕，柯良栋 . 黑社会性质犯罪防治对策研究 [M]. 北京：中国人民公安大学出版社，2006 ：55.

罗斯的有组织犯罪集团（如松采沃、伊斯梅洛沃、坦波夫、拜科夫）一般存在时间都较长，有的从苏联解体时起或更早就已存在，并一直延续至今，已经有40年左右的“历史”。

（3）活动区域范围相对较小。我国黑社会性质的组织活动范围较小，一般以乡镇或城市的某一区域为其活动的势力范围，活动范围较大的也仅仅扩展到整个城市。俄罗斯的有组织犯罪早在1991—1993年就具有了跨国性特征，已经“走出国门”。现在，在欧洲、亚洲、美洲等地，都可以看见“俄罗斯黑手党”的足迹，还出现了诸如伊万科夫、托赫塔胡诺夫等“世界级”黑社会头目。为了洗黑钱，很多犯罪集团在离岸金融中心设立企业。可见，我国有组织犯罪活动的区域范围远小于俄罗斯的有组织犯罪集团。

（4）“白领犯罪”较少，智能化程度较低。我国的有组织犯罪集团，采取的多是抢劫、敲诈勒索、绑架、走私、贩毒、贩卖人口等较为传统的犯罪形式，“白领犯罪”较少，高科技程度较低。而俄罗斯的有组织犯罪集团，很多已经完成了向“合法化”的转化，“白领犯罪”现象很多，而且很多采用高科技手段。例如，据美国《纽约时报》报道，俄罗斯黑社会头目C. 莫吉列维奇在1998年10月至1999年3月短短的半年内，通过纽约银行的同一个账户转账1万多次，累计洗钱42亿美元。[1]而霍多尔科夫斯基犯罪集团更是经济型有组织犯罪的典型代表。

（5）向政权渗透程度较低。虽然我国的一些黑社会性质组织同俄罗斯有组织犯罪集团一样，在获得一定经济实力后，不惜花重金向政府机构渗透，企图拉拢腐蚀政府官员，或插手选举，染指基层政权，但像俄罗斯有组织犯罪集团首领那样混入政府充当高级官员（如前文提到的海参崴市前市长），或混入立法部门（如前文提到的黑社会头目莫罗佐夫被选入车里雅宾斯克州杜马）的情况还比较少见。

由以上的分析可以看出，我国的有组织犯罪集团在发展阶段上落后于俄罗斯等国的黑社会组织，发展速度较慢，在20多年的发展中，我国的有组织犯罪集团仅具有了黑社会的部分特征，只是黑社会性质的犯罪组织。

[1] НЕИЗВЕСТНЫЙ А. Русская мафия отмыла бюджет страны в нью-йоркском банке [N]. Коммерсантъ: 1999-08-20(149).

但是，我们绝不能因此掉以轻心，因为，在国内外各种消极因素的作用下，我国有组织犯罪有可能呈现以下趋势。

（1）组织化程度越来越高，日趋严密，越来越“企业化”。

（2）装备越来越现代化，作案手段越来越高明，向智能化、职业化发展。

（3）经济实力将进一步增强。

（4）与腐败官员的勾结将更加紧密，向政治领域的渗透更深。

（5）越来越多地进军合法领域。

（6）境内外勾结作案，犯罪集团国际化的趋势将更加明显。

这些趋势存在一定的必然性，因为这是黑社会性质犯罪存在和发展的一般规律，也是俄罗斯有组织犯罪发展历程为我们提供的前车之鉴。因此，必须清醒地认识到我国有组织犯罪的现状及发展趋势，一如既往地按照“黑恶必除，除恶务尽”的要求，坚持“打早打小、露头就打”的方针，力争将犯罪团伙和犯罪集团消灭在萌芽状态。

为了打击有组织犯罪活动，我国《刑法》第294条规定了“组织、领导、参加黑社会性质组织罪”“入境发展黑社会组织罪”和“包庇、纵容黑社会性质组织罪”，第191条规定了“洗钱罪”（黑社会性质组织罪的下游犯罪），出台了“反黑”专门法律《反有组织犯罪法》（2022年5月施行）。在反有组织犯罪工作组织方面，我国公安部刑侦局下设的有组织犯罪侦查处负责组织、领导和监督地方公安机关对有组织犯罪的侦查工作。此外，我国还在国际刑警组织及其他框架内与各国开展多种国际合作。

不过，我国反有组织犯罪的措施体系尚有许多亟待完善之处，笔者现参照俄罗斯打击有组织犯罪的经验和教训，提出如下借鉴意见。

一、完善反有组织犯罪的相关法律制度

“有组织的犯罪具有高度的社会危险性……所以有必要制定专门的刑法规范以保证同这种犯罪现象作斗争”[1]，这是俄罗斯联邦原总检察长斯库拉托

[1] 俄罗斯联邦总检察院．俄罗斯联邦刑法典释义 [M]. 黄道秀，译．北京：中国政法大学出版社，2000：571.

夫和最高法院原院长 B. M. 列别捷夫（B. M. Лебедев）对反有组织犯罪法律手段的认识。基于同样的认识，我国在《刑法》第 294 条基础上制定了“反黑”单行法《反有组织犯罪法》。

我国《刑法》第 294 条规定了“组织、领导、参加黑社会性质组织罪”“入境发展黑社会组织罪”和“包庇、纵容黑社会性质组织罪”。根据该法条，组织、领导黑社会性质组织的，处 7 年以上有期徒刑，并处没收财产；积极参加的，处 3 年以上 7 年以下有期徒刑，可以并处罚金或者没收财产；其他参加的，处 3 年以下有期徒刑、拘役、管制或者剥夺政治权利，可以并处罚金；境外的黑社会组织人员到中华人民共和国境内发展组织成员的，处 3 年以上 10 年以下有期徒刑；国家机关工作人员包庇黑社会性质的组织，或者纵容黑社会性质的组织进行违法犯罪活动的，处 5 年以下有期徒刑；情节严重的，处 5 年以上有期徒刑；犯前三款罪又有其他犯罪行为的，依照数罪并罚的规定处罚。与 2011 年 5 月修正前的第 294 条相比，修正后的第 294 条弥补了量刑过轻、刑罚单一的缺陷，提高了组织、领导、参加黑社会性质组织罪和包庇、纵容黑社会性质组织罪的法定刑，增加了罚金和没收财产两个刑种。同时，依照《刑法》修正案（八），黑社会性质组织犯罪与危害国家安全犯罪和恐怖活动犯罪一道属于特殊累犯，涉黑犯罪分子在刑罚执行完毕或者赦免以后，在任何时候再犯这三种罪之一，都以累犯论处，这样就增加了涉黑犯罪构成累犯的比率，有利于从严从重惩处该类犯罪。

根据《刑法》第 294 条，黑社会性质的组织应当同时具备以下特征：①形成较稳定的犯罪组织，人数较多，有明确的组织者、领导者，骨干成员基本固定；②有组织地通过违法犯罪活动或者其他手段获取经济利益，具有一定的经济实力，以支持该组织的活动；③以暴力、威胁或者其他手段，有组织地多次进行违法犯罪活动，为非作恶，欺压、残害群众；④通过实施违法犯罪活动，或者利用国家工作人员的包庇或者纵容，称霸一方，在一定区域或者行业内，形成非法控制或者重大影响，严重破坏经济、社会生活秩序。这些特征吸收了 2002 年 4 月全国人民代表大会常务委员会关于我国《刑法》第 294 条第 1 款的解释内容，将黑社会性质组织的组织特征、经济特征、行为特征和非法控制特征，用刑法的形式加以明确规定，为涉黑犯罪的认定和法律适用扫清了道路，对我国的反有组织犯罪工作具有重要意义。

从 1997 年起至今，我国通过了 11 个刑法修正案，其中 5 个与“反黑”有直接关系。为了提高扫黑除恶工作的法治化水平，实现预定目标和取得成效，最高人民法院、最高人民检察院、公安部、司法部于 2018 年 1 月出台了《关于办理黑恶势力犯罪案件若干问题的指导意见》。2019 年 4 月，最高人民法院、最高人民检察院、公安部、司法部又陆续联合发布了 4 个指导意见，细化了上述 2018 年指导意见的要求。[1]

2021 年 12 月，《反有组织犯罪法》获全国人大常委会通过。该法共 9 章 77 条，包括总则、预防和治理、案件办理、涉案财产认定和处置、国家工作人员涉有组织犯罪的处理、国际合作等章。根据该法，所谓有组织犯罪，是指《刑法》第 294 条规定的组织、领导、参加黑社会性质组织犯罪，以及黑社会性质组织、恶势力组织实施的犯罪。该法将“恶势力组织”上升为法律概念，将其规定为“经常纠集在一起，以暴力、威胁或者其他手段，在一定区域或者行业领域内多次实施违法犯罪活动，为非作恶，欺压群众，扰乱社会秩序、经济秩序，造成较为恶劣的社会影响，但尚未形成黑社会性质组织的犯罪组织”。该法明确对有组织犯罪的组织者、领导者和骨干成员，应当严格掌握取保候审、不起诉、缓刑、减刑、假释和暂予监外执行的适用条件，充分适用剥夺政治权利、没收财产、罚金等刑罚（第 22 条）。为深挖黑恶势力“保护伞”，《反有组织犯罪法》将查办国家工作人员涉有组织犯罪明确为反有组织犯罪工作的重点，具体规定了国家工作人员涉有组织犯罪的具体类型，并规定国家工作人员组织、领导、参加有组织犯罪的，应当依法从重处罚（第 50 条）。该法结合新情况，对利用网络实施有组织犯罪和“软暴力”行为进行了定性。可以说，作为反有组织犯

[1] 姚建龙，罗建武．我国反黑刑法立法四十年回顾与展望 [J]. 犯罪研究，2019（5）：4–6.

罪单行法的《反有组织犯罪法》的出台，对我国在法治化轨道上常态化地开展扫黑除恶斗争具有重大意义。

从“严打”到“扫黑除恶”，我国“反黑”立法在不断完善，对提升“反黑”的法治化水平起着关键作用。我国“反黑”刑事立法整体上符合刑法现代化的发展趋势，在罪名体系、刑罚结构及犯罪组织认定上基本能够满足“反黑”司法实践[1]，但我国的“反黑”立法仍然存在一些缺陷。

具体表现在以下几个方面：

（1）“黑社会性质组织”的概念仍然不够明确；

（2）仅规定了黑社会性质组织犯罪，对参加境外黑社会组织的行为，境外黑社会组织成员在我国境内从事的黑社会犯罪活动，包庇纵容境外黑社会组织成员入境发展成员、从事其他违法犯罪活动的行为未规定为犯罪；

（3）从法定刑上看，对黑社会性质犯罪的刑罚单一，而且量刑过轻，自由刑的幅度设置失衡，罚金刑过低；

（4）在刑事程序法方面，没有针对有组织犯罪的特别刑事程序，证人保护制度需要完善；

（5）与其他许多国家（地区）的规定不同，没有在刑法上鼓励犯罪人与执法机关合作。

完善反有组织犯罪法律是个“系统工程”，涉及方方面面，这里只论述我们研究相对成熟的俄罗斯相关立法对我国有借鉴意义的部分。

（一）完善反有组织犯罪立法的相关概念

在反有组织犯罪立法中，核心问题是对“黑社会性质组织”“恶势力组织”的界定。

我国刑法对“黑社会性质组织”的界定不够明确。无论是《刑法》第294条中的“称霸一方”“为非作恶，欺压、残害群众”，还是新通过的《反有组织犯罪法》中的“为非作恶，欺压群众”，都是生活性语言，与刑法的

---

[1] 姚建龙，罗建武．我国反黑刑法立法四十年回顾与展望[J]. 犯罪研究，2019（5）：2.

地位不相符，而且，无论是黑社会性质组织的“在一定区域或者行业内，形成非法控制或者重大影响，严重破坏经济、社会生活秩序”，还是恶势力组织的“扰乱社会秩序、经济秩序，造成较为恶劣的社会影响”，都是犯罪造成的后果，而以后果来规制组织和领导行为，显然不符合思维逻辑，也不符合我们在反有组织犯罪方面的“打早打小”的形势政策。

至于如何做到“科学”定义，俄罗斯对犯罪联盟（犯罪组织）的立法规制和司法解释也许会给我们一些启示。

1996年《俄罗斯联邦刑法典》出台时，“犯罪联盟（犯罪组织）”的定义是为实施严重犯罪或特别严重的犯罪而成立的紧密的有组织团伙，或者是为此目的而成立的有组织团伙的联合组织（第35条第4款）。2009年11月3日该法典修订后，“犯罪联盟（犯罪组织）”的定义变成了有组织结构的有组织团伙或者是有统一领导的有组织团伙的联合组织，其成员为了实施一项或多项严重犯罪或特别严重的犯罪以直接或间接获得金钱或其他物质利益联合起来。

无论是在修订前还是在修订后的该法典中，犯罪联盟（犯罪组织）的概念都没有要求造成诸如“严重破坏秩序”“造成恶劣影响”的后果，也找不到类似我国界定黑社会性质组织和恶势力组织的模糊性语言。进一步分析这两个概念我们会发现，修订后的《俄罗斯联邦刑法典》关于犯罪联盟（犯罪组织）的规定吸收了《联合国打击跨国有组织犯罪公约》[1]中“有组织犯罪集团”“有组织结构的集团”“严重犯罪”这3个术语的内容，其中“为实施一项或者多项严重犯罪”“以直接或间接获得金钱或者其他物质利益”更是公约相关内容的直录。

另外，修订后的“犯罪联盟（犯罪组织）”概念去掉了“紧密性”特征，代之以《联合国打击跨国有组织犯罪公约》使用的“组织结构”特征，并在俄罗斯联邦最高法院“第12号决议”中将“有组织结构的有组织团伙”解释为“为实施一项或多项严重或特别严重犯罪事先联合起来的团伙，

[1] 俄罗斯国家杜马于2004年3月24日批准该公约。

由各结构单位（分组、环节等）组成，这些结构单位的特点是组成稳定和行动一致。一个有组织结构的有组织团伙，除了有统一的领导，还包括不同结构单位之间为实现共同的犯罪意图相互协助，划分各自职能，这些结构单位有可能具有专业性以便犯罪时执行特定行动，还有保障犯罪联盟（犯罪组织）活动的其他形式”。根据“第12号决议”，“犯罪联盟（犯罪组织）的结构单位”应理解为一个功能上和（或）地域上独立的群体，由两名或两名以上人员（包括该群体的负责人）组成，在犯罪联盟（犯罪组织）的框架内并根据其目标进行犯罪活动。这类结构单位为解决犯罪联盟（犯罪组织）的共同问题联合起来，不仅可以实施某些犯罪（行贿、伪造文件等），也要执行其他任务以确保犯罪联盟（犯罪组织）的运作。由这一司法解释可以看出，“组织结构”特征确实比修订之前的“紧密性”特征更加科学和有操作性，也符合《联合国打击跨国有组织犯罪公约》的精神和要求。

“有组织团伙”的定义自《俄罗斯联邦刑法典》1997年施行以来从未修订过，一直是“为实施一项或多项犯罪而事先联合起来的人组成的稳定的团伙”。而犯罪联盟（犯罪组织）与有组织团伙的区别除了在于前文所述的具有“组织结构”性质，也在于其犯罪动机是“直接或间接获得金钱或者其他物质利益”。根据“第12号决议”，所谓直接获得金钱或者其他物质利益，是指实施一项或多项严重或者特别严重的犯罪（例如，有组织团伙实施的诈骗或者诈骗数额特别巨大），用金钱、其他财产，包括证券等犯罪所得使犯罪联盟（犯罪组织）成员直接受益。而间接获取金钱或其他物质利益，是指实施一项或多项严重或特别严重的犯罪，不直接侵犯他人的财产，但犯罪联盟（犯罪组织）成员和其他人会在未来获得现金、财产权利或其他财产利益。

同时，犯罪联盟（犯罪组织）也具有有组织团伙没有的犯罪目的，即“实施一项或者多项严重或特别严重的犯罪”。所谓严重犯罪，《联合国打击跨国有组织犯罪公约》规定的是“构成可受到最高刑至少4年的剥夺自由或更严厉处罚的犯罪的行为”，而《俄罗斯联邦刑法典》根据犯罪对社会危害的性质和程度，将犯罪分为轻罪、中等严重的犯罪、严重犯罪和特别严重的犯罪（第 15 条）。其中，严重犯罪针对的是最高刑罚不超过 10 年剥夺自由的故意行为或最高刑罚不超过 15 年剥夺自由的过失行为，特别严重的犯罪针对的是最高刑罚超过 10 年剥夺自由或更重的故意行为（第 4 款和第 5 款）[1]，中等严重的犯罪针对的是最高刑罚不超过 5 年剥夺自由的故意行为或最高刑罚不超过 10 年剥夺自由的过失行为（第 3 款）。由于有组织犯罪与过失共同犯罪相悖，所以，《俄罗斯联邦刑法典》中"严重或特别严重的犯罪"是指刑罚为 5 年以上剥夺自由的故意犯罪。[2]

至于"暴力性"，一般认为其是构成我国刑法"黑社会性质组织"的不可缺少的要件。[3]但无论是《联合国打击跨国有组织犯罪公约》还是《俄罗斯联邦刑法典》，对此都没有提及，这其中的原因是：一方面，有组织犯罪已经呈现"暴力弱化"的趋势，现代社会为犯罪组织提供了更多的犯罪手段和犯罪空间，犯罪对暴力的依赖逐渐减弱[4]；另一方面，如前文所述，有组织犯罪集团为了更加隐蔽和谋取更高的利益，不断洗白自己，向合法的经济领域（行业）渗透[5]，俄罗斯的黑社会就经历了从普通刑事型有组织犯罪向经济型有组织犯罪的不断转化（见第一章），有组织犯罪集团必然越来越少地使用暴力。我国将"软暴力"犯罪写进反有组织犯罪法就是这种趋势的明证。[6]

---

❶ 这是《俄罗斯联邦刑法典》2019 年 6 月 28 日修订的内容，以前的该法典没有过失行为的严重犯罪。

❷ 我国与世界上绝大多数不同，尚未按照犯罪轻重进行法定分类，也没有像俄罗斯一样，建立与犯罪分类相关的刑法制度。

❸ 何秉松教授认为："有组织的暴力是一切黑社会组织包括黑社会性质组织的本质，是一切黑社会组织最根本属性和特征。"［何秉松．有组织犯罪研究（第一卷）[M]. 北京：中国法制出版社，2002：256.］

❹ 莫洪宪．加入《联合国打击跨国有组织犯罪公约》对我国的影响 [M]. 北京：中国人民公安大学出版社，2003：97；最高人民检察院．刑事案件发生结构性变化我国经济犯罪持续增长 [EB/OL].（2021-06-03）[2022-01-12]. https://weibo.com/sppcn.

❺ 蔡军．我国有组织犯罪企业化的路径及其表现分析 [J]. 法学论坛，2021（1）：129-130.

❻ 关于"软暴力"产生与作用机制的经济学 / 社会学解释见：林毓敏．黑社会性质组织犯罪中的暴力手段及软性升级 [J]. 国家检察官学院学报，2018（6）：59-64.

同时，《联合国打击跨国有组织犯罪公约》中的“有组织犯罪集团”和《俄罗斯联邦刑法典》中的“犯罪联盟（犯罪组织）”都没有要求形成“非法控制”或“重大影响”或“造成较为恶劣的社会影响”。究其原因，应该在于现实存在的有组织犯罪集团无须“在一定的区域或者行业内，形成非法控制”也可实施各种犯罪活动，以达到其“获得金钱或其他物质利益”的目的。[1]

《俄罗斯联邦刑法典》第 210 条的内容可以说与我国《刑法》的第 294 条有相似之处，它自 1997 年至今历经 5 次修订，条旨由最初的“组织犯罪联盟（犯罪组织）”改为“组织或参加犯罪联盟（犯罪组织）”（2009 年 11 月 3 日修订版），由组织行为变为组织或参加行为，更符合本条内容。从罪状看，最重要的第 1 款从最初的犯罪联盟（犯罪组织）的成立行为和领导行为，以及有组织团伙组织者、领导者的联合组织的成立行为，细化为犯罪联盟（犯罪组织）的成立行为和领导行为，各有组织团伙犯罪活动的协调、建立稳固联系的行为，划分势力范围、分割犯罪收入、参加有组织团伙组织者或领导者联合组织的会议等诸方面行为（2009 年 12 月 27 日修订版），最后又依照区分刑事责任原则，将参加有组织团伙组织者、领导者的联合组织会议的行为单列为第 1.1 款，对其规定了稍低于第 1 款的法定刑（2019 年 4 月 12 日修订版）。

同时，该条的法定刑不断提高，犯罪联盟（犯罪组织）的成立行为和领导行为的最低刑期由最初的 7 年提高到 12 年，最高刑由 15 年提高到 20 年，在一定情况下（第 4 款）可判处终身剥夺自由；附加刑由选处没收财产改为选处罚金（2003 年 12 月 8 日修订版），并处限制自由（2009 年 12 月 27 日修订版）两种，罚金数额从 100 万卢布以下或 5 年以下被判刑人工资或其他收入提高到 500 万卢布以下或 5 年以下被判刑人工资或其他收入；限制自由刑作为剥夺自由刑的附加刑，在主刑执行完毕以后执行，期限为 1 年以上 2 年以下。参加行为的最低刑由最初的 3 年，提高到 5 年（2009 年

[1] 莫洪宪 . 加入《联合国打击跨国有组织犯罪公约》对我国的影响 [M]. 北京：中国人民公安大学出版社，2003 ：98.

12 月 27 日修订版)，再提高到现在的 7 年（2019 年 4 月 12 日修订版)；选处的罚金数额从最初的 50 万卢布以下或被判刑人 3 年以下工资或其他收入（2003 年 12 月 8 日修订版)，变为 300 万卢布以下或被判刑人 5 年以下工资或其他收入；并处的限制自由从 1 年以下（2009 年 12 月 27 日修订版）提高到 1 年以上 2 年以下（2019 年 4 月 1 日修订版)。

从《俄罗斯联邦刑法典》第 210 条的修订轨迹，我们可以看到俄罗斯立法者在不断加大对有组织犯罪惩治的力度和与国际公约接轨的努力。

应该说，我国对有组织犯罪的立法也一直在补充、修订和完善。先是《刑法》规定了黑社会性质组织罪，后来反有组织犯罪法又补充了恶势力组织犯罪，还有学者建议适度超前地增设黑社会组织罪及其相关罪名。[1]笔者认为，恶势力组织、黑社会性质组织和黑社会组织不过是有组织犯罪发展的不同阶段，如果我们对其一一加以规定，还要兼顾不同层次犯罪组织形态的罪名差别，会陷入罪名繁多的混乱之中，正如老子所云，“法令滋彰，盗贼多有”，反而可能降低对有组织犯罪的打击力度。

《联合国打击跨国有组织犯罪公约》第 34 条第 1 款规定，各缔约国均应根据其本国法律制度的基本原则采取必要的措施，包括立法和行政措施，以切实履行其根据本公约所承担的义务。该款规定表明，对于各缔约国而言，通过采取一定的国内措施来保障公约得以履行，已经不再仅仅是“条约必须信守”这一原则要求，而是作为白纸黑字写进条约要求各缔约国必须承担的条约义务。[2]条约义务要承担，种种犯罪组织要规制，而打击有组织犯罪要结合我国的国情，怎样来平衡三者的关系呢？笔者认为，借鉴俄罗斯反有组织犯罪立法的经验，引入《俄罗斯联邦刑法典》中“犯罪联盟（犯罪组织)”的规定并稍微加以改造，应该是一个切入点。

我国《刑法》中的共同犯罪，以共同犯罪人之间结合的紧密程度为标

❶ 王良顺 . 惩治有组织犯罪的基本原则与立法实现路径——以反有组织犯罪法立法为背景 [J]. 中国刑事法杂志，2021（6)：31–33.

❷ 莫洪宪 . 加入《联合国打击跨国有组织犯罪公约》对我国的影响 [M]. 北京：中国人民公安大学出版社，2003 ：10.

准，可分为一般的共同犯罪和特殊的共同犯罪。特殊的共同犯罪是指，“各共同犯罪人之间建立起组织形式的共同犯罪，或称有组织的共同犯罪，亦即犯罪集团”[1]。而我国《刑法》第26条第2款规定，“三人以上为共同实施犯罪而组成的较为固定的犯罪组织，是犯罪集团”。这里的“犯罪集团”与《俄罗斯联邦刑法典》中对“有组织团伙”规定的“为实施一项或多项犯罪而事先联合起来的人组成的稳定的团伙”的内涵基本一致。而这里的“犯罪组织”应理解为“犯罪的组合”或者“犯罪性团体或集体”[2]，而非下文提到的作为有组织犯罪形式的“犯罪组织”概念。在俄罗斯刑法理论上，依照共同犯罪人客观联系的性质和内容以及对其定罪的特点，将共同犯罪分为4种形式：简单共犯、复杂共犯、有组织团伙和犯罪联盟（犯罪组织）。这其中，有组织团伙和犯罪集团（犯罪组织）是有组织犯罪的共犯形式。这样的分类，正好对应我国《刑法》中的一般的共同犯罪和特殊的共同犯罪，即我国《刑法》的一般共同犯罪对应的是《俄罗斯联邦刑法典》中的简单共犯和复杂共犯（在《俄罗斯联邦刑法典》中的表述分别是“团伙”和“事先通谋的团伙”），而特殊的共同犯罪对应的是《俄罗斯联邦刑法典》中的有组织团伙和犯罪联盟（犯罪组织）。如前所述，我国《刑法》中的“犯罪集团”对应的是《俄罗斯联邦刑法典》中的“有组织团伙”。所以，相应地，为了规制有组织犯罪，我们只需要在刑法中加入对“犯罪组织”的规定就可以了。体系是：犯罪集团+犯罪组织=有组织犯罪，犯罪集团↔恶势力组织，犯罪组织↔黑社会性质的组织，这样就与我国颁布的《反有组织犯罪法》对应起来了。而且，“犯罪组织”既可以对应黑社会性质的组织，也可以将未来中国可能会出现的黑社会组织囊括进来。笔者认为，用“犯罪组织”这样一个含义丰富、既可以“顾后”又可以“瞻前”的弹性概念对有组织犯罪集团的活动加以规制，具有一定的严肃性和严密

❶ 高铭暄，马克昌．刑法学[M]．北京：北京大学出版社，2001：174.

❷《现代汉语词典》对“组织”的释义为“按照一定的宗旨和系统建立起来的集体”。（中国社会科学院语言研究所词典编辑室．现代汉语词典[M]．北京：商务印书馆，1978：1679.）

性，能够帮助犯罪性质认定和法律适用，增强打击犯罪实践上的可操作性。

我们可以规定：所谓有组织犯罪，是由犯罪集团和犯罪组织及其关系和行为组成的系统（即采用综合界定说，综合犯罪集团/犯罪组织与犯罪行为诸特征给有组织犯罪下定义，这是目前国际社会大多数学者包括俄罗斯学者所采用的定义方法，也是当下较为流行、较为科学的定义方法）；所谓犯罪集团，是三人以上为共同实施犯罪而组成的较为固定的犯罪团体[1]（这里没有保留我国刑法原文，是为了与有组织犯罪的更高级形态“犯罪组织”相区分）；所谓犯罪组织，是由三人或多人所组成的、在一定时期内存在的、为了实施一项或多项严重犯罪以直接或间接获得金钱或其他物质利益而一致行动的有组织结构的集团；所谓有组织结构的集团，是指并非为了立即实施一项犯罪而随意组成的集团，但不必要求确定成员职责，也不必要求成员的连续性或完善的组织结构。

鉴于我国并未对犯罪进行分层、分类，所以，需要在《刑法》总则部分规定何为严重犯罪。从长远来看，鉴于《刑法》修正案（八）以后很多轻微犯罪入刑，非常有必要将犯罪按社会危害性的性质和程度进行分类，并依此设立刑事制度[2]（如俄罗斯就是将有组织团伙犯罪规定为加重情节或法定刑升格要件，详见《俄罗斯联邦刑法典》第63条和本书第四章；如果我国在刑法中针对有组织犯罪也这样规定，那么，就要说明犯罪集团实施的犯罪包括犯罪组织实施的犯罪，否则就会造成量刑不均，仍见本书第四章），这样才能满足刑法科学化和当今社会打击犯罪包括有组织犯罪的需要。

另外，基于犯罪集团趋于联合的现实（以毒品贩运为例，“贩运和销售毒品并不是由同一犯罪组织实施。无论是贩毒，还是买卖毒品，都是由一

---

[1] 《现代汉语词典》对“集团”的释义为“为了一定的目的组织起来共同行动的团体”。（中国社会科学院语言研究所词典编辑室．现代汉语词典[M]．北京：商务印书馆，1978：593）

[2] 戴鑫．俄罗斯刑法犯罪分立及借鉴研究[D]．呼和浩特：内蒙古大学，2020：19-24.

系列具体传销过程组成的”[1]），可以借鉴《俄罗斯联邦刑法典》第 35 条和第 210 条关于“犯罪联盟”的规定，将这种“犯罪集团（即《俄罗斯联邦刑法典》的有组织团伙）的联合组织”也纳入规制的范畴。

（二）借鉴俄罗斯的审前合作协议制度

按照俄罗斯刑事诉讼立法，审前合作协议制度[2]是法律鼓励被追究刑事责任的人与护法机关进行合作的特殊诉讼形式。审前合作协议制度是对美国辩诉交易制度（plea bargaining）的引入[3]。这一制度在我国的刑事诉讼法中尚未有明文规定，但有学者在司法实践中对其进行了一定的探索。因此，有必要在此对俄罗斯的审前合作协议制度适用的成败得失加以简要介绍，以便我国立法者吸收和利用其中的有益成分。

目前，审前合作协议制度在打击有组织犯罪集团方面所发挥的作用受到了俄罗斯理论界和实务界的一致肯定。[4]专家们认为，审前合作协议制度对侦查机关侦查的有效性、全面性和客观性产生了根本影响，优化了刑罚的必然性原则和犯罪人行为的刑事法律评价。[5]俄罗斯国家杜马前议员 М. И. 格卢先科（М. И. Глущенко）雇佣杀人案、克里米亚部长会议前副主

[1] 安德鲁·博萨．跨国犯罪与法 [M]. 陈正云，孙丽波，等译．北京：中国检察出版社，1997：96.

[2] 详见本书第四章“俄罗斯对有组织犯罪的法律调整”第一节。

[3] МАШИННИКОВА Н О. Особенности рассмотрения уголовного дела в порядке главы 40.1 УПК РФ[J].Вестник Удмутского университета, 2019(Т.29,вып.2):194.

[4] КУЛАКОВ А А. Виды групповых преступлений, расследуемых с применением досудебногосоглашения о сотрудничестве[J].Вестник Российской таможенной академии,2016(4):162-163; СПУТНИКОВА Е А. Досудебное соглашение о сотрудничестве - «сделка с правосудием»[EB/OL].(2019-01-02)[2022-01-12]. https://www.advokat-stupnikova.ru/chastyie-voprosyi/107-dosudebnoe-soglashenie-o-sotrudnichestve-%C2%ABsdelka-s-pravosudiem%C2%BB.html.

[5] ХАМИДУЛЛИН Р С. Криминалистическое обеспечение деятельности следователя по применению норм особого порядка уголовного судопроизводства при заключении досудебного соглашения о сотрудничестве[D]. Екатеринбург: Уральский юридический институт Министерства внутренних дел Российской Федерации, 2018:3-4.

席 В. Г. 纳赫卢平（В. Г. Нахлупин）受贿案等有组织犯罪集团所为的重大案件都是因为和被告人订立了审前合作协议使案情得到重大突破的。[1]据俄联邦最高法院司法总局统计，在订立审前合作协议的情况下，2019 年区法院作为一审法院审结案件 2 600 件（2018 年是 2 800 件），2 600 人被判刑（2018 年是 2 800 人），62 人被终止案件（2018 年是 89 人）；州法院或同级法院[2]作为一审法院依照特别程序审理案件时，32 人订立了审前合作协议（2018 年是 30 人）。[3]司法实践表明，订立审前合作协议的多数案件属于非法贩运麻醉品、精神药品和类似物质犯罪[4]，如在秋明州、汉特－曼西斯克自治区和亚马尔－涅涅茨自治区，2015 年与被控贩毒的犯罪人订立的协议分别占所有协议的 83.4%、89.7% 和 94.2%，2016 年上半年分别占 52.7%、78.3 和 81.7%。[5]

但是，随着这一制度的适用，其中的问题也渐渐暴露出来，主要集中在：没有以法律或者司法解释来限定犯罪形式为共犯（主要是有组织犯

---

[1] ТЕЛЕХОВ М.Суд рассмотрит прошение об УДО экс-депутата Госдумы Глущенко[EB/OL].(2021-08-13)[2022-01-11].http://www.rapsinews.ru/judicial_news/20210813/307293164.html?utm_source=yxnews&utm_medium=desktop&utm_referrer=https%3A%2F%2Fyandex.ru%2Fnews%2Fsearch%3Ftext%3D. НОВОЖЕНИНА Е. Взятки на 16 млн: экс-вице-премьеру РК Нахлупину предъявили обвинение[N/OL].(2021-06-01)[2022-01-11].

[2] 根据俄罗斯的法院体系法，联邦普通法院共分 3 级，由下到上分别是区法院、联邦主体（包括共和国、最高法院、州、联邦直辖市、自治区和自治州）最高法院和俄罗斯联邦最高法院。

[3] 见俄罗斯联邦最高法院司法总局网站对普通法院和治安法官 2019 年工作的统计：Судебный департамент при Верховном Суде Российской Федерации. Обзор судебной статистики о деятельности федеральных судов общей юрисдикции и мировых судей в 2019 году[EB/OL]. [2022-01-22].http://www.cdep.ru/userimages/sudebnaya_statistika/2020/Obzor_sudebnoy_statistiki_o_deyatelnosti_federalnih_sudov_obshchey_yurisdiktsii_i_mirovih_sudey_v_2019_godu.pdf.

[4] 即集中在《俄罗斯联邦刑法典》第 25 章“针对居民健康和公共道德的犯罪”中。

[5] ПИЮК А В. Досудебное соглашение о сотрудничестве: оценка эффективности и основные проблемы[J].Весник Сибирского юридического института ФСКН России,2016(4):34.

罪）[1]，没有禁止有组织犯罪集团的组织者、领导者和首要分子订立审前合作协议，侦辩双方地位失衡，被告人权利受到损害[2]，分案处理造成量刑不均等。

来自俄罗斯实务部门的报告更能使我们对此有直观的认识。[3]如依照《俄罗斯联邦刑事诉法典》第 40.1 章，订立协议后，被告人的案件从主案件中分出（订立协议的被告人分案处理方法在 2018 年修订的《俄罗斯联邦刑事诉讼法典》第 154 条第 1 款第 4 项得以规定），立法者的本意之一是以此保证被告人的人身安全，防止其受到犯罪集团其他成员的威胁[4]，可是，由于俄联邦最高法院全体会议"第 16 号决议"并未限制订立协议的被告人数量，也就是说，在同一有组织犯罪案件中，检察官可以和几名被告人订立协议，如汉特－曼西斯克自治区下瓦尔托夫斯克区的检察官和侦查机关就曾和一个贩毒集团的全部 14 名成员订立了审前合作协议，由于犯罪嫌疑人的发现时间有早晚，第一名和最后一名被告人订立协议的时间相差了 3 个多月。俄罗斯现行法律规定，只要有一个案件适用特别程序，关联案件就不能由同一法官审理，而负责案件审理的下瓦尔托夫斯克区法院的法官数量不足，案件只好由下瓦尔托夫斯克地区几家法院的法官审理，最后，贩毒集团的首领被判 8 年剥夺自由刑缓刑，而一名只参与 3 次出售毒品的被

---

❶ КУЛАКОВ А А. Виды групповых преступлений, расследуемых с применением досудебного соглашения о сотрудничестве[J].Весник Российской таможенной академии, 2016(4):163.

❷ КАЛЕНТЬЕВА Т А, ЛИТВИНА Е Д. Совершенствование правового института досудебного соглашения о сотрудничестве на современном этапе развития российского уголовного процесса[J].Вестник Волжского университета,2020(2):255-256.

❸ 见俄罗斯汉特－曼西斯克自治区梅吉翁市法院院长阿·瓦·皮尤克（А. В. Пиюк）就审前合作协议适用情况所做的报告：ПИЮК А В. Досудебное соглашение о сотрудничестве: оценка эффективности и основные проблемы[J].Весник Сибирского юридического института ФСКН России,2016(4):33-36.

❹ 另一意图是将该名共同被告人与其他同案被告人的审判程序分开，这名被告人就能以证人身份在其他同案被告人的审判程序中出庭作证。（黄东熊 . 刑事诉讼法论 [M]. 台湾：三民书局，1987：398.）

告人在认罪后被另一家法院的法官判处 2.5 年的实际剥夺自由。[1] 依照“第 16 号决议”订立协议是检察官的权利，而不是义务，这样检察官就会在实践中有选择性地订立协议，并倾向于与掌握最多信息的被告人如组织犯或者犯罪集团中最积极的成员订立协议，希望以此掌握重要情报，获取关键证据，这样做的结果就是量刑不均衡，司法正义难以实现。比如，一名组织贩毒团伙同时实施了 8 项犯罪的被告人因订立了审前合作协议适用特别程序后，被亚马尔－涅涅茨自治区十月市法院判处剥夺自由 6 年 8 个月，而他的 2 名同案犯因检察官拒绝与其订立协议，只能适用一般程序，最后分别被判处剥夺自由 11 年 5 个月和 11 年 2 个月。由于审理战线拉得很长，分案和主案在不同时间审理，这就不利于从整体上评价证据，法官也很难客观断定被告人是否有主观故意（特别是罪过程度），量刑失衡就在所难免。[2] 同时，一项调查显示，90% 的被调查侦查人员、检察官、法官和律师没有听说过哪个订立了协议的被告人遭到威胁、暴力，也不觉得把审前合作协议等材料封存有什么用。因为无论是被告人的同案犯还是亲属都很清楚谁被推定为了共犯人，谁与侦查机关合作了。那些被揭发的罪犯知道自己的同案犯订立了协议，通常的反应就是自己也要订立这样的协议。[3] 当然，这从一个侧面也反映出了不限定订立协议的人数对瓦解有组织犯罪集团、提高案件侦办效率的作用。

我国 2021 年出台的《反有组织犯罪法》规定，犯罪嫌疑人、被告人检举、揭发重大犯罪的其他共同犯罪人或者提供侦破重大案件的重要线索或者证据，同案处理可能导致其本人或者近亲属有人身危险的，可以分案处

---

❶ ПИЮК А В. Досудебное соглашение о сотрудничестве: оценка эффективности и основные проблемы[J].Весник Сибирского юридического института ФСКН России,2016(4):34-35.

❷ ПИЮК А В. Досудебное соглашение о сотрудничестве: оценка эффективности и основные проблемы[J].Весник Сибирского юридического института ФСКН России,2016(4):35.

❸ ПИЮК А В. Досудебное соглашение о сотрудничестве: оценка эффективности и основные проблемы[J].Весник Сибирского юридического института ФСКН России,2016(4):36.

理。对此，我们可以参考俄罗斯分案处理有组织犯罪人的经验和教训，结合我国的国情，扬长避短，把立法者的意图真正落到实处。

（三）完善证人保护制度

证人保护是当前“反黑”斗争中的一个最为现实、也最难解决的问题。一些国家认为，证人保护是打击黑社会犯罪的最有效的措施之一。[1]在证人保护方面，我国2021年出台的《反有组织犯罪法》除了比照刑事诉讼法，对黑社会性质的组织犯罪案件的证人及其近亲属规定了身份保密、出庭作证保护、禁止特定人接触、人身和住宅保护等保护措施外，还增加了生活安置的内容，规定公检法机关应当变更被保护人员的身份，重新安排其住所和工作单位。同时，该法进一步细化了证人保护的义务主体，规定：禁止特定人接触和人身、住宅保护措施由公安机关执行，变更被保护人员身份由国务院公安部门批准和组织实施。这是我国证人保护制度的一大进步。

尽管如此，我国的有组织犯罪证人保护制度仍有不少需要完善之处。

第一，需要细化保护义务主体，增加保护内容。前文提到的俄罗斯联邦《被害人、证人及其他刑事诉讼参与人国家保护法》规定的证人保护机关如下：证人所在地的法院（法官）、侦查机关（侦查人员）是证人保护的决定机关，证人所在地的内务机关[2]、联邦安全机关、海关机关是证人安全措施的实施机关，俄罗斯联邦司法部的刑事执行机构和机关是位于看守所或服刑地的证人安全措施的实施机关，俄罗斯联邦政府授权的机关是证人的社会支持机关[3]（第3条）。证人保护内容有：①人身保护、住所和财产保护（被保护人的住所及其财产可配备监视设备以及消防和安全警报）；②提供特殊的个人防护、通信和危险警报设备；③对受保护人的信息保密；④迁移到另一个居住地；⑤更换证件；⑥整容；⑦改变工作或学习地点；

❶ 赵可．打击黑社会性质犯罪中证人保护问题探析 [J]. 公安研究，1999（5）：46.

❷ 比如，俄罗斯内务部就设有受国家保护人员安全保障局。

❸ 根据俄罗斯《被害人、证人及其他刑事诉讼参与人国家保护法》，实施社会支持措施的事由是证人因参与刑事诉讼死亡、受伤或遭受健康损害（第17条）。

⑧临时安置至安全地方；⑨对被羁押或服刑的被保护人采取补充安全措施，包括转移到另一个看守所或服刑地（其中第3项和第7项仅适用于严重和特别严重的犯罪）。如果有法定事由，也可对被保护人采取其他安全措施（第6条）。由此可见，俄罗斯的证人保护措施范围大于我国的《反有组织犯罪法》（如我国对证人的保护还没有涉及证人的财产），俄罗斯对证人保护诸机关的职责划分比较明晰，有利于不同部门各负其责，避免互相推诿，从而提高对有组织犯罪证人的保护效率。

第二，应该扩大证人保护对象。我国反有组织犯罪法规定的有组织犯罪证人的保护范围是证人及其近亲属，而我国刑事诉讼法中的近亲属是配偶、父母、子女和同胞兄弟姊妹，民法所指的近亲属是配偶、父母、子女、兄弟姐妹、祖父母、外祖父母、孙子女、外孙子女。不过，即便是将近亲属的范围由刑诉法扩充至民法，保护范围也仍然小。这是因为，陷害打击对证人有重要意义的近亲属以外的人也仍然会造成证人的顾虑而不敢作证。在这方面，俄罗斯《被害人、证人及其他刑事诉讼参与人国家保护法》提出了一个“被保护人”的概念，“被保护人”的范围相当庞大，根据该法，受到国家保护的刑事诉讼参与人有审判程序的参与人、审前程序的参与人和这两类人的近亲属、亲属和亲近的人三大类。审判程序的参与人分为七类：①被害人；②证人；③自诉人；④犯罪嫌疑人、被告人、受审人及其辩护人和法定代理人；⑤被判刑人、被无罪释放的人以及被停止刑事案件或刑事追究的人；⑥司法鉴定人员、专家、翻译人员、见证人以及参与刑事诉讼的教师和心理学家；⑦被害人、附带民事诉讼原告人、附带民事诉讼被告人和自诉人的法定代理人、代表人（第2条第1款）。审前程序的参与人有报案人、目击证人或犯罪受害者或其他帮助预防或揭露犯罪的人（第2条第2款）。第三类受国家保护的人是上述两类人员的近亲属、亲属和亲近的人。近亲属的范围与我国民法的规定大致相同，只是多了收养人和被收养人。“亲属”是近亲属之外的证人的血亲，而“亲近的人”是近亲属和亲属以外的证人的姻亲，以及基于建立的个人关系而生命、健康和福祉为证人所珍视的人。我国反有组织犯罪的相关法律应该参照俄罗斯的做法，结合我国的国情，扩大证人的保护范围，至少要将证人的血亲和姻亲以及与证人有密切利害关系的人纳入保护范围，准用证人保护规定。

第三，应该进一步明晰证人和证人保护机关的权利和义务范围。根据俄罗斯《被害人、证人及其他刑事诉讼参与人国家保护法》，被保护人有权利：①了解自己的权利和义务；②要求确保本人及近亲属、亲属和亲近的人的人身和财产安全；③要求采取社会支持措施；④了解对自己以及近亲属、亲属和亲近的人采取的安全措施及其性质；⑤申请额外安全措施，全部或部分取消或继续实施安全措施；⑥根据俄罗斯联邦法律规定的程序，就提供国家保护的机关的决定和行动向上级机关、检察官或法院提出申诉；⑦向安全措施的执行机关申请心理援助（第 23 条）。被保护人的义务是：①遵守安全措施的适用条件和国家保护机关的合法要求；②立即向国家保护机关通报每一次与其相关的威胁或不法行为；③使用安全保障机关发放的个人防护、通信及危险警报设备时，遵守俄联邦法律和其他法律；④对适用的国家保护措施保密。提供国家保护的机关的义务是：①立即对获悉所有需要安全或社会支持措施的情况做出反应；②实施一切必要的安全措施和社会支持措施；③将安全措施和社会支持措施的适用、变更、增加或取消以及依法做出的国家保护决定及时通知被保护人；④在向被保护人宣布国家保护的决定时，说明其权利和义务；⑤对被保护人提供心理支持（第 24 条）。

污点证人是一种特殊证人，俄联邦最高法院“第 16 号决议”规定，法官在审理订立了审前协议的被告人案件时，要考虑被告人及其近亲属、亲属和亲近的人受到威胁的情况，采用不公开审理的方式，另外，在侦查机关和检察官没有采取相应措施的情况下，法院可以采取任何国家保护措施。

只有健全一般的证人保护制度，建立有组织犯罪证人保护的特殊制度，才能有效避免证人畏证现象的出现，全面推进打击有组织犯罪工作。

二、完善我国的“反黑”机构体系

为打击我国的有组织犯罪，公安部建立了反有组织犯罪的专门机构（反有组织犯罪处），各省、自治区、直辖市公安机关也建立了相应的机构。在一些跨境有组织犯罪活动比较猖獗的地区，各级公安机关都有专门人员负责此项工作。[1]尽管如此，目前从全国范围来看，绝大多数地方没有建立专门的“反黑”机构，我国的公安机关还没有形成完整的“反黑”机构体系。这就导致了以下问题：其一，由于警力不专，对黑社会（性质）犯罪案件难以做到通盘考虑，因而影响到对这类案件的侦破查处；其二，影响专业“反黑”队伍的建设，“反黑”业务活动难以长期持续；其三，存在着已有的“反黑”机构地位不高（附属于普通的刑侦部门），人员、经费、装备、权限等难以得到保障，以及相互之间缺乏沟通的弱点，难以适应“打黑除恶”的需要。

（一）关于是否建立独立的“反黑”机构

至于如何构建我国的“反黑”机构体系，国内有学者提出，没有必要在我国成立完全独立于其他国家机构的专门“反黑”机构。其理由是：①不符合我国机构设置的传统做法，可能会导致政府机构的臃肿和效率的低下；②在经济上难以提供保障；③我国的黑社会（性质）犯罪还处于低级阶段，并未达到非设立单独“反黑”机构就不能控制的程度。另外，由于黑社会（性质）犯罪的起诉与审判同其他类型的犯罪相比没有太大的区别，所以，也没有必要在检察机关和人民法院设置专门的“反黑”机构。[2]

不过，有必要建立一支素质高、业务精的“反黑”队伍。这是因为，

---

[1] 陆剑君．中国内地及跨境有组织犯罪现状、原因与打击对策 [C]// 何秉松．全球化时代有组织犯罪与对策．北京：中国民主法制出版社，2010：107–108.

[2] 李文燕，柯良栋．黑社会性质犯罪防治对策研究 [M]. 北京：中国人民公安大学出版社，2006：382–384.

一方面，有时虽然暴露出一些黑社会性质组织违法犯罪的线索，但由于没有专门的人员去收集和整理，并做整体分析和把握，常常将其作为孤立的个案处理，不利于从根本上动摇黑社会性质组织的根基；另一方面，打击黑社会性质组织犯罪，是一项业务水平较高和过程复杂的工作，因此，彻底铲除黑社会性质组织犯罪这一社会“毒瘤”不可能靠几次专项斗争就能解决，它是一场长期的、艰苦的斗争，为此，必须有专门的“反黑”队伍专司“反黑”职能。[1]

笔者对此表示同意。就目前黑社会（性质）犯罪的形势看，的确没有必要建立独立于其他国家机构的专门“反黑”机构。在“反黑”形势比我国严峻的俄罗斯，法学家们也就本国这一问题展开了激烈讨论，虽然有很多赞同成立独立自主的“反黑”机构的意见，但没有被实务部门采纳。这也从侧面证明了笔者的观点。

（二）“反黑”机构的设立原则

对于我国“反黑”机构的设立原则，国内尚未有学者对其进行过综合论述。笔者结合俄罗斯设立“反黑”机构的经验和教训阐述一下自己的看法。

第一条原则：提高地位。

成立相对独立的“反黑”机构，并提高“反黑”机构领导者的地位。笔者认为，为提高打击黑社会（性质）犯罪的力度，应该在公安部成立独立的反有组织犯罪局，而不是像现在这样，在刑侦局下设反有组织犯罪处。同时，在各省、自治区、直辖市公安厅（局）下设相应的反有组织犯罪处，取消现在一些省（市、区）设立的“打黑除恶”专项斗争办公室，这些机构具有临时性质，不能长期存在。在县/市级公安机关成立“反黑”大队[在黑社会（性质）犯罪案件发案较少的地区可以在刑警大队成立“反黑”探组]。这样，就可以形成一个从公安部到省（市、区）公安厅（局），再到基层派出所、刑警队的强大“反黑”网络。

同时，为加强打击力度，应该提高这些专门“反黑”机构领导者的地

[1] 孙昆．黑社会性质组织犯罪侦查研究[D]．重庆：西南政法大学，2005：28-29.

位。俄罗斯在1992年12月的总统令中就曾赋予有组织犯罪总局局长以内务部第一副部长的职位。然而，1998年4月的总统令取消了有组织犯罪总局局长作为内务部第一副部长的地位，使其比原来职位低了几个级别，从而降低了反有组织犯罪机构的地位。这种做法是错误的，我们应该引以为戒。П. А. 斯科布利科夫在提议俄罗斯设立独立的反有组织犯罪和反腐败机构时，建议机构领导的任命最好由总统提名，并经上下两院同意。[1]这足见俄罗斯学者对“反黑”机构领导者地位的重视。

在提高领导者地位的同时，必须认识到，应该任命懂专业的领导。在这方面，俄罗斯有教训：2003年成立国家麻醉药品和精神药物流通监管委员会和其在各联邦主体下属的各局时，一部分工作人员就来自税务警察局，这些人从未从事过贩毒活动的侦查、调查工作，不熟悉业务，工作失误频出，导致了系统内部工作效率的低下和对犯罪打击力度的下降。[2]

第二条原则：简化职能。

反有组织犯罪专门机构应该专事打击黑恶势力，其职责是收集情报信息、侦查黑社会（性质）犯罪以及对黑社会（性质）组织成员的缉捕，还有“反黑”专业队伍的招募和培训工作，应该做到“心无旁骛”，不应该包揽太多事务，其他部门也应该无权吸收他们参与自己部门的活动，否则，“反黑”机构工作人员就会疲于应付，工作效率低下。在这方面，俄罗斯是我们的反面教材。如有组织犯罪总局的主要任务本该是查明和制止犯罪组织和犯罪集团的活动，以及他们与权力部门的腐败联系。但是，依照俄罗斯内务部1997年的计划，有组织犯罪总局及其下属机构参与了以下与其职能无关的活动：对精矿选矿和提金工厂、钻石黄金开采企业以及贵金属和宝石加工厂的技术防护和保安工作进行登记造册；保护国内市场，抵制

❶ СКОБЛИКОВ П А. Актуальные проблемы борьбы с коррупцией и организованной преступностью в современной России[M]. Москва: Норма, 2007: 36.

❷ АЛЕКСЕЕВА А П. Проблемы противодействия незаконному обороту наркотиков в Волгоградской области[C]//ДОЛГОВА А И. Преступность как она есть и направления антикриминальной политики. Москва: Российская криминологическая ассоциация, 2004: 125.

进口商品对俄罗斯企业生产的同类商品的冲击；核查许可证并清查私人保安和侦探机构的武器等。除此之外，甚至一些旨在预防乞讨和流浪的立法文件草案、内务部与警犬联盟合作的合同草案、俄罗斯加入世界贸易组织谈判的主要方针文件也曾下发给有组织犯罪总局，目的是分析和征求意见。这些使得反有组织犯罪专门构机工作人员无法专门从事打击有组织犯罪的工作，工作成效会明显降低。

第三条原则：保持稳定性。

为了保证打击有组织犯罪工作长期、有效的开展，必须保持“反黑”机构及其领导者的工作稳定性。保持稳定有两方面含义：一是“反黑”机构不能频繁地被撤销、合并；二是不能频繁更换“反黑”机构的领导干部。

在“反黑”机构撤销、合并方面，我们应该借鉴俄罗斯的教训。在俄罗斯频繁的机构改革过程中，许多在刑侦、经侦等方面经验丰富又热爱本职工作、忠于国家的专业人才被解除职务。根据 В. И. 波波夫的资料，在 1990 年到 2000 年期间，有约 100 万工作人员被内务部系统解职。他们留下的空缺需要许多年才能补上。在特工部门，也有专业人员流失的现象发生，而内务部的 6 次改组更是加速了这种流失。机构改革频繁，导致承担着打击犯罪重任的刑侦部门人员中有一半任职不到 3 年。[1] 正如俄罗斯总统普京在 2000 年的《国家安全构想》第三章“对俄罗斯联邦国家安全的威胁”中提到的那样，“……法律秩序保障机关业务骨干流失，导致犯罪对个人、社会和国家的威胁不断加剧”[2]。

在更换“反黑”机构的领导人方面，俄罗斯的经验和教训也值得我们反思。1995—2001 年，内务部反有组织犯罪总局就更换了 7 个局长，新旧交替之际，局长缺位有时长达半年，由临时任命的代局长主持工作。由此说来，从 1995 年到 2001 年这段时间，反有组织犯罪总局局长平均任职时

---

❶ ПОПОВ В И. Противодействие организованной преступности, коррупции, терроризму в России и за рубежом[M]. Москва: Издательство СГУ, 2007: 159.

❷ ПУТИН В. Концепция национальной безопасности Российской Федерации[EB/OL].(2006-06-21)[2008-12-20].https://legalacts.ru/doc/ukaz-prezidenta-rf-ot-10012000-n-24/.

间不到一年。同时，研究表明，内务机关的领导需要近一年时间才能适应新职位。[1]而管理领域专家得出的结论也是，领导人上任后，“……只有经过一年、半年时间，最有成效的活动时期才能来临”[2]。

领导人任期短会产生两种结果：一是组织变动需要精心准备，而组织变动的效果要经过两三年或更长的时间才能看出来时，领导人应尽量避免组织变动；二是刚好相反，如果领导人意识到自己的任期不长，他会在尚未充分熟悉情况时做出匆忙的战略性决定。

制止有组织犯罪活动、查明和追究腐败分子责任等方面的直接工作，表现出以下规律：打击有组织犯罪的机关领导人如果知道他自己随时可能会被以各种理由免职，他上任后就会力求快出成果，以证明其能力。但是打击有组织犯罪集团成员和危险（高层）腐败分子工作的特殊性在于，有组织犯罪集团越大，组织化程度越高，结构越复杂，其腐败联系越广、层次越高，对这种有组织犯罪集团进行彻底侦破的期限就越长，有时这一期限可能以年来计算。如果相应的分支机构领导人定位于取得立竿见影的效果，那么真正的打击有组织犯罪和反腐败就难以实现。

应该为“反黑”机构的领导人规定一个较长的任期。П. А. 斯科布利科夫在提议俄罗斯设立独立的反有组织犯罪和反腐败机构时，建议机构的领导任期为 4 ~ 6 年。这可以作为我们的一个参考。同时，应该在我国公安部的部门规章中，对提前解职或暂时停职的事由做出规定。

第四条原则：合理绩效。

不能把部门的工作成效标准应用于反有组织犯罪机构，这样可能会改变“反黑”的优先方向，并妨碍主要任务的完成。1996—1997 年，俄罗斯内务部曾多次研究是否将有组织犯罪总局隶属于刑事侦查总局，并在对其工作效果进行评价时采用刑事侦查的评价标准。这引起了法学家们的反对。刑事侦查中的主要原则历来是“从犯罪到犯罪人”的工作。同时，工作人员有义务无论是对偷盗自行车，还是对抢劫袭击的申请做出应有反应，寻

[1][2] СКОБЛИКОВ П А. Актуальные проблемы борьбы с коррупцией и организованной преступностью в современной России[M]. Москва: Норма, 2007: 23.

找犯罪人和被侵占的财产。这时工作的主要指标是犯罪侦破的水平。在打击有组织犯罪专门机构中，首先实现的是另一原则："从犯罪人、犯罪组织和黑社会到实施的犯罪"。这时，侦破犯罪、追究犯罪人的刑事责任和赔偿损失就不是最终的目的，只是完成主要任务途中的"风景"。其主要任务是：遏制最危险的有组织犯罪集团的活动，并最终将其消灭，全部铲除其滋生的土壤。为此，必须有业务足够精深的专业化队伍，这支队伍必须具备犯罪学和秘密侦查学的知识以及丰富的实践经验。

三、大力整治腐败现象

腐败既是有组织犯罪的结果，也是有组织犯罪发展的原因，这种双重属性要求反腐败和打击有组织犯罪要同时、平行展开，要互相有关联。[1]

（一）腐败和有组织犯罪的关系

腐败与有组织犯罪的密切关系是毋庸置疑的。腐败是有组织犯罪得以生存的重要条件，腐败为有组织犯罪的存在与蔓延提供了客观基础。

一般来讲，政治权力的腐败包括两种情形：一是政治权力的缺位，即在政治权力应当存在的空间制度性地缺乏政治权力的作用；二是政治权力效能低下，即政治权力在其存在的空间没有发挥应有的效能。我们往往注意到政治权力腐败的后一种情形，而忽视前一种情形，但实际上政治权力腐败的这两种情形与有组织犯罪的产生和蔓延都有着密切的因果关系。意大利西西里黑手党的起源就与当时意大利的政权缺位有关。由于意大利中央政府太软弱，不能保护地主和农民之间契约关系的稳定性，于是在地主和农民之间产生了一种特殊的阶层，他们能提供政府所不能提供的保护与服务，后来这一阶层演变为意大利西西里黑手党。另外，政府权力机构应

[1] МУЗАЛЕВСКАЯ Е А. Коррупция в системе государственной службы в России: истоки и тенденции(1992—2005гг.)[D/OL].Москва:Московский гуманитарный университет,2006[2009-01-10].https://mosgu.ru/nauchnaya/publications/abstract/Muzalevskaja_EA/.

当保证自己的工作是高效率的，应保证自己时刻准备履行法定的职能，如若不能，其低下的政治权力效能就会催生其他客观的替代形式。[1]

在黑手党通常用以达到目的的三种手段——收买、恐吓和暗杀中，就使用频繁程度而言，占第一位的便是收买即拉拢腐蚀。随着社会的发展变化，犯罪分子变得越来越精明，他们发现通过腐蚀贿赂政府官员，导致政治腐败，不仅可以更好地达到其获取巨额经济利益的目的，而且也不容易暴露自己，比公开使用暴力要更安全、更有效，可以用最小的风险获得最大的利益。专家们指出，最大的贿赂腐蚀者总是有组织犯罪。[2]

腐败不仅导致有组织犯罪的泛滥，而且还会产生许多严重后果。八国首脑在号召尽快批准"联合国反腐败公约"的《共同宣言》中指出："我们承认，腐败促进有组织犯罪和恐怖主义的蔓延，使公众丧失对政府的信任，造成经济不稳。"可见，铲除腐败势在必行。

（二）构建以"反腐败法为中心"的反腐败措施体系

2006年，时任最高人民检察院"打黑除恶"专项斗争领导小组组长、常务副检察长张耕曾在小组领导会议上说过："深挖和打掉黑恶势力背后的'保护伞'是'打黑除恶'的关键，'保护伞'不挖出来，黑恶势力便除不了。"[3]腐败是有组织犯罪产生的"温床"，有组织犯罪离开腐败就无法存在。要从根本上打击有组织犯罪，就必须整治腐败现象，铲除其获得最大利益的"政治保护伞"。

结合俄罗斯惩治腐败的经验和教训，笔者特提出构建以反腐败法为中心的反腐败措施体系。

（1）加强反腐败法制建设，形成完善的反腐败法律体系。

---

❶ 李文燕，柯良栋．黑社会性质犯罪防治对策研究[M]．北京：中国人民公安大学出版社，2006：305.

❷ ДОЛГОВА А И. Преступность как она есть и направления антикриминальной политики[С]. Москва: Российская криминологическая ассоциация, 2004: 5.

❸ 丁海东，朱明飞．最高检：深挖和打掉"保护伞"是打黑除恶的关键[EB/OL]. (2006-05-12) [2009-01-08]. https://www.chinanews.com.cn/news/2006/2006-05-12/8/728809.shtml .

（2）设立强大的反腐败机构，并赋予其相当的权力。

（3）健全和完善场机制，为民主政治提供良好的社会环境。

（4）借助新闻媒介和社会活动监督公共权力，监督公务活动中的异常现象，对腐败行为施加压力。

（5）建立完善的公务员财产申报制度，使专门监督机构和社会公众对公职人员的廉政状况进行监督，及时发现腐败行为。

（6）提倡高薪养廉，合理合法地提高公务员的工资水平。

在该措施体系中，建立完善的反腐败法律体系，尽快出台“反腐败法”是核心。出台反腐败的专门法律是建成惩治和预防腐败体系基本框架的重要标志。没有专门法律的出台，就谈不上形成该体系的基本框架。[1]出台反腐败的专门法律可以避免我国目前存在的多用通知、办法、决定、规定、讲话等来规制腐败现象的局面，防止层次不一、措施不力和政出多门的现象。同时，出台反腐败的专门法律也可以使反腐败工作经常性、制度化，避免像俄罗斯那样为反腐“刮旋风”“搞运动”的陋习。俄罗斯为加大反腐败力度，曾开展过两次大规模的反腐败行动——2001 年秋季的“反贪风暴”和 2003 年开始的“猎狼行动”，查出了一大批腐败高官，但后来表明这样的反腐效果不佳。

另外，出台“反腐败法”可赋予反腐败机构存在和运行的合法性，对惩治贪污腐败行为很有必要。在这方面，我们有俄罗斯的前车之鉴。1992 年年初，俄罗斯就成立了由总统、高级司法助理 E. 梅斯洛夫斯基（E. Мысловский）牵头的反有组织犯罪与反腐败基金会。2003 年年底，成立了隶属于总统的惩治腐败委员会，由两个专业委员会，即惩治腐败委员会和利益冲突解决委员会组成。该委员会是隶属于总统的咨议机关。总统希望把这个机关作为反腐败进程的“火车头”，借此推动反腐败的进程，但是收效甚微，其原因就在于没有一部反腐败法律对反腐败机构进行明确的授权和职责划分。在这方面，我国的国家监察委员会（2018 年，国家预防腐败

[1] 焦利，叶小川 . 反腐败的国内立法问题研究 [J]. 河南社会科学，2006（4）：45.

局也并入其中）2021 年 9 月制定的《中华人民共和国监察法实施条例》可以避免重蹈俄罗斯的覆辙。这部法规对监察机关及其职责、监察范围和管辖范围、监察权限、监察程序等内容都做了较为详尽的规定。2020 年 5 月 26 日，俄罗斯成立了只对总统负责的联邦反腐败与极端主义委员会，协助总统办公厅、俄联邦总检察院及俄联邦侦查委员会惩治官员的腐败行为。中俄两国都在机构设置上赋予反腐败机关很高的地位，可见领导层治理腐败的决心。

关于“反腐败法”的立法建议，国内许多学者提出了很多看法。[1]下面，笔者将结合俄罗斯《反腐败法》的立法草案及《反腐败法》提出自己的观点。

建议我国的“反腐败法”使用单行法的形式来制定，采取预防与惩罚并重的立法原则，对预防和惩罚机制加以综合考虑。我国“反腐败法”应该包括以下 8 个方面。

（1）术语。主要是关于“腐败”的定义。可以参照俄罗斯 2008 年出台的《反腐败法》，将提供贿赂、接受贿赂、利用职权及公职身份舞弊、接受商业贿赂或者其他服务、为第三人获取利益等内容都包括进来。也可以参照《联合国反腐公约》（草案）中有关“腐败”的定义，将其界定为：“因期望某种好处，或为获得直接或间接许诺的、提议给予的或请求的好处，或在得到直接给予的好处后，做出或诱使做出构成不正常履行职责（或滥用职权）的行为，包括不作为，而不论是为其自己还是为他人。”[2]

（2）反腐败原则。此处可以借鉴俄罗斯《反腐败法》，提出下列基本原则：承认、保障和捍卫人和公民的基本权利原则，法定原则，政务公开原则，刑罚不可避免性原则，齐抓共管原则，预防腐败措施优先适用原则，国内国际合作原则。

---

[1] 杨鸿台.《国家反腐败法》立法构想 [J]. 法学，1998（9）：23–25；章礼强. 反腐败法新论 [J]. 探索，2004（1）：143–144；邹涛. 中国反腐败法律体系的反思与重构 [J]. 当代社科视野，2008（2）：1–5.

[2] УПРАВЛЕНИЕ ООН ПО НАРКОТИКАМ И ПРЕСТУПНОСТИ. Подготовительные материалы: переговоры о разработке Конвеции ООН против коррупции[M]. Нью-Йорк: Организация Объединенных Наций, 2010: 24-26.

（3）反腐败机构。应该设立专门的监督机构，在强化现有监督机构作用的同时，建立由中央和各省、自治区、直辖市直接领导的、相对独立的垂直监督机构。

（4）预防腐败措施。应规定对腐败现象的司法监督、议会监督、审计监督、行政监督、公众监督（包括新闻监督）等内容。

（5）公务员收入和财产申报制度。规定国家公务员及其配偶和子女申报收入和财产，建立财产申报的核查机制，这是反腐败的一项重要基础性措施。据俄罗斯《莫斯科共青团员报》2009年3月11日的报道，时任总统梅德韦杰夫将公开个人财产。[1]为防止公务员瞒报财产，可以考虑在我国《刑法》中增设“申报财产不实罪”，还可对国家公务员设置其他限制。

（6）腐败的定罪与处罚。可借鉴俄罗斯学者的建议，对那些受贿或斡旋贿赂但主动交代犯罪事实的人，在主动交代受贿事实并积极参与侦破的情况下，可以免除或者减轻责任。这样可有效促进真诚悔过，从而破坏腐败链条。

（7）腐败案件的侦查。其中应包括秘密监视、密搜密取、秘密辨认、监听监录、邮件扣押、耳目卧底等秘密侦查的手段和形式。

（8）反腐败国际合作。

四、坚决铲除影子经济

影子经济与有组织犯罪有着千丝万缕的关系。因此，要想打击有组织犯罪取得良好效果，必须治理影子经济。

（一）影子经济与有组织犯罪的关系

违法的影子经济行为可能是民事、税收、行政和刑事违法行为。刑事违法行为与影子经济的犯罪学方面有直接关系；而民事、税收和行政违法行为则是间接关系，这是因为，它们不是犯罪行为，而是致罪条件，即促

[1] ПРИХОДЬКО В. Медведев откроет доходы народу: Президент собирается ежегодно давать отчет о своих заработках[N/OL]. Московский комсомолец, 2009-03-11[2009-04-07].https://www.mk.ru/social/article/2009/03/11/235287-medvedev-otkroet-dohodyi-narodu.html.

进实施经济的、贪利的犯罪的条件。这样说来，几乎整个影子经济在不同程度上都是致罪经济，而其犯罪生意部分是犯罪经济。由此，应该把影子经济划分为犯罪前影子经济和犯罪的影子经济。犯罪前影子经济与违反民事、行政、税收、经营和其他法律有关，而犯罪的影子经济则与违反刑事法律有关。[1]

关于影子经济与有组织犯罪的关系，我国学者有如下论述。[2]

（1）地下经济[3]促进犯罪组织化形成。在人们的共同社会生活中，不同的利益需求会形成不同的利益群体。同时在社会的变迁过程中，利益分配的变化会导致旧的利益群体的解体和新的利益群体的重新组合。我国改革过程中一个值得注意的现象是，社会结构变化所起的矛盾直接导致了各种利益群体的重新组合和新的利益群体的崛起。这些利益要求包括广泛的政治、经济、社会文化、心理等方面的内容，无疑经济利益的要求始终是最重要、最关键、最根本的内容。有组织犯罪集团是一种不良的利益群体。这种不良的利益群体追求的经济利益很难通过合法的渠道、合法的手段获得，只得借助与合法经济相对的地下经济。同时，地下经济的发展也需要组织化，从而构成相应的产业链以及形成销售网络。

（2）地下经济促进犯罪组织的发展。当通过一段时间的苦心“经营”，犯罪资本有了一定数量的原始积累之后，有组织犯罪集团不会让那些“血腥的财富”闲置，在市场、货币运行规律的作用下，会将其投入增值更快的地下经济，积累犯罪资本。这就会导致一批专门以犯罪经营为业的职业犯罪者的诞生。他们以各种手段，操练着地下经济，经营起来轻车熟路、得心应手、成效极高。犯罪职业化经营地下经济进一步促使有组织犯罪走向成熟、高效的发展之路。

（3）地下经济成为有组织犯罪集团扩张的载体。从国际有组织犯罪集团的扩张进程来看，有组织犯罪集团对经济利益的无穷追求所折射出的它

❶ ЛУНЕЕВ В В. Эпоха глобализации и преступность[M]. Москва: Норма, 2007: 194.

❷ 徐兴俊，陈庆彬．犯罪学视野中的地下经济 [J]. 犯罪研究，2006（5）：16-17.

❸ 此处的“地下经济”即本书第一章第六页脚注❶所提到的“影子经济”。（详见：王剑江．“地下经济”成因的制度分析——以俄罗斯“影子经济”为例 [J]. 西伯利亚研究，2005（06）：35.）

们对利润攫取的疯狂和资本积聚的贪婪，丝毫不亚于那些资产阶级的大亨、巨贾。拥有雄厚经济实力和庞大产业部门的有组织犯罪集团，不仅在国内竞争中逐步形成犯罪经济垄断和犯罪势力范围，而且还把触角伸到国外，形成跨国有组织经济和国际犯罪组织"卡特尔""辛迪加"联合体。在犯罪联盟形成国际经济垄断的过程中，地下经济起着载体的作用，它们通过跨国贩毒、人口走私、色情行业等来聚集资本，并相互联系。

从以上论述可以看出，影子经济是有组织犯罪集团产生、发展和扩张的促进因素。要取得打击有组织犯罪的胜利，必须坚决铲除影子经济。

（二）我国的影子经济规模

我国的影子经济产生于改革开放以后。在此之前，由于我国实行的是计划经济，国家以行政命令的方式对经济活动实行高度的集中管理，因此影子经济几乎没有容身之地。实行改革开放政策以后，随着国家的逐步放权，高度的计划经济体制松动，所有制形式也发生了从单一化向多元化的转变，因此，20 世纪 80 年代初，影子经济活动死灰复燃，在 20 世纪 80 年代末期急剧膨胀。第二职业、民间借贷、偷漏税、无证经营、地下工厂和假冒侵权等各种经济犯罪活动导致影子经济达到了相当的规模。据我国学者测算，1980—2003 年，我国的影子经济收入分别为 116.7 亿元、126.1 亿元、189.4 亿元、349.4 亿元、665.1 亿元、745.2 亿元、892.9 亿元、1 134.8 亿元、1 752.3 亿元、1 925.6 亿元、1 926.2 亿元、1 897.7 亿元、1 996.8 亿元、2 367.9 亿元、3 181.3 亿元、3 053.3 亿元、2 913.7 亿元、3 338.2 亿元、4 049.6 亿元、3 856.6 亿元、4 400.5 亿元，5 018.1 亿元、5 680.7 亿元和 5 845.2 亿元，各占当年 GDP 收入的 2.78%、2.85%、3.93%、6.53%、10.80%、10.66%、11.73%、13.36%、18.55%、19.58%、18.87%、17.02%、15.68%、16.38%、19.54%、16.97%、14.78%、15.56%、17.51%、15.57%、16.45%、17.45%、18.24% 和 17.14%。[1] 由此可以看出，我国的地下经济收入和占 GDP 的比重基本呈逐年递增的态势。

[1] 葛亮．中国地下经济问题研究 [D]. 厦门：厦门大学，2006：39-40.

在我国的影子经济中，非法经济的规模也较庞大。以下仅以洗钱、毒品交易和走私为例。据统计，中国每年通过地下钱庄洗出去的黑钱超过2 000亿元人民币，相当于国内生产总值的2%❶。其中走私收入洗黑钱约为700亿元人民币，官员腐败收入洗黑钱超过500亿元人民币，其余的是一些外资企业和一些私营企业将收入转移到境外，以逃避国家监管和税收。❷走私也是对我国经济造成巨大损失的黑色经济活动之一。据海关估计，走私给我国每年带来的损失高达150亿美元。根据中共中央纪律检查委员会的最新报告，1991—1998年侦破的4 200起走私案件案值高达1 300亿美元。1999年6月，国家查处了涉案金额160多亿元的“湛江特大走私案”，之后又相继查处了杭州、深圳、厦门特大走私案件，其中“厦门特大走私案”涉案金额530亿元，偷逃税款300亿元，堪称“中华人民共和国成立以来走私案金额之最”。❸

（三）影子经济治理

影子经济治理并非笔者所学之专长，不过，在此可以对中俄两国学者提出的相关治理对策进行比较研究。

我国学者认为，必须对影子经济予以综合治理，应该采取的措施如下。

第一，深化经济体制改革，健全市场体系。

第二，完善现有的统计制度。

第三，增强全民纳税意识，完善税收制度：不断加强税法宣传、增强全民主动纳税意识；加强税收队伍建设，强化税收征管；贯彻实施储蓄实名制；考虑实施减税政策。

第四，建立健全约束机制，加强廉政建设和反腐败斗争：加大对非法

---

❶ 屈文洲，许文彬．反洗钱监管：模式比较及对我国的启示 [J]. 国际金融研究，2007（7）：77.

❷ 罗媛．三部门联合打击地下钱庄，腐败官员洗钱超500亿［EB/OL］.（2004-09-23）［2008-12-08］. https://www.chinanews.com.cn/news/2004/2004-09-23/26/487442.shtml.

❸ 罗媛．三部门联合打击地下钱庄，腐败官员洗钱超500亿［EB/OL］.（2004-09-23）［2008-12-08］. https://www.chinanews.com.cn/news/2004/2004-09-23/26/487442.shtml.

地下经济活动的打击力度；进一步加强法律制度建设；逐级建立健全用人失察责任追究制度；建立权力约束机制，真正落实民主集中制；加大监督力度；加强精神文明建设，培养现代化的道德和政治责任感。❶

另有学者认为，中国与俄罗斯同为转轨国家，改革前均实行高度的计划经济体制，改革的目标均为建立市场经济体制，在经济发展上有许多相似之处。因而，我们在对待地下经济的做法上可以借鉴俄罗斯的经验。为减少地下经济给国民经济带来的危害，我们可以采取以下措施。

第一，加强法制和精神文明建设，不断提高全社会的法治意识和社会道德水平。

第二，严厉打击腐败和权钱交易。实践证明，腐败是产生地下经济的“温床”，要消灭地下经济，就必先消灭腐败。

第三，加强税收征管工作，完善税收立法，定期进行税收稽查和税务检查，并联合审计、工商、质检等部门共同开展工作。

第四，严厉打击走私、贩毒、拐卖人口、卖淫等非法活动。

第五，对企业资产重组进行规范，防止在企业拍卖、招标投标、股份化中的权钱交易和国有资产流失。

第六，加强统计部门的工作，提高工作效率，提高工作真实性，防止弄虚作假和错报漏报，并加强对企业的统计监督。

第七，在进行市场化建设的同时，重视发挥政府的宏观调控能力，以宏观调控弥补市场的不足，并加强对市场主体的规范和监督。

第八，加强个人财产的申报制度，健全与完善存款实名制和个人信用制度，建立发达的金融市场体系。❷

关于使影子经济成分最小化的相关措施，俄罗斯科学院经济研究所社会政策中心原主任 E. 贡特马赫尔（Е. Гонтмахер）、国家战略研究院原院长 M. 杰利亚金（М. Делягин）等人认为：

❶ 葛亮. 中国地下经济研究 [D]. 厦门：厦门大学，2006：41-46.

❷ 王林昌，宣海林. 俄罗斯地下经济：现状、成因及借鉴 [J]. 武汉大学学报（社会科学版），2002（2）：199.

第一，进行税收改革。要扩大地方税的范围。目前，地方财政收入仅来源于自然人财产税和土地税。应该把自然人所得税纳入地方财政。这样，居民就能够看到归入地方财政资金的去向。同时，自然人财产税和土地税的税基应该按照市场价值计算。此外，要改革统一社会税，平衡贫富阶层支付收入比重。

第二，使法院系统正常化，用新法官把现有的绝大部分法官替换掉。

第三，反腐败。腐败关系参加者如果同意与侦查部门合作，应免除其责任。

第四，消灭“一日公司”，开办这些公司的实质上往往是护法机关、税务部门和地区或地方政府的官员。

第五，消灭洗钱银行，这些银行每年洗钱多达几万亿卢布。[1]

从以上的比较中可以看出，中俄两国学者在治理影子经济方面的一致意见是：改革税制和税收、反腐败。这两点在铲除影子经济，进而打击有组织犯罪方面起着相当大的作用。

---

[1] ГОНТМАХЕР Е ДЕЛЯГИН М. Серая экономика: причины возникновения и пути преодоления[EB/OL]. (2008-04-21)[2009-01-09]. https://www.apn.ru/column/article19806.htm.

结　论

俄罗斯学者从不同角度对“有组织犯罪”下定义，概括起来有：系统说、规模性说、现象说、组织说、组织活动说、组织＋活动说。其中，系统说和组织＋活动说是较为通行的观点。俄罗斯学者认为，有组织犯罪的特征概括起来基本有三个：组织特征、行为特征和贿赂腐蚀。按照俄罗斯学者的观点，有组织犯罪分为两大类：普通刑事型有组织犯罪和经济型有组织犯罪。

有组织犯罪在俄罗斯植根于20世纪60年代。苏联解体后，俄罗斯有组织犯罪迅速发展，其在规模上的特点是有组织犯罪集团及其实施犯罪的数量持续较快增长。俄罗斯有组织犯罪活动的主要地域是资源开采区、大型工业中心、边境地区，以及莫斯科和圣彼得堡。其犯罪种类很多，但基本上是敲诈、诈骗、非法贩运武器和毒品、恶意并购、洗钱、贩卖人口、伪造货币和偷猎滥捕。俄罗斯有组织犯罪的领导者是“守法盗贼”和匪徒“权威”。俄罗斯有组织犯罪已经走出国门，“俄罗斯黑手党”问题引起各国关注。俄罗斯有组织犯罪的基本特点是向政治领域渗透深、对经济控制能力强、国际化程度高及与恐怖主义结合。俄罗斯有组织犯罪由综合原因引起，但两个主要的原因是俄罗斯腐败现象严重和影子经济猖獗。

俄罗斯在对有组织犯罪的法律调整上，既有刑事法律，也有专门法律，还有《反洗钱法》《证人保护法》《侦缉活动法》等相关法律。目前，被总统否决的“反有组织犯罪法”和2007年工作草案有很多可取之处，《俄罗斯联邦刑法典》《俄罗斯联邦刑事诉讼法典》对有组织犯罪集团相关概念的界定和与有组织犯罪人订立审前合作协议的制度值得我们借鉴。在苏联时期，俄罗斯就有反有组织犯罪的专门机构，但存在的问题是其进行了多次机构改组、多次更换领导以及多次裁员，不利于反有组织犯罪工作的开展。2008 年 9 月，俄罗斯甚至撤销了专门的“反黑”机构反有组织犯罪地区局，将其变为打击极端主义司和受国家保护人员安全保障局，原来的工作人员或退休，或被调到地方，被学者认为是“反革命”举措。

比照俄罗斯反有组织犯罪的经验教训以及《联合国打击跨国有组织犯罪公约》的要求，我国应完成对有组织犯罪组织形式的体系化建构，用“犯罪组织”来代替“黑社会性质组织”，以便用常态化的“反黑”工作代替运动式扫黑，吸取俄罗斯审前合作协议制度的有益成分，建立和完善证人保护制度，完善“反黑”机构体系（吸取俄罗斯设立“反黑”机构的教训，秉持提高地位、简化职能、保持稳定、合理绩效的原则），铲除影子经济，坚决惩治腐败，加强中俄包括毗邻地区在内的公安、检察机关在打击有组织犯罪方面的合作。